有光

—— 要有光！——

图书在版编目（CIP）数据

浓缩的智慧：包罗万象的"法则""主义"300词 /
煎蛋队长著 . -- 北京：北京联合出版公司，2024. 12.
（特别能装）. -- ISBN 978-7-5596-8116-4

Ⅰ. H136

中国国家版本馆 CIP 数据核字第 202410WL25 号

浓缩的智慧：包罗万象的"法则""主义"300词

作　　者：煎蛋队长
出 品 人：赵红仕
出版监制：安　琪
特约策划：白毛毛
责任编辑：邓　晨
封面设计：尧丽设计
内文排版：陆　靓

北京联合出版公司出版
（北京市西城区德外大街 83 号楼 9 层　100088）
北京启航东方印刷有限公司印刷　新华书店经销
字数 200 千字　110 毫米 ×185 毫米　1/32　13.75 印张
2024 年 12 月第 1 版　2024 年 12 月第 1 次印刷
ISBN 978-7-5596-8116-4
定价：58.00 元

目录

2

人 / 社会的关系

法则 / 效应的发现

80/20 法则（The Pareto's Law）

80/20 法则也被称为帕累托法则、帕累托定律、最省力法则或不平衡原则，是由意大利经济学家帕累托（Pareto）提出的。该法则认为，80% 的结果、产出或报酬取决于 20% 的原因、投入或努力。也就是说，在原因和结果、投入和产出、努力和报酬之间存在着无法解释的不平衡，一般情况下，大部分投入和努力只能造成少许影响，而少数的投入和努力则会产生主要的、重大的影响。

这种不平衡关系在许多领域都存在。举例来说，世界上大约 80% 的资源被世界上 15% 的人口消耗；世界财富的 80% 由 25% 的人拥有；在一个国家的医疗体系中，20% 的人口和 20% 的疾病会消耗 80% 的医疗资源；网络中 80% 的报告错误通常来自 20% 的程序代码；大多数网站 80% 的流量来自 20% 的外部链接；娱乐产业中 80% 的票房收入通常来自 20% 的电影或节目；出版社 80% 的利润通常来自 20% 的畅销书……

阿玛拉法则（Amara's Law）

阿玛拉法则是一条关于技术影响的预测性法则，由美国未来学家罗伊·阿玛拉（Roy Amara）提出。这一法则的核心内容是：我们倾向于高估技术的短期影响，而低估其长期影响。简单来说，人们通常会对新技术的初期效果寄予过高期望，往往忽视了它们在长期内可能带来的深远变革。

罗伊·阿玛拉是美国未来学研究所的创始人之一，他在观察和研究技术变革的过程中提出了这一法则。阿玛拉发现，每当有新技术出现时，人们总是充满兴奋和期待，认为这些技术会迅速改变生活和工作方式。然而，实际情况是，技术的发展和普及需要时间，它们在短期内的影响往往没有预期那么大，随着时间的推移，其深远的影响逐渐显现出来。

理解阿玛拉法则有助于我们在面对新技术时保持理性和客观，不盲目追捧或过早失望。它提醒我们要有耐心，技术的真正变革力往往需要时间来显现。通过正确看待技术短期和长期的影响，我们可以更好地规划和应对技术变革带来的挑战和机遇。

「延伸：阿玛拉法则的一个经典例子是互联网。20世纪90年代初期，互联网刚刚兴起时，人们以为它会迅速彻底改变商业和日常生活，但实际进展并没有那么快。经过二十多年的发展，互联网确实彻底改变了全球的通信、商业、教育和社交方式，带来了深远的影响。」

恩格尔法则（Engel's Law）

恩格尔法则是由19世纪德国统计学家恩斯特·恩格尔（Ernst Engel）提出的一个经济学原理。这一法则描述了家庭收入与消费支出结构之间的关系，起源于恩格尔对比利时和普鲁士家庭消费行为的详细研究。他在1857年的研究中观察到，不同收入水平的家庭在食品、住房、衣服和其他消费上的支出比例存在明显差异。通过对数据的分析，恩格尔发现，尽管绝对的食品支出会随着收入的增加而上升，但食品支出占总支出的比例会下降。

这一法则在经济学中具有重要意义，它不仅帮助我们理解不同收入水平的家庭消费模式，还被广泛应用于衡量生活水平和经济发展的指标。例如，恩格尔系数就是根据恩格尔法则得出的一个指标，它是家庭食品支出占总支出的比重。恩格尔系数越低，表明家庭生活水平越高，因为较少的收入被用于基本生存需求，更多的收入可以用于其他方面的消费。

「延伸：恩格尔法则在现实生活中有广泛的应用和影响。例如，政策制定者可以利用这一法则来评估经济发展水平和制定社会福利政策，企业可以根据消费者收入变化调整产品和市场策略，研究人员可以通过分析恩格尔系数来比较不同地区或国家的生活水平。」

帕金森定律（Parkinson's Law）

帕金森定律，也称为琐事法则或自行车棚效应，是由英国历史学家和管理学家西里尔·诺斯科特·帕金森（Cyril Northcote Parkinson）提出的。这一定律揭示了在组织决策过程中，人们往往会在琐碎和无关紧要的事情上花费过多时间，而忽视了更为重要和复杂的事项。

帕金森在观察各种组织的运作过程中发现，决策者们在讨论复杂且重要的问题时，通常因为这些问题需要专业知识和深入思考而迅速通过，而在讨论简单且无关紧要的问题时，如修建一个自行车棚的预算，却会花费大量时间和精力，因为每个人都觉得自己可以发表意见。

帕金森定律的核心思想是，人们倾向于在自己熟悉和容易理解的事情上表现得更加积极，而在面对复杂和陌生的问题时，选择回避或简单处理。这种现象导致组织在资源分配和决策过程中出现效率低下和分配不合理的情况。

这一定律的启示在于，组织和决策者应在会议和讨论中明确区分重要和次要议题，优先处理关键问题。同时，为每个议题设定具体的讨论时间，避免在琐事上浪费过多时间。邀请专业人士提供建议和意见，提高决策质量。

汉密尔顿法则（Hamilton's Rule）

汉密尔顿法则是生物学中一个重要的原则，用于解释利他行为的进化基础。这一定律由英国生物学家威廉·汉密尔顿（William Hamilton）在 1964 年提出，旨在解释为什么个体会为了他人的利益而牺牲自己。

汉密尔顿法则的公式是：$R \times B > C$，其中 R（Relationship）代表亲缘系数，B（Benefit）代表受益者获得的利益，C（Cost）代表行为者付出的成本。汉密尔顿法则指出，当一个利他行为的代价小于行为者通过该行为对亲属带来的收益乘以亲缘系数时，这种利他行为就有可能在进化中得以保留。简单来说，就是个体会倾向于帮助与自己有血缘关系的亲属，因为这种行为有助于其基因的传递和延续。

汉密尔顿通过这一法则解释了亲缘选择的现象，即个体通过帮助近亲来间接增加自己的基因在下一代中的比例。例如，工蜂不会繁殖后代，但它们通过照顾蜂群中的蜂王和幼蜂来确保自己基因的传播，因为这些幼蜂与工蜂共享大量的基因。

汉密尔顿法则在生物学中具有深远的影响，帮助解释了许多社会性动物的行为，如蜜蜂、蚂蚁以及一些哺乳动物中的亲缘帮助行为。它揭示了自然选择不仅关系到个体的生存和繁殖，还涉及基因层面的策略，即通过帮助亲属来传播基因。

吉尔伯特法则（Gilbert's Law）

吉尔伯特法则是指所有问题在得到足够的时间和关注后都会变得更加复杂。这一法则以幽默的方式提醒我们，在处理问题时，过多的分析和干预可能会使问题变得比原先更加复杂，而不是更容易解决。

这一法则由计算机科学家兼作家查尔斯·E.吉尔伯特（Charles E. Gilbert）提出，他通过观察发现，很多时候人们在试图解决问题时，往往会因为过度分析、过度设计或过度干预，反而使问题更加复杂化。吉尔伯特法则揭示了一个普遍现象，即在决策和解决问题的过程中，如果不加控制地投入时间和资源，最终可能会导致事态复杂化。

举例来说，在软件开发中，一个简单的功能需求，经过无数次讨论和修改，最终可能会演变成一个非常复杂的系统，远超最初的需求和设计。同样地，在管理中，如果对一个简单的问题进行过多的会议和讨论，可能会引入更多的变量和意见，使解决方案变得复杂。

「延伸：查尔斯·E.吉尔伯特提醒我们，要在处理问题时保持简洁和有效，不要陷入过度复杂化的陷阱。为了解决这一问题，可以采取一些策略，比如明确目标，设定明确的时间限制，简化流程和减少不必要的干预。」

麦卡利斯特法则（Mcallister's Law）

麦卡利斯特法则是一个有趣而实用的社会学原理。它由社会学家罗伯特·麦卡利斯特（Robert Mcallister）提出。这个法则的核心内容是：在一个特定的群体中，个体的行为趋向于被群体的期望所影响和塑造。

具体来说，麦卡利斯特法则指出，人们往往会在群体中表现出与他人一致的行为，因为他们希望得到群体的认同和接纳。这种现象在日常生活中十分常见，例如在朋友聚会中，人们会倾向于参与大家都喜欢的活动，而在工作环境中，员工们通常会遵循团队的工作习惯和文化。

麦卡利斯特法则的提出是基于麦卡利斯特对群体行为的深入研究。他观察到，无论是家庭、学校还是工作场所，个体的行为模式都会受到周围人的影响。这种影响不仅仅是出于表面的和谐，更深层次的原因是个体在潜意识中渴望与他人建立联系，避免陷入被排斥孤立的境地。

马尔科姆法则（Malcolm's Law）

马尔科姆法则是由心理学家马尔科姆·格拉德威尔（Malcolm Gladwell）提出的一个有趣的概念。该法则的核心内容是：为了在某个领域达到专家水平，一个人需要大约一万个小时的刻意练习，这一法则源自格拉德威尔在其畅销书《异类》中的研究和讨论。

格拉德威尔在书中引用了心理学家安德斯·艾利克森（Anders Ericsson）及其同事的研究成果，这些研究表明，无论是在音乐、运动还是其他专业领域，达到顶尖水平的个体都投入了大量的时间和精力进行有目的的练习。格拉德威尔将这一现象总结为"一万个小时法则"，也就是马尔科姆法则。

这个法则的研究源于对成功人士的深入分析。格拉德威尔发现，天才并不是单纯依靠天赋取得成功的，而是通过持续不断的努力和练习。他的研究覆盖了从音乐家到计算机程序员，发现几乎所有领域的顶尖人物都遵循了这一法则。

马尔科姆法则的重要意义在于，它强调了努力和毅力的重要性。对于普通人来说，这个法则传递了一个积极的信息：成功并非遥不可及，而是可以通过坚持不懈的努力和时间的投入来实现。这一法则提醒我们，天赋固然重要，但真正决定成就的是背后付出的辛勤劳动和坚持不懈的练习。

诺依曼法则（Neumann's Law）

诺依曼法则是由著名数学家和计算机科学家约翰·冯·诺依曼（John Von Neumann）提出的。这个法则的核心内容是：在复杂系统中，任何试图通过改变系统规则以获得长期利益的行为，最终都会导致系统本身的崩溃或失效。

约翰·冯·诺依曼是 20 世纪最具影响力的科学家之一，他的工作涵盖数学、物理学、计算机科学等多个领域。诺依曼法则的提出源自他对复杂系统和博弈论的研究。在分析经济系统、生态系统和计算机系统时，诺依曼发现，当系统内部的参与者为了自己的利益而不断调整行为和规则时，系统会逐渐失去稳定性，最终可能崩溃。

这一法则的重要性在于，它揭示了复杂系统中的一种普遍现象：当参与者只关注短期利益而忽视系统的整体稳定性时，整个系统就会变得脆弱。

诺依曼法则提醒我们，在面对复杂系统时，需要保持全局观念，注重长期稳定和可持续发展，而不是仅仅追求短期利益。这一法则不仅有助于我们理解和管理复杂系统，还能指导我们在实际生活中做出更为理智和负责任的决策。总之，诺依曼法则教导我们，真正的智慧在于平衡短期利益与长期稳定，在复杂系统中寻找持续发展的路径。

「延伸：这一原理在金融市场、环境保护和社会制度等多个领域都有重要应用。例如，在金融市场中，投资者如果只追求短期利润而忽略市场的健康发展，可能会导致市场泡沫和崩溃；在生态系统中，过度开发资源会破坏生态平衡，最终危及人类生存。」

斯特吉斯法则（Sturges's Rule）

斯特吉斯法则是一种用于统计数据分组的方法，旨在确定数据直方图中最佳的分组数。这个法则由英国统计学家赫伯特·斯特吉斯（Herbert Sturges）在 1926 年提出，目的是在直方图中合理划分数据区间，使得每个区间的频数分布更清晰、更具代表性。

斯特吉斯法则的核心公式是：$k = 1 + 3.322 \text{Log10}(n)$，其中 k 是推荐的组数，n 是数据的样本量。这个公式基于对数运算，通过样本量计算出适合的数据分组数。例如，如果你有 100 个数据点，使用斯特吉斯法则，你可以计算出直方图的最佳分组数大约是 7。

斯特吉斯法则简单易用，因此在统计分析中被广泛应用。它解决了数据分组时的一个常见问题，即如何选择合适的组数，使得数据的分布特征能够清晰地表现出来。如果组数过多，直方图会显得过于细化，难以看出整体趋势；如果组数过少，数据的细节又会被忽略。斯特吉斯法则提供了一种平衡的方法，使得数据展示既细致又简洁。

理解和应用斯特吉斯法则，可以帮助我们更有效地分析和展示数据。通过合理的分组，我们可以更好地理解数据的分布特征，发现其中的规律和异常，从而为进一步的统计分析和决策提供可靠的依据。斯特吉斯法则虽然简单，但在数据分析中发挥着重要作用，是统计学中的一个基本工具。

罗兰法则（Rowland's Law）

罗兰法则是由物理学家弗兰克·舍伍德·罗兰（Frank Sherwood Rowland）提出的。其核心内容是：氯氟烃（CFCs）等化学物质会破坏地球的臭氧层，从而导致紫外线辐射增加，危害人类和生态系统。

罗兰是美国加州大学尔湾分校的教授，他在 20 世纪 70 年代与同事马里奥·莫利纳（Mario Molina）共同研究了 CFCs 对环境的影响。罗兰法则基于他们的发现：CFCs 在大气中分解后释放出氯原子，这些氯原子会与臭氧分子反应，破坏臭氧层。

这一研究源于罗兰和莫利纳对工业化学品在大气中持久存在的关注。他们发现，虽然 CFCs 在地面上是无害的，但当它们上升到平流层时，会在紫外线的作用下分解，释放出破坏臭氧的氯原子。这个发现引发了全球关注，因为臭氧层是地球的天然保护屏障，能够吸收有害的紫外线辐射，保护地球上的生命。

罗兰法则的重要性在于，它促使全球认识到人类活动对环境的深远影响，并推动了国际社会采取行动来保护臭氧层。1987 年，各国在《蒙特利尔议定书》中达成一致，同意逐步淘汰 CFCs 等破坏臭氧层的物质。这个协议被认为是环境保护领域一个重大的成功范例。

彼得原则（Peter's Principle）

彼得原则由加拿大教育学家劳伦斯·彼得（Laurence J. Peter）于 1969 年提出，是一个关于组织行为和管理的有趣定律。其核心内容是：在一个层级制度中，每个员工都会被提拔到他所不能胜任的职位，最终达到其无能的极限。彼得发现，在许多组织中，员工通常是根据其在当前职位的表现来决定是否晋升，而不是根据其在更高职位上的潜在胜任能力。随着员工不断被提拔，他们最终会升到一个他们无法胜任的新职位，因为他们的技能和能力并不适合这个更高的岗位。

这一现象在各类组织中都十分常见，无论是企业、政府机构还是教育系统。比如，一位优秀的工程师可能会被提升为管理者，但管理工作需要的技能与工程技能大不相同，结果他可能成为一个糟糕的经理。

彼得原则提醒我们，在管理和晋升制度中，应考虑员工在新职位上的潜在胜任能力，而不仅仅是他们在当前职位上的表现。为了避免彼得原则带来的负面影响，组织可以采取措施，如提供培训和发展机会、进行更全面的绩效评估，以及在晋升决策中全面地考虑员工的能力。

西蒙法则（Simon's Law）

西蒙法则是由管理学家赫伯特·西蒙（Herbert A. Simon）提出的一个重要理论。西蒙是 20 世纪最著名的社会科学家之一，因其在决策理论、人工智能和经济学等领域的贡献而广受赞誉。西蒙法则的核心内容是：在决策过程中，人类通常并不会寻求最优解，而是会选择第一个满足其最低要求的解决方案。这一理论也被称为"满意原则"或"有限理性原则"。

西蒙法则的提出源于西蒙对人类认知和行为的研究。他发现，面对复杂的决策问题，人类的认知能力和时间是有限的，因此人们往往不能彻底分析所有可能的选项并找到最优解。相反，人们会设定一个可接受的标准，一旦找到满足这个标准的选项，就会停止搜索并做出决策。这种行为方式被称为"满意化"。

例如，在求职过程中，一个求职者可能不会继续寻找所有可能的工作机会，而是会在找到一份满足其基本要求的工作后就停止寻找。同样，在购物时，消费者通常不会比较所有的产品，而是会在找到一个符合其需求的产品后就做出购买决策。

西蒙法则的重要性在于，它揭示了人类决策行为的实际模式，与传统经济学中"理性人"假设有所不同。理解这一法则有助于我们更好地设计和改进决策支持系统、人工智能算法以及管理和市场策略。它还提醒我们，在做决策时，要意识到自身的局限性，避免因为过早满足而错失更优的选择。

比尔法则（Bill's Law）

比尔法则是一个与现代技术和项目管理相关的法则。它由比尔·盖茨提出。虽然比尔法则不是正式的科学定律，但它反映了信息技术和项目管理领域的一个有趣现象。

比尔法则的核心内容是：任何软件项目所需的时间往往比预期的要长，即使你已经考虑到了比尔法则。这一法则指出，软件开发和技术项目总是会遇到各种不可预见的问题和延误，无论项目经理多么谨慎地计划和预测时间。

比尔法则背后的逻辑与霍夫施塔特定律相似，即人们在处理复杂项目时往往低估所需的时间和资源。比尔·盖茨在创建和管理微软公司的过程中，深刻体会到了软件开发中的不确定性和复杂性，这促使他提出了这一幽默的法则。

这个法则的重要性在于，它提醒项目经理和开发团队在规划和执行项目时，要更加灵活和现实。通过认识到时间估计中的普遍偏差，团队可以在项目计划中加入更多的缓冲时间，以应对潜在的挑战和延误。此外，这一法则也强调了在项目管理中保持透明和沟通的重要性，及时识别和解决问题，以确保项目顺利推进。

威尔逊法则（Wilson's Law）

威尔逊法则是由美国生物学家爱德华·O. 威尔逊（Edward O. Wilson）提出的一个关于生物多样性和生态系统的重要理论。爱德华·威尔逊是著名的社会生物学和昆虫学专家，他对生态学和环境保护有着深远的影响。威尔逊法则的核心内容是：生态系统的稳定性和功能性与其生物多样性成正比，即生物多样性越高，生态系统越稳定和健康。

威尔逊发现，不同物种在生态系统中扮演着互补的角色，丰富的物种多样性可以增强生态系统的抵御和恢复能力。例如，在一片生物多样性高的森林中，不同植物种类可以通过不同的生长习性和资源利用方式，共同维持森林的健康和稳定。如果某种植物因病害或气候变化而消失，其他植物可以迅速填补其生态位，维持整体生态平衡。

这一理论在环境保护和资源管理中具有重要意义。威尔逊法则强调保护生物多样性并非只是保护个别物种，而是维持整个生态系统的健康和功能。生物多样性减少会导致生态系统脆弱，增加自然灾害和环境变化的风险。例如，单一种植的农田容易受到病虫害侵袭，而多样化的生态农业系统更具抵抗力和可持续性。

哈伯特法则（Hubbert's Peak）

哈伯特法则，通常称为"哈伯特峰"或"哈伯特曲线"，由美国地质学家 M. 金·哈伯特（M. King Hubbert）于1956年提出，是一个关于石油资源开采和消耗的理论。其核心内容是：对于某个特定区域，随着时间的推移，石油生产量会呈现出先上升后下降的趋势，形成一条类似钟形的曲线。简单来说，石油生产会在某一时刻达到峰值，然后开始不可逆地下降。

哈伯特提出这一理论的起因是他对美国石油生产数据的分析。他观察到，石油生产在初期阶段增长迅速，因为易于开采。当这些容易获取的储量被耗尽后，剩余的石油开采难度和成本增加，导致生产速度放缓，最终达到一个峰值。过了这个峰值，石油产量开始逐渐下降。

哈伯特在 1956 年准确预测了美国本土的石油生产将在 20 世纪 70 年代达到峰值，这一预测在 1971 年得到验证，当年美国石油产量确实达到了历史最高点然后开始下降。哈伯特法则引起了广泛关注，因为它暗示了石油资源的有限性和不可持续性，并对全球能源政策和经济产生了深远影响。

托布勒法则（Tobler's First Law of Geography）

托布勒法则是由美国地理学家沃尔多·托布勒（Waldo Tobler）于 1970 年提出的一个关于地理学的基本原则。其核心内容是：在地理空间中，所有事物都是相互关联的，但近的事物比远的事物关联性更强。简单来说，这个法则指出地理上的接近性决定了事物之间的相互影响力。

托布勒法则的提出源于托布勒对地理空间分析的研究。他在一篇名为《地理学中的计量革命》的论文中首次阐述了这一法则。托布勒观察到，在地理空间中，位置相近的地区之间互动频繁，影响显著，而位置较远的地区之间互动较少，影响力减弱。

托布勒法则不仅在地理学中具有重要意义，还在其他许多领域得到了广泛应用，如交通规划、市场分析、环境科学和公共卫生等。通过理解和应用托布勒法则，我们可以更好地分析和预测地理空间中的各种现象，提高规划和决策的科学性和有效性。

「延伸：这一法则的重要性在于它为地理学和空间分析提供了一个基本框架，帮助理解地理现象的空间分布和相互关系。例如，在城市规划中，托布勒法则解释了为什么商业中心和住宅区通常相邻，因为这样可以使便利性和互动频率最大化。在生态学中，这条法则帮助理解物种分布和生态系统的相互影响。」

多德森法则（Dodson's Law）

多德森法则，更准确地称为耶基斯－多德森法则，由美国心理学家罗伯特·耶基斯（Robert Yerkes）和约翰·多德森（John Dodson）于 1908 年提出。其核心内容是：人的表现和效率随着压力（或动机）的增加呈现倒 U 型曲线关系，意味着在适度的压力下，人们的表现最佳，如果压力过低或过高，表现都会下降。

耶基斯－多德森法则基于耶基斯和多德森在实验室中的研究，他们发现老鼠在学习任务时，适度的电击刺激能促进学习，但过强的刺激会抑制学习。同样的原理也适用于人类，适度的压力可以激励我们提高效率和表现。如果压力过大，就会导致焦虑、紧张，最终影响工作和学习效果。

耶基斯－多德森法则的重要性在于它帮助我们理解如何在不同情境下调节压力和动机，以达到最佳表现。对于学生来说，适度的考试压力可以激励他们更努力地学习；对于职场人士，合理的目标和适度的工作压力可以提高工作效率和绩效。

布雷迪法案（Brady's Law）

布雷迪法案，全称为《布雷迪手枪暴力预防法案》，是一项旨在加强枪支购买背景调查的美国联邦法案。该法案以詹姆斯·布雷迪（James Brady）的名字命名，他是美国前总统罗纳德·里根的新闻秘书，在 1981 年里根遇刺事件中受重伤。詹姆斯·布雷迪和妻子萨拉·布雷迪在此后成为枪支控制的积极倡导者。

布雷迪法案于 1993 年通过，并于 1994 年正式生效。其核心内容是要求在购买枪支前进行强制性的背景调查，以防止犯罪分子、心理健康问题患者和其他不适合拥有枪支的人获取枪支。具体来说，当一个人试图购买枪支时，卖家必须向联邦调查局的国家即时犯罪背景调查系统提交申请，并等待调查结果。在调查过程中，如果发现任何法律禁止拥有枪支的记录，购买请求将被拒绝。

卡内基原则（Carnegie Principle）

卡内基原则，以美国著名作家和演讲家戴尔·卡内基（Dale Carnegie）命名，是他在 1937 年出版的经典著作《如何赢得朋友及影响他人》中提出的一系列人际交往和沟通技巧。这些原则旨在帮助人们在个人和职业生涯中建立良好的人际关系，并通过有效沟通和理解他人来实现影响力和成功。

卡内基原则主要包括以下几点：第一，真诚地表现出对他人的兴趣，这意味着要真正关心他人，倾听他们的需求和想法；第二，记住并使用他人的名字，因为名字是一个人最重要的标识；第三，不要批评、责备或抱怨他人，而是通过积极和建设性的方式来引导和鼓励他们；第四，学会从他人的角度看问题，理解他们的动机和情感，以便更好地沟通和协作；第五，给予真诚的赞美和欣赏，让他人感到被认可和重视。

这些原则的重要性在于它们不仅适用于商业和职业环境，也适用于日常生活中的各种互动。通过应用卡内基原则，人们可以建立更强大、更积极的人际关系，提升自己的影响力和领导能力，从而在各个领域取得成功。

伊卡洛斯原则（Icarus Principle）

伊卡洛斯原则源自希腊神话中的伊卡洛斯，他使用蜡和羽毛制作的翅膀飞行，但由于飞得太高，靠近太阳导致翅膀熔化，最终坠海身亡。从这个故事中引申出一个警示性的原则：过度自信和追求极限可能带来灾难性的后果。

伊卡洛斯原则有趣且易懂的一点在于，它通过一个古老的神话故事传达了一个普遍适用的教训。在现代生活和工作中，这一原则提醒我们，无论在个人事业、科学探索还是商业决策中，过度追求极限和忽视潜在风险都会导致失败或灾难。举个例子，一家公司如果盲目扩张，忽略了市场饱和与财务风险，最终可能面临破产；一个运动员如果过度训练而不顾身体负荷，可能会遭遇严重创伤。

伊卡洛斯原则的重要性在于它强调了平衡和谨慎的重要性。在追求卓越和突破的过程中，保持对风险的敏感和对自身能力的清醒认识，是避免陷入"飞得太高"陷阱的关键。这一原则不仅适用于个人和企业，也在公共政策和科学研究中具有指导意义。

博格法则（Bog's Law）

博格法则，又称为博格量表或感知用力量表，是由瑞典心理学家贡纳尔·博格（Gunnar Borg）提出的一个用于测量运动强度的主观量表。其核心内容是：通过自我感知的方式来衡量个人在运动或体力活动中的用力程度，帮助人们更好地管理和调节运动强度。

博格量表的起源可以追溯到博格对运动生理学和心

理学的研究，他发现主观感知可以可靠地反映身体在运动时的负荷状态。博格量表通常有两种形式：一种是 6 到 20 的量表，另一种是 0 到 10 的量表。在 6 到 20 的量表中，6 表示"非常轻松"，20 表示"极度困难"。这一设计基于心率的粗略关系，即乘以 10 后大致对应运动时的心率。例如，感知用力为 13（相当于"稍微困难"）时，心率大约是 130 次每分钟。

博格法则的重要性在于它为运动员、教练和普通健身者提供了一种简便有效的方法来监控运动强度。相比于依赖昂贵的设备或复杂的测量，博格量表只需要使用者的主观判断即可。这不仅适用于各种运动项目，也可以用于康复训练和临床环境中，以确保运动强度适合个体的健康状况。

福斯特法则（Foster's Rule）

福斯特法则，也被称为岛屿法则，是由英国生物学家 J. 布里斯托尔·福斯特（J. Bristol Foster）在 1964 年提出的一个关于生物体型变化的生态学理论。其核心内容是：当动物在岛屿或隔离的环境中进化时，小型物种倾向于变大，而大型物种倾向于变小。简单来说，这条法则描述了在隔离环境中，动物的体型会发生显著变化，以适应新的生态条件。

福斯特提出这一法则的起因是他对不同岛屿上哺乳动物体型变化的观察和研究。他发现，许多小型哺乳动物（如啮齿类）在岛屿环境中会变得比大陆上的同类大，而许多大型哺乳动物（如象和鹿）则会变得更小。这一现象被称为"岛屿巨型化"和"岛屿侏儒化"。

福斯特法则的重要性在于它帮助我们理解生态系统中生物体型变化的机制。这一法则解释了为什么在岛屿等隔离环境中，会出现体型显著不同于大陆同类的动物。例如，已灭绝的侏儒象和侏儒河马曾在地中海和印度洋的一些岛屿上生存，而加拉帕戈斯象龟则是岛屿巨型化的极端例子。

这一法则的生物学意义在于，体型变化通常是生物适应新环境压力的结果。对于小型物种，变大可以降低捕食风险，提高竞争力；而对于大型物种，变小可以减少资源需求，适应有限的食物供应。

布鲁克斯法则（Brooks's Law）

布鲁克斯法则是软件工程和项目管理中的一个重要概念，核心是：在一个进度落后的项目中增加人手，只会使进度更加落后。这一法则由弗雷德里克·布鲁克斯

（Frederick P. Brooks）在他 1975 年出版的经典著作《人月神话》中提出。

布鲁克斯在 IBM 公司工作期间，负责开发大型软件项目。他在实践中发现，当项目落后时，增加新成员并不能迅速提高生产率，反而会因新成员的培训和沟通增加额外的负担。新成员需要时间了解项目背景和现有代码，这会占用现有成员的时间，导致原本就紧张的进度进一步延误。此外，团队规模的扩大也增加了沟通和协调的复杂性，增加了管理的难度。

布鲁克斯法则的核心思想在于，软件开发并不像流水线生产那样简单，通过增加人手不一定就能提高效率。相反，软件开发需要高度协作和协调，新成员的加入不仅需要培训，还会打乱原有的工作节奏。因此，解决进度落后的问题，往往需要通过优化现有团队的工作流程、提高团队的效率，而不是简单地增加人手。

费德勒权变模型（Fiedler's Contingency Model）

费德勒权变模型由奥地利心理学家弗雷德·费德勒（Fred Fiedler）在 20 世纪 60 年代提出，是组织行为学和领导力理论中的一个重要模型。

费德勒权变模型的核心内容是：领导效能取决于

领导风格与具体情境的匹配程度。费德勒认为，没有一种领导风格是万能的，领导者的成功取决于他们的领导风格是否适合当前的工作环境和团队需求。他提出了两种主要的领导风格：任务导向型和关系导向型。任务导向型领导者更关注任务的完成和目标的达成，而关系导向型领导者则更关注团队成员之间的关系和员工的满意度。

费德勒权变模型的一个关键点是情境的三大维度：领导和成员的关系、任务结构以及领导者的职位权力。这些因素共同决定了一种情境的有利程度。在有利的情境中，任务导向型领导者更有效；而在中等有利的情境中，关系导向型领导者则更成功。

费德勒权变模型有趣且易懂的一点在于，它打破了"一刀切"的领导理论，强调了领导风格与情境匹配的重要性。举个例子，如果你在一个高度结构化的项目中工作，而且团队成员都非常支持你，那么任务导向型的领导可能更合适。而在一个新成立的团队中，成员彼此不熟悉，关系导向型的领导可能更容易发挥作用。

霍尔法则（Hall's Law）

霍尔法则由美国学者埃尔温·霍尔（Erwin H. Hall）

提出，主要用于描述技术和电子领域的进步。霍尔法则的核心内容是：随着时间的推移，半导体和电子设备的性能将以指数级速度提高，而成本将显著下降。这一现象在电子计算机、存储设备和其他半导体产品的演变过程中得到了明显体现。

举个例子，如果你观察过去几十年里电脑的发展，会发现早期的电脑不仅昂贵且性能有限，而如今的个人电脑和智能手机不仅价格相对低廉，而且性能极为强大。这种变化正是霍尔法则的一个生动写照。

霍尔法则的重要性在于它为电子行业的创新和市场预期提供了一个清晰的框架。它告诉我们，技术进步将持续推动电子产品的普及，并且成本效益将不断提升。这一规律在很大程度上激励了企业在研发上的投入，也帮助消费者预测了未来产品的性能和价格变化。

墨菲定律（Murphy's Law）

墨菲定律是一种源自工程学的有趣观点，其核心观点是：凡事只要可能出错，就一定会出错。这一定律的名称来自爱德华·墨菲（Edward A. Murphy），他是一位美国空军工程师。

墨菲定律起源于 1949 年，当时墨菲参与了一项美国空军的实验，目的是测试人类在极限加速度下的承受能力。在一次实验中，由于一名技术员的失误，所有感应器都被错误地安装，导致实验失败。墨菲当时说："如果有可能出错，那就一定会出错。"这句话被其他同事引用和传播，最终成为广为人知的墨菲定律。

墨菲定律虽然听起来很消极，实际上它在提醒我们在工作和生活中要做好充分的准备和预防措施，以应对可能出现的问题。比如，在工程设计中，要考虑到各种可能的失误并采取措施加以防范。在日常生活中，也可以用墨菲定律来提醒自己多做备份、仔细检查，避免因疏忽而陷入麻烦。

摩尔定律（Moore's Law）

摩尔定律是由英特尔创始人之一戈登·摩尔提出的经验法则，它指出每隔大约 18 到 24 个月，集成电路上可以容纳的晶体管数量会增加一倍。这意味着处理器的性能大约每两年翻一番，同时价格下降一半。尽管摩尔定律不是自然科学定律，但它揭示了信息技术进步的速度。

自 1975 年以来，摩尔定律已经推动了集成电路芯片性能的大幅提升。例如，从 1971 年的 Intel 4004 处理器上的 2300 个晶体管，到 1997 年的 Pentium II 处理器上的 750 万个晶体管，晶体管数量增加了 3200 倍。这与摩尔定律预测的每两年翻一番的趋势相当接近。

「延伸：随着时间的推移，摩尔定律也面临着挑战。成本的增加成为一个关键问题，随着集成电路的复杂性增加，生产成本也相应提高。摩尔也提出了他的"摩尔第二定律"，即成本的增加将成为限制摩尔定律的因素。」

多恩定律（Doane's Law）

多恩定律是统计学中的一个法则，用于改进斯特吉斯法则在处理非正态分布数据时的分组效果。这个法则由美国统计学家大卫·多恩（David P. Doane）提出，旨在更准确地确定直方图的分组数，使得数据的分布特征能够更清晰地展现出来。

多恩定律的公式是：$k = 1 + \text{Log}^2(n) + \text{Log}^2(1 + |g|)$，其中 k 是推荐的组数，n 是数据的样本量，g 是数据的偏度。这个公式通过考虑数据的偏度来调整分组数，从而更适合非正态分布的数据。偏度是衡量数据对称性的重要指标，偏度较大的数据分布通常会出现不对称的长尾，影响直方图的效果。

多恩定律通过在斯特吉斯法则的基础上引入偏度校

正，使得对于非正态分布的数据，直方图的分组数能够更好地反映数据的实际分布情况。这样做的好处是避免了因为组数选择不当而导致的直方图失真问题，使得数据分析更加准确和有效。

多恩定律在数据分析中应用广泛，特别是在处理具有显著偏度的数据时，能够提供比传统的斯特吉斯法则更精确的分组建议。理解和应用多恩定律，可以帮助我们更好地展示和分析数据的分布特征，揭示数据中的重要规律和异常。

贝克尔定律（Becker's Law）

贝克尔定律由经济学家加里·贝克尔（Gary Becker）提出，是一个关于社会行为和经济活动的理论。贝克尔因其在经济学和社会学领域的开创性研究获得了诺贝尔经济学奖，他的工作将经济分析扩展到传统上被认为属于社会学的领域。

贝克尔定律的核心内容是：人类的行为，包括家庭决策、犯罪、教育选择等，皆可用经济学中的成本－效益分析法来解释。贝克尔认为，个人在做出任何决策时，都会权衡潜在的收益与成本，从而选择最能提升其整体效用的行为。

贝克尔定律的重要性在于它突破了传统经济学的界限，将经济分析应用于广泛的社会问题。例如，贝克尔通过这一理论解释了为什么某些人会选择犯罪——当犯罪的潜在收益超过预期的成本（如被捕和处罚的风险）时，犯罪行为就会发生。同样，贝克尔还分析了教育投资，指出个人在选择是否接受高等教育时，会考虑未来的收入增加与当前教育成本之间的关系。

锤子定律（Law of the Hammer）

锤子定律，也被称为"马斯洛定律"或"手锤定律"，由心理学家亚伯拉罕·马斯洛（Abraham Maslow）提出。其经典表达是：当你手里有一把锤子时，一切事物看起来都像钉子。简单来说，这条法则指出，人们倾向于使用自己熟悉的工具和方法来解决所有问题，而不考虑是否有更合适的工具和方法。

马斯洛提出这一概念的起因是他对人类行为和心理的研究，他发现人们在面对问题时，往往会选择自己熟悉的解决方案，而忽视了其他可能更有效的方法。这种思维定式导致了问题解决的单一性和局限性，可能会在复杂情况下导致低效甚至错误的结果。

锤子定律的重要性在于它揭示了思维定式对问题解

决的影响。在工作和生活中，我们经常遇到需要解决的问题，由于习惯性地依赖熟悉的方法，我们可能会错过更好的解决方案。例如，在管理中，某位经理可能总是使用某种固定的管理方式，而不考虑根据具体情况调整策略。在教育中，教师可能会依赖传统的教学方法，而忽视了创新的教学手段。

「延伸：为了应对锤子定律带来的挑战，我们需要培养多样化的思维方式和技能。首先，保持开放的心态，愿意接受和尝试新方法和工具；其次，增加知识和技能的广度，学习不同领域的知识，以丰富解决问题的工具箱；最后，通过团队合作，利用他人的知识和经验，寻找更有效的解决方案。」

霍夫施塔特定律（Hofstadter's Law）

霍夫施塔特定律由著名认知科学家和作家道格拉斯·霍夫施塔特（Douglas Hofstadter，中文名侯世达）提出，是一个有关时间管理和项目规划的有趣定律。其核心内容是：事情总是比你预计的时间要长，即使你考虑到了霍夫施塔特定律。

霍夫施塔特定律源于霍夫施塔特对人类认知和时间感知的研究。他在其著作《哥德尔、艾舍尔、巴赫：集异璧之大成》中首次提到这一定律。霍夫施塔特定律指出，人们在规划和预测项目完成时间时，往往会低估所需时间，即使他们已经意识到这种低估的倾向，并试图加以调整。

这一定律反映了人类在处理复杂任务和项目时，常常忽视各种潜在的困难和不确定因素。例如，在软件开发、建筑工程或学术研究中，项目通常会遇到意外的技术难题、资源短缺或其他延误，导致实际完成时间远远超出最初的计划。

斯涅尔定律（Snell's Law）

斯涅尔定律，也称为折射定律，是由荷兰数学家维勒布罗特·斯涅尔（Willebrord Snell）在 1621 年提出的。这个定律描述了光线从一种介质进入另一种介质时，其传播方向发生改变的规律。简单来说，当光线从一种透明物质（如空气）进入另一种透明物质（如水或玻璃）时，光线会发生弯曲。

斯涅尔定律的数学表达式是：$n_1 \sin \theta_1 = n_2 \sin \theta_2$，其中 n_1 和 n_2 分别是两种介质的折射率，θ_1 是入射角，θ_2 是折射角。折射率是一个无量纲的数值，表示光在真空中的速度与光在该介质中的速度之比。这个公式揭示了光在不同介质中的传播速度不同，从而导致光线在界面处发生弯曲。

斯涅尔定律的重要性在于它为光学和物理学奠定了基础，解释了许多自然现象，如水中的物体看起来比实际位置浅，以及光纤通信中的光传输原理。此外，斯涅尔定律还被广泛应用于镜片设计、成像系统、显微镜和望远镜等光学设备中。

法拉第定律（Faraday's Law）

法拉第定律全称为法拉第电磁感应定律，是由英国科学家迈克尔·法拉第（Michael Faraday）在 1831 年提出的。其核心内容是：一个变化的磁场会在一个导体中感应出电动势（电压），这种现象称为电磁感应。简单来说，法拉第定律描述了如何通过磁场的变化来产生电流。

法拉第定律的数学表达式为：感应电动势（E）等于磁通量变化率（Dφ/Dt）的负值，即 E =-Dφ/Dt。这里，φ 代表磁通量，t 代表时间。负号表示根据楞次定律，感应电流的方向总是抵抗磁通量的变化。

法拉第定律的重要性在于它奠定了电磁学的基础，是电机、发电机和变压器等电气设备的工作原理。法拉第通过一系列实验发现,当磁场穿过导体回路的磁通量发生变化时,会在导体中产生电动势,这一发现对现代电气工程和技术的发展具有深远影响。

例如,在发电机中,通过旋转磁铁或线圈来改变磁通量,从而产生电动势和电流。同样,变压器利用电磁感应原理,通过改变线圈中的电流来调节电压。

肯尼迪定律(Kennedy's Law)

肯尼迪定律由美国前总统约翰·F. 肯尼迪提出,主要内容是:在危急时刻,任何行动都会导致预期之外的后果。这条定律来源于肯尼迪在其政治生涯中,尤其是处理古巴导弹危机时的经验总结。

简单来说,肯尼迪定律告诉我们,当面对紧急情况时,不管做出什么决策,都会产生一些意想不到的结果。这反映了现实世界的复杂性和不确定性。在 1962 年的古巴导弹危机中,肯尼迪和他的团队面对苏联在古巴部署核导弹的威胁,采取了封锁和谈判等一系列措施,最终避免了一场核战争。然而,在这个过程中,每一步行动都伴随着巨大的风险和难以预料的后果。

肯尼迪定律有趣且易懂的一点在于,它提醒我们在做决策时要保持警觉和灵活,因为任何决定都有可能引发连锁反应。这种思维不仅适用于政治和军事领域，也适用于我们的日常生活。比如，当你在公司里做出一个重大的业务决定时，肯尼迪定律提醒你要考虑到各种可能的意外结果，并为此做好准备。总之，肯尼迪定律是一条关于应对复杂情况的重要指导原则，尽管起源于冷战时期，但其智慧在当今社会依然适用。

汉隆剃刀原则（Hanlon's Razor）

汉隆剃刀原则是一条流行的格言，起源于罗伯特·J. 汉隆（Robert J. Hanlon），该原则的核心内容是：不要用恶意来解释能够用愚蠢解释的行为。

想象一下，在工作或生活中遇到了一些令人恼火的事情，比如同事忘记了重要的任务或者朋友迟到了。在这种情况下，人们容易认为对方是故意这样做的。然而，汉隆剃刀原则提醒我们，很多时候这些情况更可能是因为对方的粗心大意或无心之失，而不是出于恶意。

汉隆剃刀原则的趣味在于它帮助我们用一种更宽容和理性的视角看待他人的行为，从而减少误解和冲突。它告诉我们，与其揣测他人有不良动机，不如考虑是否只是因为他们的无知或错误。这个原则在很多领域都有应用，例如在管理、法律和日常人际关系中。

汉隆剃刀原则的实际意义在于它促进了沟通和理解，减少了因为误解而导致的摩擦。通过应用这个定律，我们可以培养一种更加宽容和积极的心态，减少不必要的猜忌和敌意。总的来说，汉隆剃刀原则是一条简明易懂、实用有效的生活哲理，在现代社会中依然具有重要的指导意义。

特雷彭维茨定律（Treppenwitz of History）

特雷彭维茨定律并非一种科学定律，而是一种源自德语的幽默表达，用来描述我们在特定情境下没有及时反应，事后才想出恰当或机智的回复的现象。德语中，这种现象被称为"Treppenwitz"，意思是"楼梯上的机智"，即人在离开社交场合后，在楼梯上才想到的绝妙回答。

特雷彭维茨定律有趣且易懂的一点在于，它揭示了人类思维的一个常见特点：我们经常在压力或紧张的情境中无法迅速想到最佳的回应，只有在事后回想时才会感到"早该这么说"。举个例子，当你和朋友辩论或和老板谈话时，可能当下没有想到很好的反驳或建议，一旦走出那个环境，脑海中突然闪现出各种巧妙的回应。

这一现象不仅仅是个人交流中的趣事，也被广泛应用于历史事件的反思中。历史学家和评论家有时用特雷彭维茨定律来描述某些事件的发展或决策，在事后看起来显得格外荒谬或讽刺，但在当时的情境下并未被察觉。

预期效应（Expected Effect）

预期效应指个人对自己或他人的预期所导致的认知和行为的改变现象。当人们期望某种可能的结果或渴望某种结果时，他们的认知和行为通常会受到影响。以下是几个展示这种现象的例子：

光环效应：雇主可能因为对某些雇员整体印象好而认为这些雇员的表现比其他人更好。

霍桑效应：雇员可能因为环境的改变而提高了生产率，因为他们知道自己正在被观察。

皮格马利翁效应：学生可能会因为老师对他们的期望而表现得更好或更差。

安慰剂效应：病人可能会因为相信治疗会成功而感觉到治疗效果。

罗森塔尔效应：老师可能会因为对学生表现的预期而对学生有不同的态度。

需求特性：在实验或采访中，参与者可能会为了迎合实验者或采访者的预期而回答问题或做出反应。

预期效应显示了预期对认知和行为的重要影响。例如，当告诉一群人一个新产品会改变他们的生活时，其中许多人可能真的会感觉到他们的生活发生了变化；当一个人被贴上某种标签或被归为某种类别时，他们可能会开始采取与该标签或类别相符的行为；人们倾向于寻找与他们已有信念和自我认知相一致的信息，而忽视与之相悖的信息，这种倾向可能导致人们持续维持他们的预期，而忽视与之相反的证据；当人们对某种不确定的情况或未知的事件抱有积极的期望时，他们可能就会感到更加放心和安慰，这种积极的预期可以减轻焦虑和压力，促进积极的行为。

曝光效应（Exposure Effect）

曝光效应指通过反复曝光中立态度的事物，人们对该事物的喜爱程度会增加的现象。当一个事物被反复提及时，人们会逐渐接受并喜欢它。例如，一首歌曲或一个口号被重复播放的次数越多，可能就会越受欢迎。曝光效应只在事物本身是中立或正面的情况下才会产生效果。如果一个令人讨厌的事物被反复曝光，不但不会引起喜爱，反而会增加负面认知。

曝光效应在音乐、绘画、艺术、影像、人物和广告等方面都存在。最强烈的曝光效应出现在照片、有意义的语句、名字和简单形状上；最弱的曝光效应出现在图像、人物和听觉刺激上。曝光效应会随着出现次数的增加而逐渐减弱，可能是因为过多的曝光会导致人们对事物产生厌倦感。复杂而有趣的事物的反复曝光倾向于增强这种效应，而简单无聊的事物的反复曝光则倾向于减弱这种效应。

「延伸：有趣的是，事物曝光的频率越高，其曝光效应就越弱。当曝光程度很短暂或微小到下意识的程度时，或者在曝光之间有间断时，曝光效应最为强烈。熟悉度在美感和接受度方面扮演着重要角色，人们喜欢那些他们经常看到的东西。例如，许多人一开始对越战纪念碑抱有抵制情绪，主要是因为对这座纪念碑简单抽象的设计不熟悉。类似的抵制情绪也出现在毕加索的立体派作品、埃菲尔铁塔、弗兰克·劳埃德·赖特的古根海姆博物馆等其他公认的杰出作品上。随着时间的推移，这些作品的曝光程度增加，人们对它们的熟悉程度相应增加，接受度和欢迎度也增加了。」

门口效应（Doorway Effect）

门口效应是一种常见的心理现象，指的是人们在穿过门口时，突然忘记自己刚才想要做什么。这种效应由心理学家加布里埃尔·拉德万斯基（Gabriel Radvansky）及其同事在 2011 年的研究中首次系统地描述。

拉德万斯基的研究团队发现，当人们从一个房间走到另一个房间时，经过门口的动作会触发一种"事件边界"的机制，这种机制会将大脑中的短期记忆清除，准备接收新的信息。实验中，参与者被要求记住一些物品，并将其从一个房间搬到另一个房间。他们穿过门口时，往往会忘记自己携带的物品，而在同一房间内移动时，这种忘记的现象则较少发生。

门口效应的发现有助于解释为什么我们有时会在家里从一个房间走到另一个房间后，突然忘记自己要做什么。这种现象并不意味着我们有记忆问题，而是反映了大脑处理信息的一种自然机制。通过区分不同环境和情境，大脑能够更高效地组织和管理信息，但这种机制也会导致短暂的记忆丧失。

了解门口效应有助于我们更好地理解日常生活中的小困扰，减少因为这种现象而产生的不必要焦虑。下一次当你因为走过房门而忘记要做什么时，不妨回到原来的房间，这样可能会帮助你重新记起刚才的想法。门口效应是大脑复杂运作方式的一个小小例证，也提醒我们，记忆和认知过程有时会受到环境变化的影响。

巴纳姆效应（Barnum Effect）

巴纳姆效应是指人们容易相信一些模棱两可、普遍适用的描述是对自己的准确评价。这种效应解释了为什么星座、算命和个性测试等看似具体的描述能让人觉得非常贴切。巴纳姆效应得名于美国著名的马戏团老板P. T. 巴纳姆，他以"给每个人一些东西"而闻名。

心理学家伯特伦·福勒（Bertram Forer）在 1948 年首次系统地研究了这一现象。他给学生们提供了一份所谓的"个性分析"，实际上每个学生得到的都是相同的模糊描述，如"你有时会感到不安，但你能克服这些感受"。学生们普遍认为这些描述非常准确，评分高达4.26（满分 5 分），尽管描述实际上对任何人都适用。

巴纳姆效应揭示了人类心理中的一种偏差，即人们倾向于接受那些看似个性化，实际上非常笼统的描述。这种现象背后的原因可能是我们渴望被理解和关注，而且容易在模糊信息中找到与自己相关的部分。

理解巴纳姆效应有助于我们提高对心理操控和误导

信息的警觉，尤其是在阅读星座、性格测试或听取个人评价时。通过意识到这一效应的存在，我们可以更理性地看待这些信息，不轻易被其迷惑。同时，这也提醒我们，在进行自我评估或他人评价时，应寻求具体、客观的证据，而不是仅凭感觉做判断。

门槛效应（Threshold Effect）

门槛效应是指当某个变量达到某个特定值或"门槛"时，会引发显著变化或结果。在日常生活、经济学、环境科学和心理学等领域，这一效应都有广泛的应用。门槛效应帮助我们理解为什么在某些情况下，变化是渐进的，而在另一些情况下，可能会出现突然的转变。

门槛效应的概念并没有具体的发明人或发起人，但它在多个学科中被广泛研究和应用。例如，在经济学中，门槛效应解释了为什么收入达到一定水平后，消费行为会发生显著变化。在环境科学中，它帮助解释了生态系统在受到污染或其他压力时，如何在达到某个临界点后迅速崩溃。

了解门槛效应对我们很有帮助。它提醒我们在做决策时，要注意那些可能看似微不足道但一旦积累到一定程度就会引发重大变化的因素。这对于风险管理、政策制定和个人生活中的重要决策都有重要意义。

「延伸：一个简单的例子可以帮助理解门槛效应：想象一个水库的水位缓慢上升，起初对周围环境没有明显影响。当水位达到堤坝的高度时，就会发生溃坝，造成严重的洪灾。」

蔡加尼克效应（Zeigarnik Effect）

蔡加尼克效应是由苏联心理学家布鲁玛·蔡加尼克（Bluma Zeigarnik）在 20 世纪 20 年代提出的一个心理学现象。其核心内容是：人们倾向于对未完成的任务记忆更为深刻，而已完成的任务则容易被遗忘。

蔡加尼克效应的发现源于蔡加尼克在柏林大学心理学家库尔特·勒温（Kurt Lewin）指导下进行的一系列实验。她注意到，餐馆服务员能够清楚记住仍在进行中的订单，一旦订单完成，他们很快就忘记了这些订单的细节。为了验证这一观察，蔡加尼克进行了实验，发现参与者对未完成的任务比对已完成的任务记忆更为持久和清晰。

这一现象的背后机制是，未完成的任务在心理上产生了一种紧张状态，推动人们不断地去思考和处理这些任务，直到它们被完成为止。这种紧张状态会在任务完成后得到缓解，从而导致相关记忆的淡化。

此外，蔡加尼克效应还解释了为什么未完成的事情会让人感到不安和焦虑。这一效应提醒我们，在管理任务和时间时，要注意平衡工作和休息，避免因为过多的未完成任务而产生过度压力。

「延伸：蔡加尼克效应在日常生活和工作中都有重要应用。例如，在学习和工作中，合理利用这一效应可以提高记忆和效率。通过将任务分解为小部分并有意留下未完成的部分，可以保持对任务的关注和动力。在创作和问题解决过程中，适当的暂停也可以帮助我们重新审视任务，从而产生新的想法和解决方案。」

马太效应（Matthew Effect）

马太效应是指"强者愈强，弱者愈弱"的现象。该术语源自《圣经·马太福音》中的一句话："凡有的，还要加给他，叫他有余；没有的，连他所有的，也要夺过来。"在社会科学中，马太效应被用来描述在社会、经济和学术等领域中，资源和优势如何逐渐向少数已经占据优势地位的人或群体集中。为了应对这一问题，社会政策和措施需要关注如何在资源分配上给予更多的公平性和机会均等。

焦虑症效应（Anxiety Effect）

焦虑症效应指的是焦虑症对个人生理、心理和行为产生的综合影响。焦虑症是一种常见的心理障碍，表现为过度的担忧和紧张，常常超出实际威胁。焦虑症的效应可以分为以下几个方面：

在生理上，焦虑症会引发一系列身体反应。这些反应包括心跳加速、呼吸急促、出汗、头晕、胃部不适和肌肉紧张。这些症状是由身体的"战斗或逃跑"反应引起的，这是身体对潜在威胁的自然反应，但在焦虑症患者身上，这种反应常常是过度且持续的。

在心理上，焦虑症会导致持续的担忧、恐惧和不安。患者可能会对日常生活中的小事过度担心，或者对未来的不确定性感到恐慌。这种持续的心理压力会削弱患者的注意力和记忆力，影响他们的决策能力和解决问题的能力。

在行为上，焦虑症会导致一系列行为改变。患者可能会避免某些情境或活动，以逃避引发焦虑的源头。例如，社交焦虑症患者可能会避免社交场合，广场恐惧症患者可能会避免离开家。这种回避行为会进一步限制患者的生活范围，影响他们的社交和职业功能。

焦虑症效应的研究可以追溯到 20 世纪初期，精神分析学家西格蒙德·弗洛伊德是早期研究焦虑及其影响的先驱之一。现代心理学家和精神病学家如阿伦·贝克（Aaron Beck）和大卫·克拉克（David Clark）在认知行为疗法中，进一步探讨了焦虑症的机制和治疗方法。

认知隧道效应（Cognitive Tunneling）

认知隧道效应是指人类在紧张、压力大或时间紧迫的情况下，注意力和认知资源会高度集中在某一特定任务或信息上，而忽略其他重要的信息和环境。这种现象就像驾车在一条隧道中行驶，视野变得狭窄，只能看到眼前的路，而看不到周围的情况。

这个概念最早由美国心理学家克里斯托弗·威肯斯（Christopher Wickens）提出。他在研究飞行员和空中交通管制员的工作时发现，这些高压力、高风险的职业群体在面对紧急情况时，常常会出现认知隧道效应。这种效应可能导致他们忽视周围的潜在威胁或重要信息，从而增加事故发生的风险。

认知隧道效应在各个领域都有重要的影响。在驾驶、航空、医疗等高风险行业，这种效应可能会导致严重的后果。例如，医生在处理急诊时，可能会因为过于关注某一症状而忽视其他重要病情；飞行员在紧急情况中，可能会因为过度集中在某一仪表读数上，而忽视其他关键数据。

「延伸：为了减少认知隧道效应的影响，可以采取一些措施。比如，通过训练和模拟演练，提高应急反应能力；合理分配任务，避免单一任务过于繁重；在团队协作中，通过互相提醒和监督，弥补个体注意力的不足。」

社会促进效应（Social Facilitation Effect）

社会促进效应是指当人们在他人旁观或与同伴一起工作时，他们的表现会有所提升的现象。这个概念最早由美国心理学家诺曼·特里普利特（Norman Triplett）在 1898 年提出。他在观察自行车比赛时发现，选手们在有其他选手一起比赛时，比单独比赛时骑得更快。特里普利特因此进行了实验，发现儿童在有其他人一起完成绕线任务时，比单独完成时更快，这个实验被认为是社会心理学的开端之一。

社会促进效应的背后机制主要有两种解释：一是因为他人在场时，个体的觉醒水平会增加，使得他们更加警觉和努力；二是因为个体希望在他人面前表现良好，因此会更努力工作。这种现象在简单或熟练的任务中表现得尤为明显，因为这些任务不需要过多的认知资源，因此他人的存在会激励个体提高表现。

然而，社会促进效应并非总是有效。相反的情况被称为社会抑制效应，即在他人旁观时，个体的表现反而会下降，尤其是在复杂或不熟练的任务中。这是因为这些任务需要更多的认知资源，外界的压力可能导致个体分心和焦虑，从而影响他们的表现。

举个简单的例子，当你和朋友一起跑步时，你可能会跑得更快，因为你想展示自己的能力。这就是社会促进效应的体现。如果你是第一次尝试复杂的数学题，在很多人面前做这件事可能会让你感到紧张，从而影响你的表现，这就是社会抑制效应。

「延伸：社会促进效应在现实生活中有许多应用，例如在体育比赛、团队工作和公共演讲等场合中，人们常常表现得比独自一人时更好。理解这一效应可以帮助我们更好地组织工作和改善学习环境，提高效率和表现。总的来说，社会促进效应告诉我们，适度的社会压力和他人的关注可以成为一种强有力的激励手段，使我们在竞争和合作中发挥出更好的水平。」

变色龙效应（The Chameleon Effect）

变色龙效应是一种社会心理学现象，由社会心理学家约翰·巴奇（John Bargh）和塔尼亚·沙特朗（Tanya Chartrand）在 1999 年提出。他们通过一系列实验研究发现，人们在社交互动中会不自觉地模仿对方的行为，这种模仿不仅能使互动更加顺利，还能增加彼此之间的好感和信任。他们的研究表明，这种无意识的模仿行为有助于增强人际关系的亲密感和默契感。

变色龙效应的起因可以追溯到人类的进化历程。作为一种社会性动物，人类在进化过程中逐渐发展出这种模仿行为，以便更好地融入群体，获得群体的支持和保护。在现代社会中，这种效应仍然发挥着重要作用，帮助我们在各种社交场合中建立和维持良好的人际关系。

「延伸：例如，当我们和朋友聊天时，如果对方笑了，我们也会不自觉地跟着笑；当对方点头时，我们也会下意识地点头。这些细微的模仿行为使对方感觉我们在认真倾听并且对他们感兴趣，从而促进了彼此之间的互动和交流。」

同伴效应（Peer Effect）

同伴效应是指个体在某种行为或决策上受到其同伴或群体的影响，这种效应广泛存在于各种社会情境中，如学校、工作场所、家庭和社区等。最早探讨同伴效应的研究者之一是心理学家罗杰·布朗（Roger Brown），他在 20 世纪 60 年代研究了群体动力学和社会影响。布朗和其他研究者发现，人们在群体中的行为往往会受到同伴的影响，这是因为个体希望被群体接受和认可，从而倾向于模仿或顺从群体中的主流行为。

同伴效应的起因可以追溯到人类的进化历史。在远古时期，群体生活能够提高生存概率，个体在群体中的地位和关系对生存至关重要。因此，顺应群体行为成为一种进化优势。这种倾向在现代社会依然存在，人们会在意他人的看法，并根据同伴的行为调整自己的行为。例如，在学校里，学生们往往会受到同学的影响，在学习态度、兴趣爱好和行为规范上表现出相似性；在工作场所，同事之间的竞争和合作也会受到同伴效应的影响，影响工作效率和工作氛围。

「延伸：同伴效应不仅在日常生活中普遍存在，还被广泛应用于社会政策和管理策略。例如，公共卫生领域通过利用同伴影响力来推广健康行为，如戒烟、减肥和疫苗接种；教育领域也会通过同伴辅导和小组学习来提升学生的学业成绩。同伴效应的作用不仅限于积极影响，有时也会带来负面效果，如青少年容易受到同龄人不良行为的影响，从而抽烟、酗酒或有其他违法行为。」

鲁滨逊效应（Robinson Effect）

鲁滨逊效应是一个由英国化学家亚瑟·鲁滨逊（Arthur Robinson）和美国生物化学家莱纳斯·鲍林（Linus Pauling）共同提出的理论。这个效应描述了某些化学反应在特定条件下会表现出异常的行为，尤其是在生物系统中。这一理论最早在 20 世纪 70 年代被提出，起因是研究人员在实验中观察到一些化学反应的速率和路径与预期的不同。

鲁滨逊效应之所以有趣，是因为它挑战了传统的化学反应理论。传统理论认为化学反应在给定条件下是可预测的，反应物会以一定的方式转化为产物。然而，鲁滨逊效应表明，在某些情况下，化学反应会偏离预期的路径。这种不可预测性不仅为科学家提供了新的研究方向，也揭示了自然界中隐藏的复杂性。

为了更好地理解鲁滨逊效应，科学家进行了大量实验，试图找出影响这些异常反应的因素。他们发现，温度、压力、溶剂类型和反应物的浓度都是关键因素。此外，一些研究还表明，生物分子如酶和蛋白质在某些条件下也会影响反应路径。这一发现为生物技术和制药工业的发展提供了新的思路，比如通过调整反应条件来优化药物合成，提高药物的有效性和稳定性。

回音室效应（Echo Chamber Effect）

回音室效应是指人们在社交媒体、论坛或其他信息平台上，只接触到与自己观点相似的信息和意见，导致他们的信仰和偏见被不断强化和放大，同时排斥和忽视不同的观点和信息。这种现象会导致信息和观点的单一化，使得人们更难接触到多样化和全面的事实，从而形成一个封闭的信息环境。

回音室效应的产生主要有两个原因。首先是算法推荐系统的作用。很多社交媒体和在线平台为了提高用户的黏性和参与度，会根据用户的历史行为、兴趣和偏好，推送与其观点一致的内容。这种个性化推荐虽然能增强用户体验，但也导致了信息过滤，使得用户逐渐陷入信息回音室中。其次是人类的选择性曝光倾向。人们往往更倾向于接触和相信与自己已有观点相符的信息，而对立或不同的观点则容易被忽视或排斥，这进一步加剧了回音室效应。

回音室效应的负面影响主要体现在以下几个方面：首先，它会导致信息偏狭，削弱了人们对不同观点的包容和理解能力，使得社会分裂加剧；其次，在回音室效应的影响下，虚假信息和谣言更容易传播，因为这些信息往往能够引起强烈的情绪反应，从而获得更多的关注和分享；此外，回音室效应还会抑制批判性思维，使人们难以进行理性和客观的分析和判断。

主义 / 理论的推进

流量现实主义（Traffic Realism）

随着网络时代的到来，人们的生活方式和经验也发生了变化。成长在网络时代的人，他们的现实世界更多地受到网络世界的影响。流量现实主义的核心观点是：人们对现实世界的计算和考量是以流量为出发点的，而流量是在网络中产生的信息和数据的流动。人们根据网络中的流量来判断决策，倾向于追求流量和关注度高的事物，而忽视那些不太受网络关注的事物，这种决策方式影响着他们对现实世界的看法和行为，也导致了人们对现实世界的片面认知和评价，产生对网络世界的过度依赖，人们容易迷失自我，追求虚荣和表面的成功。此外，流量现实主义也可能导致信息过载和信息泛滥的问题。

「延伸：每个人所处的世界都是不同的，不同代际的人更是如此。成长于网络时代的人，他们的具身经验，更多形成于网络世界之中，进而投射到现实社会中来。他们计算与考量现实的方式，是以流量为出发点的，这是一种可以称之为"流量现实主义"的人生经验。当我们用流量的眼光看待人类社会时，会发现相对于网络媒介的共时性呈现，文化历史所保持下来的是一种更具持久性的历时性流量，那么它们究竟是如何发生以及存在可能的转换的？随着网络和数字媒介（包括游戏和元宇宙）的发展，这些新媒介又会对文化历史的传播造成什么影响？而注意力机制发生的深刻变化，在后真相时代又将如何影响主体的心智塑造？」

非洲未来主义（Afrofuturism）

非洲未来主义是一场跨学科的文化和思想运动，强调非洲和非洲裔人群的未来视野，将科幻、科技、艺术和文化融合在一起，探讨和想象非洲和非洲裔人群在未来社会生活中的地位和角色。这种运动不仅是一种艺术幻想和文化表现形式，更是一种反思和批判。它反思历史上的非洲裔人群经历，并设想一个包容和富有希望的未来。它批判包括种族、性别和权力结构在内的各种社会不平等的问题，帮助非洲裔人群重新思考自己的身份认同，超越其刻板印象和刻板化的标签，鼓励他们看到自己在全球社会中的多样性和复杂性。

非洲未来主义在学术和公众领域都产生了广泛的影响，激发了创造性的思考和表达。这种运动通过文学、艺术、音乐、电影、时尚等多种文化媒介来表达其思想，涉及虚构和科幻故事，包括太空探索、人工智能、基因工程等。代表性作品包括奇普·德尔纳、奥克塔维亚·E.

巴特勒等作家的科幻小说，乔治·克林顿等的音乐，以及电影《黑豹》等。

「延伸：然而，非洲未来主义融合的非洲部落文化与未来科技，很容易滑向另外两个英语词的窠臼里，一个是"Blaxploitation"，另一个则是"Negrophilia"，即在电影中对于黑人形象脱离现实且程式化的展现和白人对于黑人文化（或者说非洲文化）的痴迷。」

后达尔文主义（Post Darwinism）

后达尔文主义是一种新的理论观点，由微生物学家、基因学家、理论生物学家、数学家和计算机科学家提出。他们认为生命的演化过程不仅受到达尔文描述的自然选择的影响，还存在其他的力量和机制。这些机制可以重新组合和重构生命，使其适应新的环境。这些看不见的动因扩展了生命的信息库，可能对自然选择所控制的信息库提供了补充。这些科学家提出了一系列重要问题：自然选择的适用范围是什么？进化能否解释一切？在我们所了解的进化过程中，是否还有其他因素在起作用？

深度进化并不一定比自然选择更加神秘，而是一种新的视角和理论框架，用于解释生命演化中的复杂性和多样性。后达尔文主义的提出为我们理解生命的演化提供了新的思考方式，并可能推动生物学领域的进一步发展。

监视资本主义（Monitoring Capitalism）

监视资本主义是指通过现代技术和数据的广泛应用，以支持和增强资本主义经济体系的不同方面。监视资本主义依赖大规模数据的收集和分析。各种组织，包括企业和政府，通过多种途径收集个人和组织的数据，包括在线活动、社交媒体行为和购物记录。这些数据用于洞察市场趋势、个人喜好和社会行为等，以便做出更明智的商业和政策决策。个性化广告和产品是监视资本主义的一个重要特征。基于收集到的数据，企业能够创建个性化广告和产品，以更好地满足个体的需求和偏好。这种个性化增加了消费者的购买体验，同时促进了销售和市场份额的增长。

监视资本主义还涉及数据隐私和安全的问题。随着数据的广泛收集和共享，个人的隐私变得更加容易受到威胁，因此，对于如何保护个人数据以及数据使用的道德和法律问题变得尤为重要。监视资本主义对社会和政治也产生了影响。数据的收集和分析可以用于政治宣传、选民定位和社会控制，引发了关于权力和自由的许多讨论和争议。

数字殖民主义（Digital Colonialism）

数字殖民主义由伦敦政治经济学院教授尼克·库尔德里和梅希亚斯共同提出。这个概念借鉴了历史上的殖民主义，描述在数字时代，资本主义如何利用数据来重新定义社会关系并加强对个体的控制和剥削。现代社会生活和社会关系越来越依赖数据连接，数据在服务业、工业、金融、教育和保险等各个领域都扮演着至关重要的角色，这些数据连接成为社会的纽带。数据俨然已经成为一种可供交易和商品化的资产，优化数据的提取和利用成为创造经济价值的主要手段，也是企业和机构竞相争夺的资源。

「延伸：类似于历史上的殖民者对土地、资源和人力的剥削，现代数字殖民者也在大规模地剥削数据流，获取并利用个人和集体的数据，以实现自身的经济和政治利益。」

结构主义（Structuralism）

结构主义是一种理论和方法论，其思想起源于20世纪初期的法国，主要在社会科学、文化研究、语言学和心理学等领域发展起来。结构主义关注分析和解释社会和文化现象的结构、模式和关系，强调研究对象的内在结构和组织，而不是个别事件或现象的表面特征。最早的结构主义思想家之一是瑞士人费迪南·德·索绪尔（Ferdinand de Saussure），他在语言学领域提出了结构主义的基本理念。后来，结构主义在各种学科中获得了广泛影响。

结构主义试图揭示隐藏在表面现象之下的普遍原则和模式。在语言学领域，结构主义强调语言的内在结构，即语言符号和规则的组织方式。索绪尔的语言学理论认为，语言的意义是通过语言符号之间的对比和差异来构建的。在人类学领域，结构主义试图理解不同文化的共同结构和模式。克洛德·列维－斯特劳斯（Claude Lévi-Strauss）是结构主义在文化人类学中的重要代表，他研究了不同文化中的神话、仪式和社会结构，强调了它们之间的普遍性和共性。在心理学领域，结构主义关注心智过程的结构和组织方式，揭示思维和知觉背后的普遍规律和结构。

「延伸：结构主义在一些领域取得了重要进展，但也有一些批评者认为，结构主义过于抽象和理论化，忽视了历史、社会和文化背景的影响。此外，结构主义方法并不总是适用于所有领域和问题。」

理性主义（Rationalism）

理性主义是一种理论和思维方法，强调理性、思考和推理在认识和理解世界时的重要性。理性主义者相信，通过逻辑和理性思维，人们可以获取关于现实和真理的知识。这一思想流派在哲学、科学和数学等领域都有重要影响。

理性主义者认为人们的思考过程不仅依赖外部经验，还依赖内在的思考、推理和概念。这与经验主义形成对比，后者认为知识主要来自感官经验。理性主义在宗教领域中也有影响，某些宗教哲学家认为，理性可以用来推理神的存在和性质。例如，托马斯·阿奎那（Thomas Aquinas）运用了理性主义的思想来解释基督教信仰。

人文主义（Humanism）

人文主义是一种强调人的价值和尊严、注重人类理性和潜力的思想文化运动。它在文艺复兴时期达到顶峰，并对后来的文化、教育、政治等方面产生了深远的影响。

文学和诗歌是表达人文主义观念的重要媒体。文学作品和诗歌可以探讨人类经验、情感、道德和价值观，传达对个体的尊重和理解。彼特拉克被誉为"人文主义之父"，他的《歌集》通过研究古典拉丁文学和写作抒情诗歌，复兴了对古典文化的兴趣。在艺术中，人文主义通过绘制或雕塑人物的形象来强调个体的内在和外在特征，传达对个体的尊重和赞美，米开朗琪罗通过雕塑和绘画展现了人类的崇高和美丽，体现了文艺复兴时期的人文主义精神；而历史画通常描绘历史事件、伟大的领袖和文化成就，强调人类的历史和文化遗产，传达对人类智慧和成就的敬意。艺术品中的象征性元素和寓言可以教育和启发观众，传达人类智慧和知识的重要性，艺术家使用他们的作品反思社会问题，提醒观众关注个体的尊严和权利。

东方主义（Orientalism）

东方主义是一个用来描述西方文化中对东方（亚洲、中东、非洲等地区）的描绘、理解和研究的方式和倾向的概念。这一概念源自文化评论家爱德华·萨义德（Edward Said）于 1978 年出版的著作《东方主义》，该书批判性地分析了西方对东方的视角和研究方法。西方文化中对东方的描绘、表达和想象，通常伴随着刻板印象、陈旧的文化观念和定型化的描述，这与权力关系密切相关。萨义德认为，西方的东方主义视角常与殖民主义和帝国主义的历史背景相交织，反映了对东方地区的政治和文化支配。

「延伸：一些学者在萨义德的基础上进一步发展了该概念，提出了"后东方主义"的思想，试图重新审视东方和西方之间的文化关系，并寻求更平衡和开放的交流方式。」

新物质主义（New Materialism）

新物质主义是一种文化理论和哲学概念，最初兴起于 20 世纪末和 21 世纪初。它强调物质和物质性的重要性，关注物质与社会、文化和思维之间的关系。新物质主义强调材料性的重要性，包括自然界的物质和人工材料，以创造出具有独特物质性的作品。

新物质主义的最核心人物通常被认为是凯伦·巴拉德（Karen Barad）和简·贝内特（Jane Bennet）。巴拉德提出"内在关系"概念，强调物质和意义的交织关系，认为事物的存在和意义是通过相互作用和关系形成的。她借鉴了量子物理学和后结构主义的思想，主张物质并非固定不变，而是通过与其他事物的关系动态生成。贝内特在《活力物质：物的政治生态学》中探讨了物质的活力，提出"物质能动性"的概念，主张物质本身具有能动性和影响力，不应仅被视为人类意图的被动载体。

她强调物质世界的活力和动态性，呼吁重新审视人类与非人类之间的关系，推动政治生态学新视角的形成。

新物质主义试图超越人类中心主义的观点，将人与其他物质实体视为平等，关注自然界、动植物、非人类生物和人造物等物质实体的存在和价值，强调人类与自然界的相互依赖，关注生态问题，并对环境、可持续性和生态系统进行反思。

后殖民主义（Postcolonialism）

后殖民主义是一个文化理论和政治理论概念，描述和分析殖民主义结束后，殖民地和前殖民地社会所经历的文化、政治和社会转变。它强调了殖民主义对被殖民地国家和人民造成的影响，以及如何在后殖民时代应对这些影响。后殖民主义的最核心人物通常被认为是爱德华·萨义德，他通过《东方主义》揭示了西方如何通过学术和文化生产来构建并维持对东方的权力和支配，批判了西方的东方形象是如何被用来合法化和巩固殖民统治的。萨义德的作品引发了对西方知识体系和文化权力结构的广泛批判，被视为后殖民理论的奠基之作。

视觉中心主义（Visual Centrism）

视觉中心主义是一种哲学和认知科学观点，强调视觉感知在认知和知觉中的特殊重要性。它认为视觉系统在人类认知中起着核心和主导作用，对于理解世界、获取信息和构建认知图像至关重要。

马歇尔·麦克卢汉的理论为理解视觉中心主义提供了基础。他的工作对理解视觉媒体在现代社会中的主导地位具有深远影响。麦克卢汉提出，媒介本身比它传递的内容更重要，因为媒介改变了社会和个人的感知方式。他区分了不同类型的媒介，认为视觉媒介（如电视）是"酷媒介"，因为它们提供低定义、高参与度的体验，观众需要积极参与和解释，从而更深入地融入媒介所塑造的世界。视觉媒介不仅仅是传递信息的工具，它们深刻地重塑了人类的认知模式和社会互动方式，极大地影响了 20 世纪及之后的社会结构和文化形式。他预见到全球化进程中的媒介整合，特别是视觉媒介，如何将全球社会连接起来，形成一个"地球村"。

「延伸：在教育、界面设计和沟通等领域，视觉中心主义的观点也影响了信息呈现的方式，设计师和教育者通常会倾向于使用视觉手段来有效地传达信息，因为人们对视觉信息更敏感、更容易理解。」

超人类主义（Transhumanism）

超人类主义是一场科技文化运动，强调通过科学和技术手段来提升人类生理和认知能力，以创造更高级、更进化的人类生命形式。超人类主义者认为，人类可以通过融合生物学、信息技术、人工智能和其他领域的科学知识来克服生物学上的限制，实现更长寿、更智慧、更健康的生活，甚至在某些情况下追求永生。尼克·博斯特罗姆（Nick Bostrom）的哲学研究和对存在风险的深入分析，使他成为超人类主义思想的重要奠基者和推动者。博斯特罗姆是瑞典哲学家、牛津大学未来人类研究所的创始人和主任。他的著作《超级智能：通向人工智能的道路、危险和策略》被广泛认为是研究人工智能未来及其潜在影响的经典之作，书中探讨了超级智能可能带来的各种挑战和机遇，为超人类主义提供了一个系统的哲学和伦理学框架，强调在追求技术进步的过程中，必须充分考虑伦理和安全问题。

超人类主义鼓励人们积极利用基因编辑、脑机接口、生命延续等技术，提高身体和认知能力；通过融合人类大脑与计算机或其他认知增强技术，提高智力和获取知识的能力；通过治疗疾病、延缓衰老过程或将人的意识上传到数字平台等方式来实现更长寿的生命。超人类主义者认为，科技可以提供个性化的生活体验，使人们能够更好地理解自己的需求，并实现更好的生活。

「延伸：超人类主义引发了一系列道德和伦理问题。例如，如何平衡技术进步和社会不平等？如何应对人类生命延续的伦理问题？这些问题引发了广泛的讨论和辩论。一些超人类主义者认为，技术的进步将导致社会和政治结构的变革。他们探讨了新兴政治制度和社会秩序的可能性。」

加速主义（Accelerationism）

加速主义是一个文化和政治哲学理论：现有的社会、政治和经济系统存在的问题无法通过渐进的改革解决，通过加速社会和技术趋势，将现有体系推向崩溃，以便在混乱和解体之后重新构建新的秩序。其核心人物有两位：尼克·斯涅克是伦敦政治经济学院的讲师，亚历克斯·威廉姆斯是政治理论家。他们共同撰写了《加速主义宣言》和《发明未来：后资本主义与一个没有工作的世界》。斯涅克和威廉姆斯认为，资本主义的技术进步潜力应被利用来推动社会变革，而不仅仅是为了资本的积累和控制。他们主张左翼应采用激进的政治策略，包括掌控和重新设计技术基础设施，以实现社会公平和民主。

　　一部分加速主义者强调技术的发展和自动化的重要性。他们认为通过更快地发展和采用新技术，可以更有效地改变社会和经济结构，从而创造更公平、更可持续的社会。加速主义可以加速消费主义体系的终结，经济会崩溃或可以改变人们的消费行为，减少对资源的浪费，有助于建立更可持续的经济模式。

功能主义（Functionalism）

　　功能主义是一种社会学理论，强调社会和文化现象的功能和效用。功能主义最早在 19 世纪末和 20 世纪初的社会学中发展起来，核心观点是社会是一个有机整体，各部分相互依存，共同协作，以实现整体的目标，维持社会的稳定，所以功能主义强调社会制度、机构和文化实践的功能，这些功能有助于社会的生存和持续。

折中主义（Eclecticism）

　　折中主义是一个涵盖哲学、文化、艺术和设计等多领域的概念，指的是从不同的源泉或风格中选择和结合元素，以创建新的作品或构思。折中主义的本质在于跨越传统的边界，将不同的观点、风格或思想结合起来，以创造出独特的、多样化的成果。

在哲学领域，折中主义指的是将不同哲学学派的思想和理论结合，以形成综合的哲学观点。西塞罗（Cicero）常被认为是古典哲学中折中主义的代表性人物之一。他是古罗马政治家、演说家和哲学家，生活在公元前 1 世纪，对罗马共和国的政治和文化有深远影响。他虽以折中主义哲学著称，但并不局限于某一哲学流派，而是从不同的哲学体系中吸取思想。他从斯多葛主义、柏拉图主义和怀疑主义中综合了自己的哲学观点；在文化领域中，折中主义表现为吸收和融合不同文化的元素，形成多元文化的社会或创作；在艺术领域，折中主义艺术家将来自不同艺术流派、时期或文化的元素融合在一起，创造出独具风格的作品，例如，折中主义绘画将印象主义、表现主义和现实主义元素结合在一起；在建筑和室内设计中，折中主义常常体现为将不同历史时期或文化的建筑风格和装饰元素融合在一个项目中；在音乐领域，音乐家可能会综合不同音乐流派、风格和传统，创作出具有多样性的音乐作品。

历史主义（Historicism）

历史主义是一种思想体系和方法论，强调历史的重要性，认为文化背景影响着我们对人类行为、思想和社会发展的理解。利奥波德·冯·兰克是德国历史学家，通常被视为现代历史学的奠基人之一，他在 19 世纪初提出的研究方法对历史学科的发展产生了深远影响。兰克主张历史研究应基于原始文献和客观事实，以尽可能准确地再现过去的实际情况，认为每个历史时期和事件都是独特的，必须在其具体的历史背景中加以理解。他反对以道德或哲学观点对历史事件进行评判，提出"如实地展现过去"的理念。历史主义在不同领域中都有应用，例如哲学、社会科学、文化研究、艺术史和建筑等。

批判历史主义（Critical Historicism）

批判历史主义是历史研究和文化批评的一种方法，旨在通过对历史事件、文化现象和社会结构的批判性分析，揭示其中的权力动态、意识形态和社会不平等，强调历史和文化的复杂性，以及历史叙事的多层次和多元性。波普尔是 20 世纪著名的哲学家，以其对科学哲学和社会哲学的贡献而闻名。波普尔在《历史决定论的贫困》中，系统地批评了历史主义，特别是那种认为历史可以按照某种科学法则进行预测的观点。他认为历史事件是独特的、复杂的，无法通过普遍的历史规律进行预测。在《开放社会及其敌人》中，波普尔批评了柏拉图、黑格尔和马克思等思想家，认为他们的历史主义思想有助于极权主义的产生。

「延伸：批判历史主义常常与其他文化研究方法和社会科学理论相结合，以深入研究历史和文化现象。它强调历史研究的政治性质，认为历史研究不仅仅是关于过去的知识，还应该关注如何影响现在和未来的社会和文化问题。」

后现代历史主义（Postmodern Historicism）

后现代历史主义是历史研究领域中的一种方法，强调历史研究的多样性、相对性和建构性。与传统历史主义方法不同，后现代历史主义质疑单一、客观的历史真相，并关注历史叙事的复杂性、多元性和政治性。

后现代历史主义认为历史真相是相对的，强调历史叙事的多元性，认为不同社会群体和文化背景中的历史叙事可以截然不同；强调历史叙事的建构性，即历史是通过文化表达和叙事来构建的，历史叙事可以塑造社会和文化现实，反映特定的权力关系和意识形态；强调历史的断裂性，认为历史不是线性的、连续的进展。

海登·怀特（Hayden White）的工作对后现代历史

主义的理论基础和方法论有着决定性的影响。他在其代表作《元历史：十九世纪欧洲的历史想象》中提出，历史叙述不是对过去事件的客观描述，而是通过文学和叙述技巧构建出来的。这些结构与文学作品类似，包含情节、角色和主题，通过分析这些叙述结构，怀特揭示了历史学家如何通过选择和组织事件来赋予历史意义。怀特的观点挑战了传统历史学对客观性和事实性的追求，强调了历史学家在叙述过程中的主观性和创造性。

全景敞视主义（Panopticism）

全景敞视主义是一个哲学和社会理论概念，涉及开放性、透明性和监视的问题。它是福柯在《规训与惩罚》中使用的自造词，这个词是由希腊语的"全"（Pan）和"视"（Optic）组成。

福柯造这个词的主要灵感来自英国功利主义哲学家边沁设计的全景敞视监狱。这种监狱被设计成一种环形监狱，所有囚室对着中央监视塔，监视塔里的看守对囚徒的活动一览无余。这种封闭的、割裂的空间结构暗示了一种每个人都被嵌入其中的无所不至的监视机制，它是规训机制最典型、最精细的微观形式。福柯用全景敞视监狱这一令人难忘的意象，描绘了一个我们现代的监禁社会。全景敞视监狱远比《疯癫与文明》中疯人院的大禁闭意象和《临床医学的诞生》中凝视的意象更令人触目惊心。监禁社会是由惩罚和规训两种权力机制编织成的权力网络，其中监视是规训机制的核心内容，每个人都被一种不可见的权力组织到被隔离、被分割的空间当中。

全景敞视监狱与一般的监狱不同，它除了空间封闭之外，并不像传统的监狱那样昏暗和隐秘。因为充足的光线和监督者的注视比黑暗更能有效地捕捉囚禁者的目光，可见性之于隐秘是更有力的监视方式。罪犯之间的横向不可见性防止了罪犯阴谋串通、密谋犯罪、相互影响、制造混乱。全景敞视监狱最神奇的效果就在于，被囚禁者知道自己正在受到观察，由此给自己造成一种有意识的自我监督机制，从而确保权力不断地自动发挥作用。它将权力关系铭刻在每个人的肉身之上，在其物理躯体中产生出整个权力机制。全景敞视建筑是一种神奇的机器，无论人们出于何种目的使用它，它都会产生同样的权力效应。全景敞视监禁机制的两个特点就是权力的再生产性和非个体化。权力的统一分配和安排能制约每个人。无须使用暴力来强制犯人改邪归正，强制疯人安静下来，强制工人埋头干活，强制学生专心学问，强制病人遵守制度；也不再有铁栅铁镣；只需要实行鲜明的隔离和妥善地安排门窗开口，不仅简单而经济，而且人道而有效。全景敞视监狱像某种权力实验室，它是对人进行分析、实验并改造人的优良场所，是规训权力运作的完美典范，也是现代政治技术的一个象征。

生态现代主义（Eco-Modernism）

　　生态现代主义在 20 世纪 80 年代初由德国的柏林自由大学和社会科学研究中心的一群学者提出。生态现代主义是一种主张国家和市场可以共同合作而保护环境的观点，过去几十年间，越来越受到学者和政客的关注。开明的利己主义可被认为是生态现代主义的基石，另一基础理解是经济增长和工业发展需要与环境进行"再适应"，可被理解成可持续发展的理念。生态现代主义认为，环境生产力在未来可以有效地利用自然资源和媒介，可以成为如同工业劳动生产力和资本生产力一样的生产结构。生态现代主义主张探索提升能源效率、资源利用效率、产品与流程创新等一系列有关的工业结构，旨在改变工业代谢，从而能够在生产进步的同时发展与保护生态环境。生态现代主义不仅是技术与政治的思想，也在文化领域影响广泛，已然成为当代艺术中不可忽视的部分。生态现代主义同样面临许多批评，比如关于其作用的质疑，是否最后会发展成一种结构严密的绿色清洗，由政府和企业控制；还有关于技术进步的质疑，警惕激进的技术主义或科学主义；生态现代主义在社会公平方面的作用是否被夸大了，并不能解决社会内部矛盾，是否还会加剧不公平的现象等问题。另外，目前的生产力增长和环境保护仍处于冲突状态，关于技术能否改变这种天然的冲突，目前仍然较为悲观。生态现代主义即使已经提出四十年，目前看来其仍然是一种具有理想气质的生态主义，虽然面临许多挑战，但仍不断地向社会输出一种生产力与环境结合的可能性。

消费主义（Consumerism）

消费主义是一种社会和文化现象，强调购买和消费物品、服务和体验对个体和社会的重要性。它是一种生活方式和价值观，将消费视为追求幸福、满足和社会地位的关键手段。

消费主义的核心特征包括对物质财富、奢侈品、品牌和时尚的强烈兴趣。它强调通过购买和拥有物品来获得满足感和社会认可。消费主义是一种消费文化的表现。它在广告、媒体、社交媒体和商业活动中广泛推广，并塑造了社会中的价值观和行为。消费主义与物质主义有关。物质主义强调物质财富和物质享受对幸福的重要性，与消费主义紧密相关。广告和营销是消费主义的重要驱动因素。广告公司和品牌经常使用心理学和情感激发来诱导人们购买产品和服务。消费主义常常将物品和品牌视为社会地位和身份的象征。人们常常通过拥有昂贵的物品和奢侈品来展示自己的社会地位和成功。消费主义鼓励快速消费，即频繁购买新物品，不断追求最新的时尚和技术。尽管消费主义带来了繁荣和便利，但它也引发了一系列环境和社会问题，包括资源浪费、环境污染、社会不平等和消费者债务。

道德相对主义（Moral Relativism）

道德相对主义是一种伦理学理论，主张道德判断是相对的，没有绝对的对错标准。根据道德相对主义，不同文化、社会或个人有各自的道德标准，这些标准都是同样有效的，没有一种可以凌驾于其他之上。

道德相对主义的思想可以追溯到古希腊的智者派，他们认为"人是万物的尺度"，即每个人对事物的看法都是正确的。在现代，弗朗茨·博厄斯（Franz Boas）等人类学家对文化相对论的研究进一步推动了道德相对主义的发展。他们强调，每种文化都有其独特的价值观和道德规范，外部观察者不应以自己的文化标准去评判其他文化。

这种观点强调理解和尊重不同文化的道德观，避免以一种文化的标准去评判另一种文化，从而促进跨文化理解和包容。然而，道德相对主义也面临一些挑战和批评。反对者认为，如果所有道德判断都是相对的，那么如何应对普遍存在的道德问题，如种族歧视、性别歧视和人权侵犯？他们担心，道德相对主义可能导致道德混乱，无法提供有效的道德指导和规范。

「延伸：道德相对主义认为，道德规范和价值观是由社会、文化和历史背景决定的，因此没有普遍适用的道德原则。例如，在某些社会中，多妻制被视为道德和合法的，而在其他社会中则被视为不道德和非法。道德相对主义者认为，这些差异反映了文化多样性，每种文化都有权按照自己的方式生活。」

寂静主义（Quietism）

寂静主义是一种宗教和哲学思想，主张通过内心的平静和静默达到与神或终极真理的合一，强调放弃个人的意志和行动，完全顺从神的旨意或宇宙的自然法则。

寂静主义的核心理念是内心的宁静和精神的净化，认为通过静默和冥想可以获得真正的智慧和救赎。

寂静主义的起源可以追溯到早期基督教神秘主义和东方哲学传统，如道教和佛教。在 17 世纪的欧洲，寂静主义成为一种有影响力的宗教运动，特别是在天主教中。重要的寂静主义代表人物包括西班牙神秘主义者特蕾莎修女和约翰·克莱门特以及法国神秘主义者玛丽·居耶。

寂静主义强调内心的宁静和对神的完全依赖，认为通过放弃个人意志和行动，可以达到灵魂的纯净和与神的合一。这种思想在某些方面与东方的冥想和禅修有相似之处，强调通过静默和内省来获得精神上的觉悟和解脱。

尽管寂静主义在宗教和哲学上有其独特的魅力，但也面临一些批评。批评者认为，完全放弃个人意志和行动可能导致消极和被动的生活态度，忽视了对社会和他人的责任。此外，过于强调内心的静默和个人的宗教体验，可能会削弱集体宗教实践和社会行动的重要性。

伊壁鸠鲁主义（Epicureanism）

伊壁鸠鲁主义是一种由古希腊哲学家伊壁鸠鲁

（Epicurus）在公元前 4 世纪创立的哲学流派，强调通过追求快乐和避免痛苦来达到幸福生活的理念。伊壁鸠鲁认为，真正的快乐不是来自奢华的物质享受，而是来自内心的平静和对简单生活的满足。

伊壁鸠鲁主义的核心理念是追求"阿塔拉克西亚"，即内心的宁静和平静。伊壁鸠鲁认为，痛苦主要源自对欲望的无止境追求和对死亡的恐惧。通过理性的思考和简朴的生活方式，人们可以减少这些不必要的欲望和恐惧，从而获得持久的快乐。

伊壁鸠鲁主义强调友情的重要性，认为良好的友谊是人生快乐的关键之一。伊壁鸠鲁和他的追随者常常在他的花园里聚会，讨论哲学和生活，追求精神上的满足，而非物质享受。

伊壁鸠鲁还提出了"享乐计算法"，建议人们在做出决定时，应考虑到行动所带来的快乐和痛苦的总和，选择那些能带来最大净快乐的行为。虽然伊壁鸠鲁主义提倡享乐，但它并不鼓励放纵，而是主张理智地管理欲望，以避免痛苦和焦虑。

堂吉诃德主义（Quixotism）

堂吉诃德主义源自西班牙作家米格尔·德·塞万提

斯在1605年至1615年间出版的小说《堂吉诃德》。故事讲述了一位名叫堂吉诃德的绅士，痴迷于骑士小说，决心成为游侠骑士，追求正义和理想。他穿上老旧的盔甲，骑上瘦马，带着仆人桑丘·潘沙，展开了一系列荒诞的冒险。堂吉诃德主义形容的是像堂吉诃德一样，为了理想和正义，不顾现实，做出看似荒唐但充满勇气和浪漫主义的行为。这种态度常常表现为不切实际的理想主义，忽视现实中的障碍和限制。堂吉诃德主义者坚信自己的信念，无论多么不可能或被嘲笑，都会执着追求。他们的行动虽然有时显得天真或愚蠢，但也展现出令人钦佩的勇敢和坚持。《堂吉诃德》这部小说通过幽默和讽刺，揭示了理想与现实的冲突。尽管堂吉诃德的冒险常常以失败告终，但他不懈追求理想的精神依然感动人心。堂吉诃德主义不仅影响了文学和文化，还被用来描述那些坚持理想、勇敢追梦的人，提醒我们在追求梦想时，既要保持理想主义和勇气，也要面对现实，找到理想与现实的平衡点。

本本主义（Dogmatism）

本本主义是一种思想和行为倾向，强调严格遵循书本、教条或固定准则，缺乏灵活性和创新精神。本本主义的人通常依赖权威和既有理论，不根据实际情况调整策略。这个概念在中国革命时期受到特别关注。

20世纪初期的中国共产党在革命过程中曾一度陷入本本主义困境。一些党员和干部过分依赖马克思主义经典著作和外国革命经验，忽视了中国自身的实际情况。毛泽东在1930年写的《反对本本主义》（原题为《调查工作》，20世纪60年代公开发表时改为此名）一文中，批评了这种现象。他指出，理论必须与实际相结合，根据具体情况灵活运用，而不是机械地照搬书本上的教条。这一观点强调了独立思考和实践经验的重要性。

本本主义的主要特征包括：严格遵循书本或权威教条，忽视实际情况，不考虑具体环境的变化，以及缺乏独立思考和创新能力。这样的态度会导致负面影响，如科学研究中阻碍创新，教育中使教学方法僵化，以及在政治和管理中导致政策脱离实际，难以解决现实问题。

本本主义是一种过度依赖书本和教条的态度，可能导致理论与实践的脱节。反对本本主义，需要我们在遵循理论和原则的同时，注重实际情况和具体问题，灵活运用知识和经验，进行独立思考和创新。毛泽东的反本本主义思想提醒我们，理论必须为实际服务，实践才是检验真理的唯一标准。

双边主义（Bilateralism）

双边主义是一种国际关系和外交政策的策略，指的是两个国家之间通过直接协商和合作来处理共同关心的问题、解决争端或达成协议。双边主义通常涉及经济、贸易、安全、文化交流等多个领域。双边主义的核心思想是通过双方的直接互动来建立和加强关系，而不是通过多边机制（如国际组织或多国协议）来处理事务。双边谈判的优势在于可以更快速、有效地解决具体问题，因为只有两个国家参与，协议更容易达成，而且更具针对性。

双边主义的实践可以追溯到古代，当时国家之间的外交和贸易关系主要通过双边协定来管理。在现代国际关系中，双边主义仍然非常重要。例如，美国和中国之间的贸易谈判、日本和韩国之间的安全合作，都是双边主义的典型案例。

然而，双边主义也有其局限性。当涉及全球性问题（如气候变化、全球贸易规则或国际安全）时，多边主义（如联合国、世界贸易组织等）通常被认为更有效，因为这些问题需要全球范围的协调和合作。

「延伸：双边主义在 20 世纪尤其是第二次世界大战后得到了广泛应用。当时的国际社会需要快速重建和恢复经济，各国通过双边贸易协定促进了经济合作与发展。双边关系不仅限于经济领域，还包括军事同盟、文化交流和科学合作等。」

矫饰主义（Mannerism）

矫饰主义是一种艺术风格，兴起于 16 世纪的意大利文艺复兴晚期，主要特征是对形式的夸张和复杂的表现手法，强调艺术作品的优雅和技巧性。矫饰主义者常常打破传统的比例和对称，创造出令人惊奇的视觉效果。

矫饰主义的发起人之一是意大利画家雅各布·蓬托莫（Jacopo Pontormo），他的作品《圣母子与四圣》展示了这一风格的典型特征：人物的姿态奇异、动作夸张、色彩对比强烈。矫饰主义的另一个重要代表人物是帕尔米贾尼诺（Parmigianino），他的《长颈圣母》以人物的修长体态和复杂的构图闻名。

矫饰主义的兴起与当时社会和文化环境的变化有关。16 世纪初，意大利经历了多次社会动荡和宗教冲突，艺术家们寻求新的表达方式，以区别于早期文艺复兴的和谐美学。矫饰主义强调艺术家的个人风格和创造力，作品常常展现出不寻常的构图和细节，给人以强烈的视觉冲击。

矫饰主义不仅限于绘画，还影响了雕塑、建筑和文学。它的影响一直延续到17世纪初，最终被巴洛克艺术所取代。巴洛克艺术虽然也注重复杂和华丽，但更强调戏剧性和情感表现。

荒诞主义（Absurdism）

荒诞主义是一种哲学流派，认为人类试图在无意义的宇宙中寻找意义是徒劳的，而这种矛盾本身就是荒诞的。荒诞主义的主要倡导者是法国哲学家和作家阿尔贝·加缪（Albert Camus）。加缪在他的散文《西西弗的神话》中详细阐述了这一思想。故事源于古希腊神话中西西弗的形象，他被罚永远推一块巨石上山，每次快到山顶时，巨石都会滚下来，他又得重新开始。加缪借此比喻人类在荒诞世界中无尽的努力和奋斗。

荒诞主义的兴起与20世纪两次世界大战的巨大创伤和人们对传统宗教信仰和价值体系的质疑密切相关。那时许多人开始感到人生的虚无和无意义，这种普遍的情绪促使他们反思存在的本质。加缪提出，虽然世界本质上是荒诞的，但人类应当接受这一事实，并在其中寻找个人的自由和意义。他认为，人类应像西西弗那样，尽管知道努力终将无果，依然要勇敢地活下去，享受过程中的每一刻。

荒诞主义影响了文学、戏剧和电影等多个领域，产生了诸如贝克特的《等待戈多》等著名作品。这一思想流派通过强调人类存在的矛盾和荒诞性，引导人们以更坦然和积极的态度面对生活的无常和挑战。

逻各斯中心主义（Logocentrism）

逻各斯中心主义是一种哲学概念，强调语言和理性作为理解世界和传达真理的核心。这个概念由法国哲学家雅克·德里达（Jacques Derrida）在 20 世纪 60 年代提出，用来批判西方思想中对语言和逻辑的过度依赖。

逻各斯中心主义认为，语言是理解和解释现实的主要工具，因此将文字和语言置于中心位置，认为它们能够直接传达真理。然而，德里达指出，语言本身具有不确定性和多义性，文字的意义并非固定不变，而是依赖于其上下文和解释。因此，试图通过语言来获取绝对真理是不可能的。

德里达的批判起源于对西方哲学传统的反思，尤其是对柏拉图以来的哲学家将逻各斯置于知识和真理的中心。他认为，这种思维方式忽视了语言的复杂性和内在矛盾。德里达提出了解构主义，一种通过揭示文本中的内在矛盾和不一致性来质疑和颠覆传统思想的理论方法。

逻各斯中心主义的批判具有深远影响，不仅改变了哲学研究的方法，还影响了文学批评、文化研究和社会理论。它促使人们重新思考语言、真理和意义之间的关系，强调理解世界和交流思想时的多样性和复杂性。

现代自由主义（Modern Liberalism）

现代自由主义是一种政治和经济思想，主张政府应在保障个人自由的同时，积极干预经济和社会事务，以实现更大的平等和社会福利。它结合了古典自由主义对个人自由和权利的重视，以及对社会正义和经济干预的关注。

现代自由主义的起源可以追溯到 19 世纪末和 20 世纪初，当时工业革命带来的社会问题，如贫困、不平等和劳动条件恶劣，促使人们重新思考政府的角色。早期的代表人物包括英国经济学家约翰·梅纳德·凯恩斯，他主张通过政府干预来稳定经济，防止失业和经济萧条。

在美国，现代自由主义得到了罗斯福新政的推动。

罗斯福在经济大萧条时期实施了一系列经济和社会改革措施，如社会保障、失业救济和公共工程项目，旨在通过政府的积极干预来改善社会福利和经济状况。

现代自由主义强调个人自由，但也认为政府有责任通过立法和政策，保障公民的基本权利，提供教育、医疗和社会保障等公共服务，减少社会不平等。这种思想在 20 世纪中期的欧美国家广泛传播，并成为许多国家的主流政治理念。

改良主义（Reformism）

改良主义是一种政治和社会思想，主张通过渐进的、非暴力的方式来推动社会变革和改善，而不是通过革命或激进手段。改良主义者相信，社会进步可以通过法律和制度的逐步改革来实现。

改良主义的起源可以追溯到 19 世纪的欧洲，当时工业革命带来了巨大的社会变化和问题，如工人阶级的贫困和工作条件恶劣。许多人开始寻求改善这些状况的方法。一些早期的代表人物包括英国的约翰·斯图亚特·密尔（John Stuart Mill）和德国的爱德华·伯恩斯坦（Eduard Bernstein）。伯恩斯坦是社会民主主义的重要理论家，他反对马克思主义的革命路线，主张通过民主程序和立法手段实现社会主义目标。

改良主义强调通过政治参与、立法和公共政策来实现社会进步。它认为，通过选举、议会辩论和政策调整，可以逐步解决社会不公和经济不平等等问题。改良主义者支持工人权利、社会福利、教育改革和环境保护等政策，以改善人民的生活质量。

「延伸：在现代社会中，改良主义思想在许多国家得到了广泛应用。许多政党和政府机构通过立法和政策改革，致力于提高社会公正和经济平等。例如，北欧国家的社会民主党通过渐进的改革，建立了完善的社会保障体系和高水平的公共服务，成为改良主义成功的典范。」

煽情主义（Sentimentalism）

煽情主义是一种文学和艺术风格，强调情感的表现和唤起观众或读者的强烈情感反应。煽情主义通常通过描写细腻的情感、温馨的场景和动人的故事情节，来引发观众的共鸣和感动。

煽情主义起源于 18 世纪的欧洲启蒙运动时期，作为对理性主义和古典主义的反叛。当时，文学家和艺术家开始强调情感和个人体验的重要性，认为感情是理解人类经验的关键。这一风格在小说、诗歌、戏剧等各种文艺形式中得到了广泛应用。

煽情主义的代表作家包括英国的亨利·菲尔丁（Henry Fielding）和劳伦斯·斯特恩（Laurence Sterne）。他们的作品常常描绘普通人的生活，关注日常生活中的情感波动，通过细腻的描写和感人的情节，打动读者的心灵。例如，斯特恩的小说《感伤旅行》通过主人公的旅程，展现了丰富的内心世界和人际关系中的微妙情感。

煽情主义有时被批评为过于情感化或缺乏深度，但它对文学和艺术的发展具有重要意义。通过强调情感和个人体验，煽情主义帮助人们更好地理解和表达内心的情感，促进了艺术形式的多样化和丰富性。总的来说，煽情主义是一种注重情感表达的文学和艺术风格，通过细腻的描写和感人的情节，唤起观众和读者的共鸣和感动。

社会达尔文主义（Social Darwinism）

社会达尔文主义是一种理论，借用了查尔斯·达尔文的生物进化理论来解释社会现象和人类行为。尽管达尔文的进化论主要关注自然界的生物进化，但社会达尔文主义者将"适者生存"的概念应用于人类社会，认为社会中的竞争、阶级分化和不平等是自然选择的结果。

社会达尔文主义的思想在 19 世纪末和 20 世纪初得到了广泛传播，主要由英国学者赫伯特·斯宾塞（Herbert Spencer）和美国学者威廉·格雷厄姆·萨姆纳（William Graham Sumner）等人推动。斯宾塞认为，社会就像生物一样，通过自然选择和竞争不断进化，因此社会干预是不必要的，甚至是有害的。萨姆纳进一步认为，社会不平等和贫富差距是自然的和不可避免的，政府不应干预这种自然过程。

社会达尔文主义在当时的社会和政治背景下受到了一些人的欢迎，尤其是在资本主义迅速发展的时期。它为企业家和政治家提供了一种理论依据，支持他们推崇自由市场经济和反对政府干预。然而，这种理论也遭到了广泛批评。批评者认为，社会达尔文主义忽视了社会正义和人类同情心，助长了种族主义、帝国主义和社会不平等。

在 20 世纪，随着社会科学的发展和对人类行为复杂性更深入的理解，社会达尔文主义逐渐失去了影响力。现代学者普遍认为，将达尔文的生物进化理论机械地应用于人类社会是不科学的，也是有害的。

文化唯物主义（Cultural Materialism）

文化唯物主义是一种人类学理论，强调物质条件和经济因素在文化发展和社会结构中的重要性。这个理论主要受到马克思主义思想的影响，认为文化现象和社会行为可以通过物质基础和经济关系来解释。

文化唯物主义的奠基人是马文·哈里斯（Marvin Harris），他在 20 世纪 60 年代提出了这一理论。哈里斯认为，人类的文化和社会制度是为了适应环境和物质需求而发展的。他将社会分为基础设施、结构和上层建筑三个层次：基础设施包括技术、经济和环境因素；结构包括社会组织和政治制度；上层建筑则包括意识形态、宗教和艺术等文化表现形式。文化唯物主义强调，基础设施对结构和上层建筑具有决定性影响。

文化唯物主义的核心观点是，物质条件和经济因素是理解文化和社会变迁的关键。这一理论强调实证研究和科学方法，通过收集和分析具体的社会和经济数据，来解释文化现象和社会行为。虽然文化唯物主义在学术界受到了一些批评，认为它可能过于简化和机械，但它对人类学和社会学研究产生了深远影响，推动了对文化和社会现象的物质基础的关注。

「延伸：哈里斯通过具体的案例，例如印度的圣牛崇拜，认为这种宗教习俗并非纯粹的精神信仰，而是基于牛在农业社会中的实际经济价值。同样，他解释了北美土著社会中的酋长制度，认为这种制度的发展与资源分配和环境条件密切相关。」

威权主义（Authoritarianism）

威权主义是一种政治体制，权力集中在少数人或一个领导者手中，通过严格控制和压制反对意见来维持统治。在威权主义政权下，通常缺乏民主选举和公民自由，强调秩序、服从和国家权力的至高无上。威权主义的起源可以追溯到古代的君主专制，但在现代，20 世纪和 21 世纪的一些国家也出现了这种政权。威权主义的特点包括集权控制、利用法律工具和宣传机器来压制反对意见。权力集中在少数领导人或一个政党手中，决策过程不透明，民众参与有限，通过警察、军事和情报机构监控和镇压反对派和批评者，限制言论自由和新闻自由。威权主义政权利用法律和法规作为控制手段，确保领导层的权力不受挑战，并控制媒体和教育，利用宣传工具塑造公众舆论，强化统治者的合法性和权威。

威权主义在 20 世纪的法西斯主义政权中有典型例子，如意大利的墨索里尼和德国的希特勒，以及苏联的斯大林主义。冷战期间,许多发展中国家也出现了威权主义,这些政权往往在社会动荡、经济危机或战争时期上台,声称通过集中权力可以恢复秩序和稳定。尽管威权主义强调秩序和稳定,但其代价往往是牺牲个人自由和民主权利,导致社会不公和人权侵害。现代社会中,威权主义仍然在一些国家存在。

福特主义(Fordism)

福特主义是由美国汽车工业家亨利·福特(Henry Ford)在 20 世纪初提出并实施的一种生产方式和经济模式。其核心理念是通过大规模生产和流水线技术来提高生产效率和降低成本。福特主义的起因可以追溯到亨利·福特在 1908 年推出的 T 型车,这款车因其低廉的价格和高质量迅速成为市场热门。然而,福特意识到,传统的手工生产方式无法满足日益增长的市场需求。

为了解决这一问题,亨利·福特在 1913 年引入了流水线生产技术,这项创新使得汽车生产从原来的 12 小时缩短到仅需 1.5 小时。这种高效的生产方式不仅降低了生产成本,而且使得工人能够得到更高的工资,进一步刺激了消费市场的发展。福特主义不仅是技术上的革新,更是一种社会经济模式,它强调通过标准化生产和高工资来实现大众消费的普及，从而推动经济增长。

福特主义的影响不仅限于汽车行业，而且影响了其他制造业和整个经济体系。这种模式推动了 20 世纪中期工业化国家的经济繁荣，并为后来的大规模生产和消费社会奠定了基础。通过简单而高效的生产方式，福特主义展示了如何利用技术进步和管理创新来提升经济效益，从而改变现代工业生产的面貌。

怀疑主义（Skepticism）

怀疑主义是一种哲学观点，它认为我们应对所有的知识和信念持怀疑态度，不轻易接受任何未经证实的主张。怀疑主义的起源可以追溯到古希腊时期，最早的代表人物是皮浪（Pyrrho），他生活在公元前 4 世纪左右。皮浪认为，任何知识都是不确定的，因此我们应保持一种悬置判断的态度，即不做任何肯定或否定的结论。

怀疑主义的形成背景与古希腊的哲学环境密切相关。当时，哲学家们对宇宙、自然和人类自身的各种理论和解释层出不穷，常常彼此矛盾。皮浪及其追随者通过观察发现，不同哲学学派之间的争论永远无法得出一个最终的结论，因此他们提倡对所有知识持保留态度，以避免陷入错误。

怀疑主义不仅在古代哲学中占有重要地位，在后来的哲学发展中也产生了深远影响。例如，17 世纪的法国哲学家勒内·笛卡尔通过怀疑一切来寻找不可怀疑的真理，最终提出了"我思故我在"的著名论断。怀疑主义鼓励人们批判性地思考，质疑权威和传统，以便更深入地理解世界和自身。这种思维方式在科学探索、法律审判以及日常生活中都具有重要意义，帮助人们避免轻信和误判，追求更加可靠的知识和真理。

颠覆柏拉图主义（Anti-Platonism）

颠覆柏拉图主义是对古希腊哲学家柏拉图提出的理念论进行反驳和挑战的哲学观点。柏拉图主义认为，现实世界中的所有事物都是理型（或称理念）的不完美复制品，真正的知识只能通过理性认识这些理型。然而，颠覆柏拉图主义的思想家则认为，这种观点脱离了现实世界，并且不切实际。

亚里士多德是早期颠覆柏拉图主义的主要人物之一，他是柏拉图的学生，却对老师的理念论提出了批评。亚里士多德认为，真实的知识来自对具体事物的观察和经验，而不是抽象的理念。他强调实证研究和经验主义的重要性，认为我们应当通过科学的方法了解世界。

进入近代哲学，英国哲学家约翰·洛克（John Locke）进一步发展了反对柏拉图主义的观点。他主张经验主义，认为人类的知识来源于感官经验，而不是先天的理念。洛克的思想对后来的哲学发展产生了深远影响，特别是在认识论和教育理论领域。

双重编码理论（Dual Coding Theory）

双重编码理论由加拿大心理学家艾伦·佩维奥（Allan Paivio）在 1971 年提出。这个理论的核心观点是，人类的认知系统由两种独立但相互作用的编码系统组成：一个是语言系统，另一个是非语言系统。简单来说，我们在处理信息时，不仅依赖文字和语言，还会借助图像、声音等多种感觉形式。

佩维奥通过一系列实验发现，当信息同时以文字和图像两种形式呈现时，人们的记忆和理解效果更好。这是因为双重编码可以提供两条记忆线索，如果其中一条线索被遗忘，另一条线索仍然可以帮助我们回忆起信息。例如，在学习新的单词时，如果我们同时看到这个单词的文字形式和对应的图片，那么我们记住这个单词的概率就会大大增加。

佩维奥的双重编码理论解释了为什么图文并茂的教

材往往更能吸引学生的注意力并提升学习效果。这也正是为什么在现代教育和信息传播中，多媒体手段被广泛使用。通过结合文字、图片、视频和音频等多种形式的信息，人们可以更容易地理解和记住复杂的信息。

这个理论不仅对教育领域产生了深远影响，还被广泛应用于广告、心理治疗和人机交互设计等领域。在广告中，图像和文字的结合可以更有效地传达产品信息，提高品牌认知度；在心理治疗中，通过绘画和语言表达相结合的方式，可以帮助患者更好地表达和处理情感；在人机交互设计中，图标和文字的组合可以提高用户界面的友好性和使用效率。

情动理论（Emotion Theory）

情动理论是一种跨学科的理论框架，主要关注情感和情感经验在个体和社会中的作用、意义和影响。这一理论源于多个学科领域，包括哲学、心理学、文化研究、社会学和艺术研究，它强调情感的重要性，并试图探讨情感如何塑造我们的感知、思维和行为。

情动理论认为情感是人类生活的核心元素，它们贯穿于我们的生活和体验。情感不仅是情感经验，还包括情感的生理、心理和社会方面。情动理论研究情感经验，包括个体的情感体验、情感的表达方式以及情感在人际关系中的传递。该理论强调情感与身体之间的关系。情感经常伴随着生理反应，如心率变化、荷尔蒙分泌和肌肉张力，情感还可以影响身体的健康和行为。

情动理论也关注情感的社会和文化构建。不同文化和社会背景下的情感经验和表达方式可能会有所不同。情动理论强调情感的政治性，即情感如何与社会权力、身份和不平等关联。情感可以被用来控制、操纵或反抗社会结构。

多元智能理论（Theory of Multiple Intelligences）

多元智能理论由美国心理学家霍华德·加德纳（Howard Gardner）于 1983 年提出。他认为传统的智力测验过于狭隘，只关注逻辑和语言能力，而忽略了其他重要的智力类型。加德纳通过对天才儿童、普通人和脑损伤患者的研究，提出了八种不同的智能类型：语言智能、逻辑 - 数学智能、空间智能、音乐智能、身体 - 动觉智能、人际智能、内省智能和自然智能。

语言智能是使用语言表达思想的能力，如作家和律师；逻辑 - 数学智能是进行逻辑推理和数学运算的能力，如科学家和工程师；空间智能是理解和处理空间关系的能力，如建筑师和艺术家；音乐智能是感知和创造音乐的能力，如音乐家和作曲家；身体-动觉智能是通过身体协调性解决问题的能力，如运动员和舞蹈家；人际智能是理解和处理他人情绪的能力，如教师和心理学家；内省智能是自我认知和自我调节的能力，如哲学家和心理治疗师；自然智能是辨别和分类自然现象的能力，如生物学家和环境学家。

加德纳的多元智能理论强调每个人都有不同的智能组合，教育应关注和发展学生的多方面能力，因材施教。这一理论对教育实践产生了深远影响，鼓励教育者设计多样化的教学活动，帮助学生在其优势领域发挥潜力，从而促进其全面发展。

游戏理论（Game Theory）

游戏理论是研究决策者在特定规则下的行为和策略的一门学科。它由匈牙利裔美国数学家约翰·冯·诺依曼（John Von Neumann）和经济学家奥斯卡·摩根斯顿（Oskar Morgenstern）在 20 世纪 40 年代提出。游戏理论的基本思想是通过数学模型分析不同参与者在竞争或合作环境中的策略选择和结果。

在游戏理论中，"游戏"指的是任何有多个参与者的情境，每个参与者都有自己的目标和策略。每个参与者的决策不仅影响自己的结果，也会影响其他参与者的结果。游戏理论的核心概念包括博弈（Game）、策略（Strategy）、支付（Payoff）和均衡（Equilibrium）。

博弈可以分为不同类型，如零和博弈和非零和博弈。在零和博弈中，一个人的收益完全等于另一个人的损失，如国际象棋。而在非零和博弈中，参与者的收益和损失不必完全相抵，如贸易谈判。

策略是参与者在博弈中可能采取的行动方案；支付是参与者在博弈结束后得到的结果，通常以某种形式的得分或利润表示；均衡是指在博弈中，每个参与者都选择了最优策略，任何一个人都无法通过改变自己的策略来获得更好的结果。

游戏理论的应用范围非常广泛。在经济学中，它被用来分析市场竞争、拍卖、定价策略等问题；在政治学中，它用于研究选举策略、国际关系和战争等问题；在生物学中，它帮助解释动物行为和进化策略；在计算机科学中，它用于设计算法和网络协议。

认知失调理论（Cognitive Dissonance Theory）

认知失调理论是由美国社会心理学家利昂·费斯廷格（Leon Festinger）于 1957 年提出的。这一理论解释了人们在面对相互冲突的信念、态度或行为时所体验到的心理不适，以及他们如何努力通过改变这些因素来减少这种不适。

认知失调理论的核心观点是，当一个人同时持有两个或多个相互矛盾的认知（如信念、态度或行为）时，会产生一种心理不适感，这称为"认知失调"。这种失调会驱使个体采取行动以减少不适，恢复心理平衡。

举个例子，如果一个人相信吸烟有害健康（信念），他却继续吸烟（行为），这种矛盾就会导致认知失调。为了减少这种不适感，他可能会采取以下几种策略：改变行为（戒烟）、改变信念（否认吸烟的危害）、添加新的认知（认为吸烟有助于减压，从而有益健康），或者减少不和谐的认知重要性（觉得健康不是那么重要）。

认知失调理论有助于解释日常生活中的许多现象。例如，当人们做出重大决策后，他们倾向于寻找支持自己决定的信息，避免与自己决定相矛盾的信息，以减少失调。这个过程被称为"选择性暴露"。此外，认知失调理论也可以解释态度改变、人际关系中的冲突解决以及消费者行为等。

费斯廷格提出这一理论的背景是他对人类心理和行为的一系列实验研究。他发现，当个体面对认知冲突时，会经历一种强烈的驱动力，促使他们通过各种方式减少失调。费斯廷格及其同事的实验，如著名的"付费说谎"实验，验证了这一理论，并展示了人们如何通过改变态度来减少认知失调。

认知功能障碍（Cognitive Dysfunction）

认知功能障碍是一种影响个体认知功能的状态，涉及记忆、注意力、语言、解决问题和判断力等方面的减退。它并不是一种单一的疾病，而是多种病因和症状的集合，常见于老年痴呆症、脑损伤、精神疾病和某些神经系统疾病患者。认知功能障碍最早由德国精神病学家埃米尔·克雷丕林（Emil Kraepelin）在 19 世纪末研究老年性痴呆时提出。他发现，某些老年人的认知能力显著下降，包括记忆丧失、理解能力减弱和情绪不稳定等。

认知功能障碍的发病原因多种多样，常见的有阿尔茨海默病、脑血管疾病、头部外伤、慢性酒精中毒、帕金森病等。这些因素都会导致大脑结构和功能的变化，进而影响认知能力。认知功能障碍的症状可能逐渐出现，也可能因突发事件如脑卒中或外伤而迅速发展。其常见表现包括忘记最近发生的事情，难以集中注意力，语言表达困难，处理复杂任务时感到困惑，等等。

在治疗和管理方面，虽然目前尚无彻底治愈认知功能障碍的方法，但早期诊断和干预可以减缓病情进展，提高生活质量。药物治疗如胆碱酯酶抑制剂可以在一定程度上改善记忆和认知功能。此外，认知训练、心理支持和生活方式调整，如健康饮食、规律运动和社交活动，也对缓解症状有积极作用。

认知功能障碍不仅给患者本身带来巨大影响，也给其家庭和社会造成沉重负担。因此，公众对认知功能障碍的认识和理解尤为重要。通过科学研究和医疗进步，我们有望在未来找到更有效的预防和治疗方法，从而帮助更多人保持认知健康。总之，认知功能障碍虽然复杂，但只要我们积极面对，合理干预，就能更好地应对这一挑战。

社会认同理论（Social Identity Theory）

社会认同理论是由英国社会心理学家亨利·塔吉菲尔（Henri Tajfel）和约翰·特纳（John Turner）在 20 世

纪70年代提出的。这个理论解释了人们如何通过归属于某个社会群体来建立自己的身份和自尊。根据社会认同理论，我们的自我概念不仅来自个人特质，还来自我们所属的群体，比如家庭、职业、民族和朋友圈。

社会认同理论包含三个主要过程：社会分类、社会认同和社会比较。首先，社会分类是指我们会将自己和他人归类到不同的群体中，比如"我们"和"他们"。这有助于简化和组织我们对社会的理解，但也可能导致刻板印象和偏见。其次，社会认同是指我们认同并接受我们所属群体的特征和价值观，这样我们就会感觉到归属感和自尊。最后，社会比较是指我们通过比较自己所属的群体和其他群体来评估我们的社会地位和自尊。通常，我们倾向于以积极的方式看待自己的群体，以提升自我价值感。

塔吉菲尔和特纳提出社会认同理论的目的是理解人们在群体中的行为和群体间的互动。通过他们的研究和实验，他们发现群体归属对我们的行为、态度和情感有着深远的影响。例如，这个理论可以解释为什么我们在支持我们的球队时会表现得如此热情，或者为什么不同政治派别之间会有强烈的对立。

自我决定理论（Self-Determination Theory）

自我决定理论是关于人类动机和个性发展的心理学理论，由爱德华·德西（Edward L. Deci）和理查德·瑞安（Richard M. Ryan）在 20 世纪 80 年代提出。这个理论着重探讨人在自主性、胜任感和关系性三大基本心理需求得到满足的情况下，如何实现最佳功能和内在成长。

自我决定理论认为，人类天生有追求成长和发展的倾向，但需要一个支持性的环境来促进这些倾向。自主性指的是个人感觉自己行为的发起和控制源于内心，而非外部压力；胜任感则指个人感觉自己在所做的事情上是有效和有能力的；关系性则强调人与人之间的连接和归属感。当这三大需求得到满足时，人们会表现出更高的内在动机、心理健康和创造力。

例如，在教育环境中，如果学生感觉自己有选择和自主权，他们会更有动力去学习；当他们在学习过程中感受到自己能够胜任任务时，他们的自信心和学习效果都会提高；而在一个有支持和关爱的学习环境中，学生之间的关系更融洽，他们的整体学习体验也会更好。同样，在职场中，员工如果感受到自主性、胜任感和关系性的满足，他们的工作满意度、绩效和忠诚度都会提升。

自我决定理论的重要性在于它不仅为理解人类动机提供了一个全面的框架，还为如何设计激励机制、教育方法和组织管理策略提供了实践指导。通过满足人们的基本心理需求，我们可以促进个人的自我实现和社会的和谐发展。

一元论（Monism）

一元论是一个哲学概念，主张世界的本质是单一的，无论是物质的还是精神的。这种观点与二元论和多元论相对立，二元论认为世界由两种基本实在（如物质与精神）构成，而多元论认为世界由多种基本实在构成。一元论的思想可以追溯到古希腊哲学家，如巴门尼德（Parmenides），其近代形式由德国哲学家黑格尔等人进一步发展。

一元论的起因在于对世界本质的探索和解释。古希腊的巴门尼德认为，存在是唯一的、不变的和整体的，这是一种早期的一元论思想。到了近代，黑格尔在其辩证法中提出，所有现实都是一种绝对精神的表现，这种观点也被视为一种一元论形式。

物质一元论主张所有现象都是物质的表现，精神和意识也不过是物质运动的结果。这种观点在科学界有很多支持者，因为它强调通过物质和物理定律来解释世界的现象。

一元论的意义在于它提供了一种简单而统一的世界观，试图解释复杂的现象背后的单一实在。它帮助我们从整体的视角来看待世界，寻找不同现象之间的联系和统一性。通过一元论的视角，我们可以更深入地理解世界的本质，从而在哲学、科学和日常生活中找到更具连贯性的解释和意义。

过程泛心论（Process Panpsychism）

过程泛心论是一种哲学理论，主张所有物质过程都有某种形式的意识或主观体验。这个概念结合过程哲学和泛心论，强调宇宙中每个过程都包含某种程度的意识。这一理论由英国数学家和哲学家阿尔弗雷德·诺思·怀特海（Alfred North Whitehead）在 20 世纪初提出，他的主要著作《过程与实在》详细阐述了这一观点。

怀特海提出，过程泛心论的起因是对传统物质主义和机械论的反思。他认为，传统物质主义无法解释意识和主观体验的来源，而机械论则将宇宙视为纯粹的无意识机器。怀特海认为，宇宙是由无数相互关联的事件或过程组成的，这些过程不仅具有物质属性，还具有某种形式的意识或主观体验。

过程泛心论提供了一种全新的视角来看待意识和物质的关系，试图弥合物质与精神之间的鸿沟。它强调所有存在物都具有内在的体验，这不仅为理解宇宙的本质提供了新的思路，也为研究意识的起源和性质提供了新的框架。通过这种理论，我们可以更加全面地理解自然界的复杂性和多样性。

「延伸：可以将一块石头视为由无数微小的过程组成，这些过程虽然极其微弱，但也具有某种形式的主观体验。虽然石头整体看起来是无意识的，但其构成部分可能具有基本的意识特质。同样，植物的生长过程也可以被视为包含某种形式的意识，即使这种意识与人类的意识有很大不同。」

自我差异理论（Self-Discrepancy Theory）

自我差异理论是由心理学家爱德华·T. 希金斯（Edward Tory Higgins）于 1987 年提出的。这一理论主要研究的是人们在自我评价中的差异，以及这些差异如何影响情感和行为。希金斯认为，我们每个人都有三个不同的自我：实际自我、理想自我和应该自我。实际自我是指我们对自己现状的真实认知和评价；理想自我则是我们希望成为的样子，包含我们的愿望和目标；应该自我是指我们觉得自己应该达到的状态，通常受到社会和道德标准的影响。

自我差异理论指出，当实际自我与理想自我或应该自我之间存在差距时，人们就会产生不同的情绪体验。例如，如果一个人觉得自己与理想自我的差距很大，可能会感到失望、沮丧，甚至自卑；如果他觉得自己没有达到应该自我的标准，则可能会感到焦虑、内疚或羞愧。这些情绪反应不仅会影响个人的心理健康，还可能对他们的行为产生重要影响，例如降低自信心、减少社交活动，甚至影响工作表现。

希金斯提出这一理论的初衷是更好地理解自我认知和情感体验之间的关系。他的研究不仅为心理学领域提供了新的视角，也在临床心理学中得到了广泛应用。通过帮助人们识别和理解自己在不同自我之间的差距，心理治疗师可以更有效地进行干预，帮助患者改善情绪和行为。

马斯洛的需求层次理论（Maslow's Hierarchy of Needs）

马斯洛的需求层次理论是由美国心理学家亚伯拉罕·马斯洛（Abraham Maslow）在20世纪40年代提出的。这一理论描述了人类动机的层次结构，解释了人类行为背后的需求驱动力。

根据马斯洛的理论，人的需求从低到高依次分为五个层次：生理需求、安全需求、社会需求、尊重需求和自我实现需求。生理需求是最基本的，如食物、水、空气和休息，这是生存的基础；安全需求包括对身体、就业、资源、健康等方面的安全保障；社会需求指人类对爱、归属感和人际关系的需求，这一层次强调人与人之间的联系；尊重需求包括自尊、成就感和他人的尊重，这是人们寻求认可和地位的动力；最高层次是自我实现需求，即实现个人潜力和自我成长，这是人们追求自我价值和目标的最高境界。

马斯洛的需求层次理论诞生于他对人类动机和心理健康的深入研究。他通过观察和分析健康人群，发现人们的行为动机往往受到不同层次需求的驱动。马斯洛认为，当较低层次的需求得到满足后，人们才会追求更高层次的需求。

这一理论对心理学和管理学都有重要影响。在心理学中，它帮助理解人类动机和行为；在管理学中，它被用来设计激励机制和员工发展计划，以提高工作满意度和生产力。

再现论（Theory of Representation）

再现论是一个涉及哲学、艺术和文学等领域的重要概念，探讨如何通过语言、图像或其他符号来再现或表现现实世界。这个理论可以追溯到古希腊哲学家柏拉图和亚里士多德，在现代，法国哲学家福柯和英国文化理论家斯图尔特·霍尔（Stuart Hall）等人的研究对其进行了深入发展和讨论。

再现论的核心问题是如何通过符号系统来传达现实。例如，语言作为一种符号系统，通过词语和语法结构来描述和传递我们对世界的理解。再现论不仅关注符号如何反映现实，还探讨符号在塑造我们对现实的理解和认知中的作用。

柏拉图认为，再现往往是对现实的不完美复制，他在《理想国》中提出，艺术和诗歌只是对真实世界的模仿，而不是真实本身。亚里士多德则在《诗学》中提出，艺术的模仿具有教育和启示作用，可以帮助人们理解生活的本质。

现代再现论的发展，特别是在福柯和霍尔的研究中，强调了再现的权力和意识形态维度。霍尔指出，再现不是被动地反映现实，而是主动地构建和影响我们对世界的看法。

当一部电影再现历史事件时，它不仅在讲述事实，还通过导演的选择、镜头的安排和演员的表现，传达特定的观点和情感。这种再现可能影响观众对该历史事件的理解和态度。

情绪劳动理论（Emotional Labor Theory）

情绪劳动理论由美国社会学家阿莉·霍克希尔德（Arlie Hochschild）在 1983 年提出。这一理论主要探讨的是在工作场合中，特别是服务行业，员工为了满足工作要求，需要对自己的情绪进行管理和控制。霍克希尔德的研究发现，员工不仅要完成体力和脑力劳动，还要进行情绪劳动，即按照工作要求表现出特定的情绪，这种情绪管理包括展示积极的情绪、隐藏消极情绪等。

情绪劳动的概念源于霍克希尔德对航空乘务员的研究。她发现，航空乘务员在面对乘客时，不仅需要提供安全和舒适的服务，还必须始终保持微笑和友好的态度，即使在感到疲倦或心情不佳的时候也不能表露出来。这种对情绪的控制和管理，不仅是为了提升乘客的体验，也是一种工作职责。

情绪劳动理论强调，这种情绪管理是有代价的。长期进行情绪劳动可能导致员工情绪上的耗竭和心理压力，因为他们需要持续抑制真实的情绪，表现出与内心感受不一致的情绪状态。这种内外情绪的不一致，霍克希尔德称之为"情绪失调"，它可能会对员工的心理健康和工作满意度产生负面影响。

情绪劳动不仅存在于航空乘务员中，在其他服务行业如餐饮、酒店、医疗、零售等领域也非常普遍。前台接待员、客服代表、护士等岗位的员工都需要进行大量的情绪劳动，他们需要在面对客户时保持礼貌和耐心，即使客户可能表现出不友好的态度。

为了应对情绪劳动带来的挑战，企业和管理者可以采取一些措施，如提供情绪管理培训，增加心理健康支持，创造更加人性化的工作环境，等等。这些措施可以帮助员工更好地应对情绪劳动带来的压力，提升工作满意度和整体幸福感。

情绪劳动理论为我们理解工作中的情绪管理提供了重要视角，它提醒我们关注员工的情绪健康，不仅关注他们的工作表现，更要关心他们的心理状态。通过理解和应用这一理论，企业可以更有效地管理员工，提升工作效率和员工的幸福感。

公平交换理论（Fair Exchange Theory）

公平交换理论是由计算机科学家让－雅克·奎斯夸特（Jean-Jacques Quisquater）和他的一些同事在 20 世纪 90 年代提出的。这个理论主要解决的是在两个或多个互不信任的参与者之间如何进行安全且公平的交易问题。简单来说，当你和别人交换东西时，比如你想通过互联网购买一本书，你需要确保在支付钱之后一定能收到书，而卖家也需要保证在寄出书之后能够收到钱。公平交换理论就是为了确保这样的交易可以在没有任何一方吃亏的情况下顺利进行。

起因是在互联网上进行交易时，双方通常并不认识对方，存在很大的信任问题。为了防止其中一方在交易中欺骗另一方，需要有一种机制来确保交易的公平性和安全性。让－雅克·奎斯夸特及其同事发现，如果能够设计出一种在不信任的环境下也能确保双方公平交换的方法，那么将极大地促进电子商务的发展。

公平交换理论的核心思想是利用密码学技术来保证

交易双方都能在约定的条件下完成交易。具体来说，它通过一个中立的第三方或者使用特定的协议，来确保双方的交换是原子性的——要么同时成功，要么同时失败。举个简单的例子，如果我们将交易分为 A 和 B 两部分，公平交换协议会保证 A 发生的同时 B 也发生，否则就都不发生。这样一来，任何一方都无法单方面完成交易，从而保证了公平性。

公平交换理论不仅在电子商务中有重要应用，还广泛应用于各类需要确保交易公平性的场景中，比如在线拍卖、合同签订和数据交换等。通过这种理论，任何人都可以在互不信任的情况下放心进行交易，因为他们知道协议会保证没有人能够作弊，交易一定会是公平的。

双重记忆系统理论（Dual-Process Theory of Memory）

双重记忆系统理论是由心理学家丹尼尔·卡尼曼（Daniel Kahneman）和阿莫斯·特沃斯基（Amos Tversky）提出的一个理论。该理论的核心思想是人类的大脑中存在两种不同的思维系统，分别被称为系统 1 和系统 2。

系统 1 是一种快速、自动化且无意识的思维模式。

它依赖于直觉和经验，对熟悉的情境和问题能够迅速做出反应。比如，你在开车时避开突然出现的障碍物，这就是系统1在起作用。系统1的优势在于速度快，不需要耗费太多的认知资源，但它也容易受情绪和偏见的影响，可能导致错误判断。

系统2则是一种慢速、努力且有意识的思维模式。它用于处理需要逻辑推理、深思熟虑和复杂计算的问题。比如，你在做数学题或者计划一个复杂的项目时，系统2会被激活。虽然系统2更加准确和理性，但它需要耗费大量的认知资源，因此我们往往会感到疲惫。

双重记忆系统理论的提出源于对人类决策行为的研究。丹尼尔·卡尼曼和阿莫斯·特沃斯基通过一系列实验发现，人们在面对不同类型的问题时会采用不同的思维模式。有些问题可以通过直觉迅速解决，而另一些则需要深思熟虑和逻辑推理。这种发现挑战了之前认为人类思维过程是单一的、线性的观点，揭示了人类大脑的复杂性。

该理论不仅在心理学领域引起了广泛关注，还影响了经济学、行为科学和决策科学等多个领域。尤其在行为经济学中，双重记忆系统理论被用来解释为什么人们在投资、消费等经济行为中会出现非理性的选择。

内在时间感理论（Theory of Internal Time）

内在时间感理论是一个有趣的科学概念，旨在解释我们如何感知和体验时间的流逝。这一理论由德国心理学家赫尔曼·冯·亥姆霍兹（Hermann Von Helmholtz）和威廉·冯特（Wilhelm Wundt）在 19 世纪后期提出和发展。他们认为，时间感并非外界客观时间的简单反映，而是我们大脑内部的一种主观体验。

起因可以追溯到当时科学家对时间和空间感知的研究兴趣。他们发现，人类对时间的感知并不总是准确的。例如，在紧张或兴奋的情况下，时间似乎会变慢，而在无聊的时候，时间似乎过得飞快。法国哲学家亨利·柏格森（Henri Bergson）也对这个问题作出了重要贡献。他强调了时间感的主观性，称其为"绵延"，与物理时间不同。

内在时间感理论认为，我们的时间感受是由大脑内部的生物钟控制的，这个生物钟不仅受到物理时间的影响，还受到我们的情绪、注意力、记忆和生理状态的调节。例如，当我们集中注意力在一项有趣的活动上时，时间似乎飞逝；而在等待或无所事事时，时间则显得漫长。此外，内在时间感也会受到年龄和健康状态的影响，比如年长者通常会觉得时间过得更快。

「延伸：这个理论在现代神经科学和心理学中得到了进一步的研究和验证。例如，研究发现，大脑的基底神经节、丘脑和前额叶皮质等区域在时间感知中起着重要作用。实验还表明，多巴胺等神经递质对时间感有显著影响，这解释了为什么某些药物或疾病会改变人们的时间感。」

阴影生物学理论（Shadow Biosphere Theory）

阴影生物学理论提出，我们可能会在地球上找到与已知生命形式截然不同的"阴影生物"。这个理论的关键词在于"阴影"，指的是这些生物可能隐藏在我们熟悉的生态系统中，因为它们的生物化学或代谢方式不同，所以我们一直没有发现它们。阴影生物学理论由美国著名的科学家菲利普·克莱布斯（Philip Krebbs）和卡罗琳·塞利格曼（Carolyn Seligman）于 21 世纪初提出。

这个理论的起因在于科学家逐渐意识到，我们对生命的理解可能过于狭隘。传统的生物学依赖于碳基化学和水溶液中的代谢活动，但在地球的极端环境中，已经发现了一些"极端微生物"，它们能够在高温、高压、强酸等极端条件下生存。这些发现让科学家开始思考：如果地球上存在一些生命形式，它们的化学基础和代谢过程与我们熟知的生物截然不同，那么我们是否会错过它们的存在？

阴影生物学理论提出，地球上可能存在与已知生物截然不同的生物化学体系。这些生物可能使用硅而不是碳作为其化学基石，或者它们可能不需要水作为溶剂，甚至可能利用截然不同的能量代谢途径。这些生命形式可能存在于我们无法轻易检测到的地方，比如深海热泉、地下岩石深处，甚至是在我们已知的生态系统中，但由于它们的生物化学特性不同，传统的生物检测方法无法识别它们。

尽管目前尚未有直接证据证明阴影生物的存在，但这一理论激发了科学界对生命多样性的更广泛探索。科学家正在开发新的检测方法，试图寻找这些可能存在的"阴影生物"。这一理论不仅有助于我们理解地球生命的多样性，还对我们在其他行星上寻找外星生命有着重要的启示。如果我们在地球上发现了与已知生物截然不同的生命形式，这将彻底改变我们对生命的定义，并拓宽我们在宇宙中寻找生命的视野。

自我仿真理论（Self-Simulation Hypothesis）

自我仿真理论是一种有趣的哲学和科学假说，认为我们所经历的现实可能是由我们自己的意识或心灵所生成的一种仿真。这个理论的核心观点是，我们的意识不仅是被动地体验世界，还能主动地创造和模拟自己的现实环境。这个概念有点像电影《黑客帝国》中的虚拟现实，只不过不是由外部力量控制，而是由我们自己内部的意识所主导。

自我仿真理论由美国哲学家罗伯特·兰扎（Robert Lanza）提出，他是一位在生物学和医学领域享有盛名的科学家。兰扎以其生物中心主义理论而闻名，该理论强调生命和意识在理解宇宙中的重要性。他提出，自我仿真理论是生物中心主义的进一步延伸，认为意识本身具有构建和体验现实的能力。

这一理论的提出源于对量子物理和意识研究的深入思考。量子物理学揭示了观察者在决定量子事件结果中的关键角色，暗示了意识在物质现实中的重要作用。而兰扎的生物中心主义进一步探讨了生命和意识如何塑造我们对宇宙的理解。

自我仿真理论引发了广泛的讨论和辩论。一些科学家和哲学家认为，这一理论提供了一种全新的视角，帮助我们思考意识与现实的关系。它挑战了传统的物质决定论，提出了一个更加动态和互动的世界观。在这个世界观中，意识不仅是被动的观察者，还可能是活跃的创造者。

多维情感理论（Multidimensional Emotion Theory）

多维情感理论是由美国心理学家罗伯特·普卢奇克（Robert Plutchik）提出的一种情感理论。普卢奇克在 20 世纪 80 年代初期通过研究动物和人类的情感反应，提出了这一理论。该理论的核心思想是情感可以通过多个维度来描述和理解，而不是简单地通过正面或负面的二元对立来分类。

普卢奇克的多维情感理论认为，情感是复杂的心理和生理状态，由多个基本情感组合而成。普卢奇克通过一个"情感轮"来形象地展示这些基本情感和它们之间的关系。情感轮类似于色轮，每种基本情感如同一种基本颜色，通过不同的组合和强度变化，产生出各种复杂的情感体验。情感轮包括八种基本情感：喜悦、信任、恐惧、惊讶、悲伤、厌恶、愤怒和期待。这八种情感通过不同的组合，可以形成更复杂的情感，比如喜悦和信任结合产生爱，恐惧和惊讶结合产生恐慌。

普卢奇克的多维情感理论在心理学和情感研究领域

产生了深远的影响。它不仅帮助我们更好地理解情感的复杂性，还为情感识别和情感计算等技术的发展提供了理论基础。在日常生活中，理解多维情感理论有助于我们更好地理解自己和他人的情感，从而改善人际关系，增强情感管理能力。

「延伸：多维情感理论不仅描述了基本情感之间的关系，还解释了情感的强度变化。例如，愤怒的强度可以从轻微的不满逐渐增强到狂怒。普卢奇克认为，这些情感反应是进化过程中形成的，帮助个体应对环境中的各种挑战和机遇，从而提高生存和繁衍的机会。」

非线性时间感理论（Non-Linear Perception of Time Theory）

非线性时间感理论认为人类对时间的感知并不是线性的，而是受各种因素影响而变化的。这一理论由美国认知科学家大卫·伊格曼（David Eagleman）提出，他通过一系列实验和研究，试图解释为什么我们在不同情况下会感觉时间流逝的速度不同。

该理论的核心观点是，时间感知并非像钟表一样精确。相反，我们的时间感受可以因情境、情绪和年龄等因素而改变。举例来说，当我们做有趣的事情或处于兴奋状态时，时间似乎过得飞快；而在无聊或焦虑的情况下，时间则仿佛变得缓慢。这种现象可以在我们回忆过去的事件时体现出来，回忆高强度情感经历时，时间似乎被拉长了。

伊格曼通过一系列实验，例如让受试者在自由落体状态下观察时间，发现人在恐惧或紧张时，时间感知会变慢。这种现象被称为"时间膨胀"，它有助于我们在危急时刻迅速反应，提高生存概率。此外，伊格曼还提出了"时钟速率假设"，即大脑中的神经元活动速率在不同情境下会变化，从而影响时间感知。

这一理论的起因部分来自伊格曼对时间的浓厚兴趣和他在神经科学领域的研究。他观察到，人们在不同年龄段对时间的感知也有所不同。儿童时期，时间感知较慢，因为他们的大脑在不断接受新信息，处理这些信息需要更多时间。随着年龄增长，许多日常活动变得习以为常，处理速度加快，时间感知相对变快。

全脑对称性理论（Whole Brain Symmetry Theory）

全脑对称性理论是由神经科学家罗杰·斯佩里（Roger Sperry）提出的一个理论。该理论认为，人类的大脑分为左右两个半球，而这两个半球在功能上具有高度的对称性和互补性。斯佩里在研究过程中发现，左脑主要负责语言、逻辑和分析等理性思维功能，而右脑则擅长处理空间、音乐和情感等直觉性思维功能。

这一理论的诞生与斯佩里在 20 世纪 60 年代进行的一系列分脑实验密切相关。分脑实验是通过切断连接左右脑的胼胝体，观察病人的行为变化来研究大脑的功能分工。实验结果显示，当胼胝体被切断后，左右脑的协同工作受到影响，患者的某些认知和行为能力出现了显著变化。这些发现表明，尽管左右脑在解剖结构上对称，但在功能上具有不同的专长，并且需要通过胼胝体的连接来协调工作。

全脑对称性理论引发了广泛的讨论和进一步的研究，逐渐改变了人们对大脑功能的认识。以前，科学家普遍认为大脑是一个整体，在处理信息时没有明确的功能分区。而斯佩里的研究首次明确指出，大脑的左右半球在处理不同类型的信息时具有特定的功能区域，从而使得对大脑功能的研究更加精确和系统。

全脑对称性理论还在教育和心理学领域产生了深远影响。人们开始重视左右脑的平衡发展，提倡在教育中既要培养孩子的逻辑分析能力，也要重视艺术和创造力的培养。这一理论还促进了心理治疗和康复训练方法的发展，帮助那些因大脑损伤而失去某些功能的患者通过特定的训练重新获得部分能力。

负时间理论（Negative Time Theory）

负时间理论提出时间可以倒流。这个理论最早由英国物理学家保罗·戴维斯（Paul Davies）在 20 世纪 80 年代提出。负时间理论源于对时间本质的深刻思考和对物理学定律的大胆挑战。

戴维斯的灵感来自相对论和量子力学中的一些奇特现象。在相对论中，时间是相对的，它会因速度的增加而减慢，这已经被实验证实。而在量子力学中，粒子的行为更加诡异，有些现象看起来似乎可以"预知"未来。戴维斯因此提出，是否有可能时间不仅仅是单向的？也就是说，时间是否可以在某些条件下倒流？

这个想法最初引发了科学界的广泛争议。大部分科学家认为时间是不可逆的，因为这与热力学第二定律，即熵增原理相违背。然而，戴维斯指出，量子力学中的一些实验现象，如量子纠缠，似乎暗示着时间对称性，即在微观世界中，时间的流向可能并不是单一的。具体来说，在某些量子现象中，过去和未来的界限变得模糊，信息似乎可以在时间中"跳跃"。

此外，负时间理论还涉及黑洞、虫洞等宇宙奇观。戴维斯假设，如果有足够的能量和特殊的条件，虫洞可能成为时间机器，使得负时间旅行成为可能。这种设想虽然听起来像科幻小说，但在理论物理学中并非完全不切实际。事实上，一些物理学家，如史蒂芬·霍金（Stephen Hawking），也曾对时间旅行和负时间理论表现出兴趣，并进行过相关讨论。

负时间理论不仅挑战了我们对时间和宇宙的基本理解，还激发了许多关于未来技术和人类可能性的思考。虽然目前负时间理论还处于理论探讨阶段，且没有实验证据支持，但它为科学家提供了一个全新的视角去探索时间的奥秘。正因如此，这个理论充满无尽的想象力和探索的魅力，让人们对时间的理解更加丰富和多样。

绝对优势理论（Theory of Absolute Advantage）

绝对优势理论是由苏格兰经济学家亚当·斯密（Adam Smith）在1776年首次提出的。斯密在他的著作《国富论》中介绍了这一理论。绝对优势理论的核心观点是：如果一个国家在生产某种产品上比另一个国家拥有更高的生产效率，那么这个国家就应该专注于生产这种产品，并通过贸易从其他国家获取自己生产效率较低的产品。这样，全球的资源利用效率会达到最大化，每个国家都会变得更加富裕。

斯密的绝对优势理论对当时的重商主义思想提出了挑战。重商主义认为，一个国家的财富主要通过积累贵金属（如金银）来实现，强调出口多于进口。然而，斯密认为，财富的真正来源是生产和贸易的效率提高，而不是简单的金银积累。他的观点为自由贸易提供了理论基础，主张各国应当通过专业化和自由贸易实现共同繁荣。

「延伸：绝对优势理论的起因是 18 世纪国际贸易的发展和各国经济交往的增加。斯密注意到，不同国家在不同产品的生产上有着不同的效率。例如，假设国家 A 在生产布匹上比国家 B 更有效率，而国家 B 在生产葡萄酒上比国家 A 更有效率，那么根据绝对优势理论，国家 A 应该专注于生产布匹，而国家 B 应该专注于生产葡萄酒。然后，两国通过贸易交换各自生产的产品，双方都能受益。」

比较优势理论（Comparative Advantage Theory）

比较优势理论是由英国经济学家大卫·李嘉图

（David Ricardo）在 1817 年提出。这个理论解释了为什么即使一个国家在生产所有产品上都比另一个国家效率高，两个国家之间仍然可以通过贸易获益。

故事要从工业革命后的英国说起。当时，英国的工业生产力显著提高，相比其他国家有明显的绝对优势。大卫·李嘉图注意到，虽然英国在生产很多商品上都更有效率，但如果每个国家都专注于自己生产相对更有优势的商品，那么整个社会的资源配置将更加有效，所有参与贸易的国家都能从中受益。

比较优势理论的核心在于"相对"二字。假设有两个国家：英国和葡萄牙。英国能更高效地生产布料和葡萄酒，但在生产布料上的优势更大，而葡萄牙在生产葡萄酒上相对更有优势。根据比较优势理论，英国应该专注于生产布料，葡萄牙则专注于生产葡萄酒。然后，两国通过贸易，英国用布料换取葡萄牙的葡萄酒，这样每个国家都能获得比自己独立生产更大的利益。

这一理论颠覆了过去的思维，指出了绝对优势并不是国际贸易的唯一动力。它强调了分工和专业化的重要性，解释了为什么有些国家尽管生产效率低下，却能在国际贸易中找到自己的定位和利益。

市场失灵理论（Market Failure Theory）

市场失灵理论是经济学中的一个重要概念，它描述了在某些情况下，自由市场无法有效配置资源，从而导致资源浪费或分配不公平。简单来说，市场失灵就是市场本身解决不了问题。

这一理论最早由经济学家亚瑟·C. 庇古（Arthur C. Pigou）在 20 世纪初提出。他在研究环境污染和公共物品时发现，市场机制有时候不能自动达到最佳的资源配置状态。比如，工厂排放的污染物对环境造成了损害，但如果没有政府干预或相应的法律法规，工厂可能不会对这些外部成本负责，从而导致社会整体福利下降。这种情况就是典型的市场失灵。

市场失灵的原因有很多，常见的包括以下几种：外部性，即某些经济活动对第三方产生影响但未被市场反映；公共物品，如国防、公共安全等，具有非排他性和非竞争性，市场无法通过价格机制有效提供；信息不对称，比如买卖双方掌握的信息不对等，导致市场决策失误；自然垄断，某些行业由于规模经济的存在，单个企业占据市场优势，导致竞争不足。

庇古的理论为现代经济政策提供了理论基础，他主张通过政府干预来矫正市场失灵，比如征收污染税来内部化外部成本，提供公共服务来填补市场空白。尽管市场失灵理论强调市场缺陷，但它并不否定市场的价值。相反，它指出了在某些特定情况下，需要政府或其他机构的介入来改善市场运行效率和社会福利。

了解市场失灵理论能帮助我们更好地理解政府制定某些政策的原因，也能让我们认识到在追求经济效益的同时，社会责任和环境保护同样重要。这不仅是一门经济学理论，更是一种促进社会公平和可持续发展的理念。

黑猫理论（Black Cat Theory）

黑猫理论是一种管理学理论，由中国企业家任正非提出。这个理论来源于中国的一句俗语：不管黑猫白猫，抓住老鼠就是好猫。意思是，不论采用什么方法，只要能实现目标的方法就是好方法。任正非在华为公司内部推行这一理念，强调结果导向，提倡灵活务实的工作方式。

黑猫理论的起因可以追溯到 20 世纪 90 年代初，当时中国的经济改革开放正在深入进行，企业面临激烈的市场竞争和不确定性。任正非发现，传统的管理方法过于僵化，无法应对快速变化的市场环境。他认为，企业要想生存和发展，就必须突破传统思维的束缚，采取灵活多变的策略。

在实际应用中，黑猫理论鼓励员工根据实际情况灵活处理问题，不拘泥于既定的规章制度，只要能达成预期目标，方法和手段都可以多样化。这一理论在华为公司的成功实践中得到了验证，使得华为在全球通信设备市场上取得了巨大成功。

任正非的黑猫理论不仅在企业管理中得到了广泛应用，也引发了对管理创新的思考和讨论。许多企业开始借鉴这一理念，重视结果导向和灵活应变的管理方式，以提高自身的市场竞争力。

伦理学（Ethics）

伦理学是一门研究道德和价值观的哲学学科。它探讨什么是对的、什么是错的，以及为什么某些行为被认为是正确或错误的。伦理学的历史可以追溯到古希腊哲学家，如苏格拉底、柏拉图和亚里士多德，他们是伦理学的重要奠基人。这些哲学家提出了许多关于美德、正义和幸福的理论，试图理解人类行为的道德基础。

伦理学通常分为三个主要领域：规范伦理学、元伦理学和应用伦理学。规范伦理学关注具体的道德标准和规则，像是"不要撒谎"或"要帮助他人"；元伦理学则探讨道德概念和理论的本质，比如"什么是善"和"道德判断如何成立"；应用伦理学则把伦理学原则应用于具体的现实问题，如医德、商业伦理和环境伦理等。

通过研究伦理学，我们能够更好地理解和处理日常生活中的道德困境，从而提高我们的道德判断力和社会责任感。伦理学不仅是哲学家的领域，也是每个人都能学习和受益的知识。

「延伸：伦理学在现代社会中的应用非常广泛。例如，在医疗领域，医生必须考虑病人的利益和知情同意；在商业领域，公司需要平衡利润和社会责任；在环境保护中，我们必须考虑未来世代的利益。伦理学帮助我们做出更为公正和合理的决策，从而促进个人和社会的和谐发展。」

发展心理学（Developmental Psychology）

发展心理学是研究人类从出生到死亡整个生命周期内心理和行为变化的科学。它关注个体在认知、情感、社会和生理方面的发展过程和规律。

发展心理学的奠基人之一是让·皮亚杰（Jean Piaget），他通过研究儿童的认知发展提出了著名的四阶段理论，包括感知运动阶段、前运算阶段、具体运算阶段和形式运算阶段。皮亚杰的研究表明，儿童在不同的年龄段通过不同的方式理解和处理世界。

另一位重要的心理学家是埃里克·埃里克森（Erik Erikson），他提出了八阶段的心理社会发展理论。每个阶段都有一个关键的心理社会危机，需要通过积极的解决来促进健康的发展。例如，婴儿期的信任与不信任、青少年的自我认同与角色混乱、成年期的亲密关系与孤独等。

发展心理学还研究语言发展、情感调节、社会化过程以及老年人的心理变化。通过这些研究，心理学家可以了解个体在不同生命阶段面临的挑战和机遇，并提出相应的支持和干预措施。

发展心理学的研究不仅限于儿童和青少年，还包括成人的发展过程。中年危机、职业生涯发展、婚姻与家庭关系、老年期的认知和身体健康等都是重要的研究领域。

「延伸：在现代社会，发展心理学应用广泛。例如，教育心理学家利用发展心理学的原理设计教学方法和课程，以适应不同年龄段学生的认知和情感需求；临床心理学家则根据个体的发展阶段提供心理治疗和咨询，帮助他们应对生活中的困难和挑战。」

行为经济学（Behavioral Economics）

行为经济学是研究心理因素如何影响经济决策的学科。它结合心理学和经济学的理论，试图解释人们在现实生活中并不总是能理性地进行经济决策的现象。

行为经济学的奠基人之一是心理学家丹尼尔·卡尼曼和他的同事阿莫斯·特沃斯基。他们在 20 世纪 70 年代通过一系列实验，揭示了人类决策中的系统性偏差和非理性行为。这些研究挑战了传统经济学中的"理性人"假设，即认为人们在决策时总是追求自身利益的最大化。

卡尼曼和特沃斯基的研究表明，人们在面临不确定性和风险时，会受到启发式思维和认知偏差的影响。例如，前景理论描述了人们在面对风险时，倾向于如何规避损失而非获取收益。这解释了为什么人们在投资、消费和储蓄等决策中，常常表现出与传统经济学预测不同的行为。

行为经济学的另一个重要贡献者是理查德·塞勒（Richard H. Thaler），他提出了"行为偏差"和"助推"的概念。助推指通过设计环境或选择架构，帮助人们做出更好的决策。例如，在餐厅菜单上突出健康选项，能引导顾客选择更健康的食物。

行为经济学在多个领域有广泛应用，包括公共政策、市场营销和金融。它帮助政府设计更有效的政策，如自动注册退休计划，提升个人储蓄率。企业也利用行为经济学的原理，优化产品设计和市场推广策略。

社会动力学（Sociodynamics）

社会动力学是一个研究社会系统如何随时间变化的学科。它的起源可以追溯到 20 世纪，受到物理学中动力学理论的启发。社会动力学试图用数学模型和计算机模拟来理解和预测社会现象，如群体行为、社会网络演化、文化传播等。这一领域的发起人包括德国物理学家赫尔曼·哈肯（Hermann Haken），他是协同学的创始人之一。协同学研究系统中不同部分如何合作产生集体行为，哈肯的工作为社会动力学奠定了基础。

社会动力学的研究起因是对社会复杂性的深刻兴趣。社会现象往往是复杂且非线性的，仅靠传统的社会科学方法难以全面理解。科学家开始借鉴物理学中对粒子运动的研究方法，试图揭示人类社会中个体与个体之间的相互作用如何导致宏观社会现象的产生。例如，社会动力学可以用来解释为何某些谣言会迅速传播，而另一些却很快消失，或者为什么某些社会运动能持续多年，而另一些则很快瓦解。

社会动力学不仅在理论上有趣，其应用也非常广泛。它在城市规划、公共卫生、市场营销等领域都有重要作用。例如，城市规划者可以利用社会动力学模型来预测人口流动和交通拥堵；公共卫生专家可以用来模拟疾病传播，制定更有效的防疫策略；市场营销人员则可以通过分析消费者行为模式，设计更有针对性的广告和促销活动。

「延伸：一个有趣的例子是，社会动力学模型可以模拟选举过程中的投票行为。通过分析个体如何受到周围人群的影响，模型可以预测选举结果的变化趋势。另一个例子是社交网络平台上的信息传播，社会动力学帮助我们理解信息是如何在网络中扩散，以及如何有效地控制虚假信息的传播。」

群体动力学（Group Dynamics）

群体动力学是研究个体在群体中行为和互动模式的一门学科。它由德国社会心理学家库尔特·莱温（Kurt Lewin）在 20 世纪 40 年代提出，他被认为是群体动力学的创始人。莱温在第二次世界大战期间，为了研究如何提高团队的效率和士气，提出了这一概念。他认为，群体不仅是个体的简单集合，更是一个整体，群体内部的互动和关系会影响每个成员的行为和态度。

群体动力学研究的核心是了解群体内部的结构、角色分配、沟通模式和权力关系。它揭示了群体在决策、合作、冲突解决和创新过程中的复杂性。例如，当一个团队共同努力完成任务时，成员之间的互动方式会直接影响任务的成功与否。如果团队成员彼此信任，沟通顺畅，团队通常会表现得更有效率；相反，如果成员之间存在冲突或缺乏沟通，团队的效率就会大打折扣。

群体动力学的应用范围非常广泛，不仅在军事和企业管理中发挥重要作用，还在教育、心理治疗和社区组织等领域得到广泛应用。通过理解和应用群体动力学的原理，领导者和管理者可以更好地激励团队，解决冲突，提高工作效率。此外，群体动力学还帮助我们理解社会运动、群众行为和公共舆论的形成与发展。例如，在一次社会运动中，群体动力学可以解释为什么某些领导者能够有效地动员大批群众，以及群众行为如何在短时间内迅速扩散。

光遗传学（Optogenetics）

光遗传学是一种结合光学和遗传学的前沿技术，

用于控制活体细胞中的特定活动。它的诞生可以追溯到 2005 年，当时斯坦福大学的卡尔·戴瑟罗特（Karl Deisseroth）博士和他的团队首次成功地将这种技术应用于神经科学领域。

光遗传学的基本原理是通过基因工程将光敏蛋白（如藻类中的 ChR2 通道视紫红质）引入目标细胞。这些光敏蛋白能够对特定波长的光做出反应，开启或关闭细胞的活动。当研究人员用光照射这些细胞时，就可以精确地控制它们的活动。例如，通过照射大脑中的特定神经元，可以激活或抑制这些神经元，从而研究它们在行为和疾病中的作用。

光遗传学的发明与发展有着重大的科学和医学意义。首先，它使科学家能够以前所未有的精度和速度研究大脑的功能。在此之前，神经科学研究主要依赖电生理学和药理学方法，这些方法虽然有效，但难以实现快速、精确的控制。光遗传学的出现使研究人员能够在毫秒级别上控制神经元的活动，从而更好地理解神经网络的工作原理。

除了在基础研究中的应用，光遗传学还在医学领域展现出巨大的潜力。例如，通过控制大脑中的特定神经元，科学家希望能够开发出新的疗法来治疗神经系统疾病，如帕金森病、癫痫和抑郁症。此外，光遗传学还被用于心脏研究，通过控制心肌细胞的活动，研究人员可以更好地了解心律失常的机制，并开发新的治疗方法。

光遗传学的起源与卡尔·戴瑟罗特和他的团队的开创性工作密不可分。在他们的研究之前，科学家一直在探索如何更精确地控制细胞活动，但没有找到理想的方法。戴瑟罗特的团队通过引入光敏蛋白，成功地解决了这一难题。他们将这种技术迅速推广到世界各地。光遗传学后来成为神经科学和其他生物医学研究中的强大工具。

演化生物学（Evolutionary Biology）

演化生物学是一门研究生物如何随着时间的推移逐渐变化和进化的科学。它的核心理念是所有生物都来源于共同的祖先，并通过自然选择、遗传漂变、突变和基因流动等机制发生变化。这一领域的奠基人是英国自然学家查尔斯·达尔文，他在1859年出版的著作《物种起源》中提出了自然选择的理论。

演化生物学的起源可以追溯到19世纪，当时达尔文和另一位自然学家阿尔弗雷德·拉塞尔·华莱士（Alfred Russel Wallace）各自提出了自然选择的概念。达尔文通过在加拉帕戈斯群岛的考察，观察到不同岛屿上雀鸟的喙形有所不同，推测出这些鸟类是为了适应不同环境中的食物资源而逐渐演化出不同特征。这个发现促使达尔文思考物种的变化过程，并最终提出了自然选择作为驱动生物进化的主要机制。

自然选择的基本原理是：在任何种群中，个体之间存在遗传变异，而这些变异可能影响个体的生存和繁殖能力。那些具有有利特征的个体更可能存活和繁殖，将这些有利特征传递给后代，逐渐在种群中占据主导地位。相反，那些不利的特征会逐渐被淘汰。通过这一过程，物种可以在几代甚至几百万年的时间内发生显著变化，适应环境的变化。

演化生物学不仅解释了生物多样性的来源，还帮助我们理解了许多生物现象，如抗生素耐药性的出现、传染病的传播和农业中害虫抗药性的演变。现代的演化生物学结合了遗传学、分子生物学和生物信息学等多个学科，进一步揭示了生物进化的分子机制。通过对 DNA 序列的研究，科学家能够追溯物种之间的亲缘关系，绘制出生命树，展示出各类生物的进化历程。

声学考古学（Acoustic Archaeology）

声学考古学是一门新兴的跨学科研究领域，通过研究历史遗迹和文物的声音，来探索和理解古代文化和社会。这一概念可以追溯到 20 世纪 70 至 80 年代，当时在研究古希腊、罗马剧场和欧洲史前遗址（如英国的巨石阵）时，考古学家开始使用声学技术来分析其设计可能与声音传播相关的特性。

声学考古学的产生源自考古学家对传统考古学方法的局限性的认识。传统的考古学主要依赖于视觉证据，如文物、建筑和艺术品，但这些证据无法完全再现古代人类的生活方式和精神世界。通过研究声音，考古学家希望能够填补这一空白。声音不仅仅是简单的听觉现象，它包含环境、仪式、交流和社会组织的丰富信息。例如，通过重建和分析古代音乐、语言和声学环境，研究人员可以更好地理解古代人的日常生活、宗教仪式和社会结构。

声学考古学的研究方法包括现场声学测量、计算机模拟和实验考古学等。考古学家会在古代遗址中使用现代声学设备，记录和分析声音传播的方式和效果。同时，他们也会利用计算机模拟，重建历史上重要场所的声学特性，例如古希腊剧场和中世纪教堂的回声和混响。此外，实验考古学家还会尝试复原和演奏古代乐器，探索这些乐器的制作工艺和演奏技巧。

声学考古学不仅在学术界引起了广泛关注，也吸引了公众的兴趣。通过现代技术手段，声学考古学家可以将他们的研究成果以多媒体形式展示给大众，使人们能够"听到"历史。比如，在一些博物馆和历史遗址中，参观者可以通过特定的设备，体验到古代场所的真实声效，这种身临其境的体验极大地增强了人们对历史的感知和理解。

虚拟人类学（Virtual Anthropology）

虚拟人类学是一个融合人类学与计算机技术的新兴学科，旨在通过虚拟现实（VR）和三维建模技术来研究和理解人类文化、社会行为及生物特征。虚拟人类学的概念最早由德国科学家格哈德·韦伯（Gerhard W. Weber）在 20 世纪末提出。韦伯是一位人类学家和计算机科学家，他希望通过科技手段更直观地展示人类学研究成果，从而让更多的人了解人类的演化过程和文化多样性。

虚拟人类学的起因可以追溯到人类学研究中遇到的一些实际问题。传统的人类学研究通常依赖于实地考察、化石分析和手工测量等方法，这些方法不仅耗时费力，还存在一定的局限性。例如，化石和考古遗迹的破损或遗失会影响研究的完整性，而手工测量的精度也难以保证。为了克服这些困难，韦伯等科学家开始探索将计算机技术应用于人类学研究，他们利用三维扫描和建模技术，将化石、骨骼和考古遗迹等物体数字化，创建虚拟模型。这些虚拟模型不仅可以精确再现研究对象，还能通过虚拟现实技术进行互动和分析，大大提高了研究效率和精度。

「延伸：虚拟人类学的应用非常广泛，不仅限于科学研究领域。在教育领域，虚拟人类学可以通过互动式的三维模型帮助学生更直观地理解人类进化史和文化发展。在博物馆和展览中，虚拟人类学技术也可以为观众提供身临其境的体验，使他们能够更深入地了解历史文物和古代文明。此外，虚拟人类学还在医学领域有所应用，通过三维建模和虚拟解剖技术，医生和研究人员可以更好地理解人体结构和疾病机理。」

合成生物学（Synthetic Biology）

合成生物学是一门新兴的科学，它结合生物学和工程学的原理，旨在重新设计和构建新的生物系统和生物体。最初，这一领域的起源可以追溯到 20 世纪初，当时人们已经开始尝试通过基因改造来改变生物的特性。然而，现代合成生物学真正的发起人之一是哈佛大学的乔治·丘奇（George Church）教授。他是基因组学领域的先驱，提出了许多革命性的概念和技术。

合成生物学的一个重要目标是通过设计和组装新的 DNA 序列来赋予生物新的功能。例如，科学家可以设计一种细菌，让它能够分解塑料，或是让植物能够发光，从而在黑暗中照明。通过这些改造，合成生物学有望在环保、医疗、能源等多个领域带来重大突破。

这一领域的兴起也与基因组学技术的进步密不可分。随着 DNA 测序技术和合成技术的不断发展，科学家能够更精准、更高效地编辑基因，从而实现过去无法想象的生物改造。这些技术不仅使得基因编辑变得更加简单和便宜，也使合成生物学的应用前景变得更加广阔。

合成生物学的另一个有趣之处在于它的跨学科性质。除了生物学家，工程师、计算机科学家和化学家等各类专业人士都参与其中，共同致力于设计全新的生物系统。例如，计算机科学家可以编写软件来模拟基因网络的行为，而工程师可以设计微型设备来操控这些基因网络。

「延伸：尽管合成生物学前景广阔，但它也面临一些挑战和伦理问题。例如，如何确保改造过的生物不会对自然环境产生负面影响，或者如何防止基因编辑技术被滥用等。这些问题需要科学家、政策制定者和公众共同努力，确保合成生物学的发展能够造福全人类。」

古气候学（Paleoclimatology）

古气候学是研究地球过去气候变化的科学，通过分析地质记录和化石来了解气候的演变历史。这个领域的起源可以追溯到19世纪，虽然没有具体的发明人，但一系列科学家的贡献奠定了基础。其中，瑞士科学家路易斯·阿加西斯（Louis Agassiz）通过研究冰川遗迹，提出了地球曾经历过冰河时期的观点，这为古气候学的发展铺平了道路。

古气候学家利用多种方法收集数据，包括冰芯、树轮、海洋沉积物和湖泊沉积物等。这些数据可以揭示出数千年甚至数百万年前的气候状况。例如，通过研究冰芯中的气泡，可以了解古代大气中的二氧化碳浓度和温度变化。树木年轮的宽度和密度则能反映出当年气候的温暖或寒冷。海洋沉积物中的微生物化石也能提供古气候的信息，因为这些微生物的种类和分布受海水温度和化学成分影响。

古气候学不仅有助于了解地球气候的自然变化，还能帮助我们理解当前气候变化的背景。通过研究地球历史上的气候变迁，科学家可以识别出哪些变化是自然周期造成的，哪些是由人类活动引起的。这对于预测未来气候变化趋势和制定应对策略至关重要。

「延伸：这个领域的研究不仅学术意义重大，而且充满发现的乐趣。例如，科学家在南极洲的冰芯中发现了数百万年前的古代大气气泡，揭示了当时地球的气候状态。此外，通过分析树木年轮，科学家能够重建中世纪温暖期和小冰期等历史气候事件，为了解人类历史上的气候影响提供了宝贵的线索。」

昆虫社会学（Insect Sociology）

昆虫社会学是一门研究昆虫社会行为和组织的科学。这个领域特别关注那些高度社会化的昆虫种类，比如蜜蜂、蚂蚁和白蚁。这些昆虫生活在复杂的群体中，有明确的分工和合作机制，形成了高度组织化的社会结构。

昆虫社会学的奠基人之一是爱德华·威尔逊，他被誉为"社会生物学之父"。威尔逊通过对蚂蚁的深入研究，揭示了昆虫社会的复杂性和多样性。他的工作促使科学界更加关注昆虫社会行为的进化和生态意义。

昆虫社会学的研究起源于对自然界中一些奇特现象的好奇。例如，人们发现蜜蜂能够协调一致地采蜜、建巢和照顾幼虫，蚂蚁可以高效地分工合作，甚至会进行战争，这些现象引发了科学家的极大兴趣。科学家希望通过研究这些昆虫社会，了解它们如何通过基因、信息交流和行为来维持复杂的社会系统。

在昆虫社会中，个体通常被分为不同的角色，例如工人、士兵和女王。这些角色有着明确的分工，各司其职。例如，蜜蜂社会中，工蜂负责采蜜、喂养幼虫和保护蜂巢，而女王蜂则主要负责产卵。蚂蚁社会中，工蚁负责觅食、建巢和照顾蚁后及幼蚁，而士兵蚁则负责防卫。

昆虫社会学的研究不仅帮助我们理解昆虫的生活方式，还揭示了自然选择和进化如何塑造复杂的社会行为。此外，这些研究还有助于我们在其他生物学领域，如人类社会学、生态学和行为学获得新的见解。

数字人类学（Digital Anthropology）

数字人类学是一门新兴的交叉学科，结合了人类学和信息技术的发展，旨在研究数字技术和互联网如何影响人类社会和文化。这门学科的起源可以追溯到 20 世纪末，随着互联网的普及和数字技术的迅猛发展，人们的生活方式、交流方式和社会结构都发生了显著变化。

数字人类学的发起人之一是英国人类学家丹尼尔·米勒（Daniel Miller）。他是伦敦大学学院的教授，早在互联网和社交媒体刚刚兴起时，就开始研究这些新技术如何改变人类的行为和社会互动。米勒通过田野调查和案例研究，深入探讨了人们在虚拟空间中的活动和现实生活之间的关系。他的研究帮助人们理解数字技术如何塑造我们的文化认同、社会网络和日常生活。

数字人类学的研究对象广泛，包括社交媒体、虚拟现实、在线社区、数字化的工作环境等。研究方法也多样化，既有传统的人类学田野调查方法，如参与观察和深度访谈，也有新的数字方法，如大数据分析和网络民族志。通过这些方法，数字人类学家可以探讨诸如社交媒体如何影响人际关系，虚拟现实如何改变我们的感知和体验，在线社区如何形成和维持等问题。

数字人类学的出现背景是全球信息化浪潮的兴起，数字技术迅速渗透到社会的各个层面，改变了人们的生活方式和社会结构。例如，智能手机的普及和社交媒体的广泛使用，极大地改变了人们的沟通方式和社交行为。

人们可以随时随地与世界各地的朋友和家人保持联系，信息的传播也变得更加迅捷和广泛。这些变化带来了许多新的社会现象和问题，如网络隐私、数字鸿沟、虚拟身份等，这些都是数字人类学研究的重要课题。

行为遗传学（Behavioral Genetics）

　　行为遗传学是一门研究基因如何影响我们的行为的科学。行为遗传学的起源可以追溯到19世纪，当时生物学家弗朗西斯·高尔顿（Francis Galton）提出了"遗传优生学"概念，试图通过研究家族史来理解智力、性格等行为特征的遗传性。高尔顿是行为遗传学的奠基人之一，他受到达尔文进化论的启发，认为行为和心理特征也可能是遗传的。

　　行为遗传学的核心问题是：我们的行为是由基因决定的，还是由环境塑造的？为了回答这个问题，科学家进行了大量的双胞胎研究，因为双胞胎具有相同或相似的基因，这有助于分离基因和环境的影响。通过对同卵双胞胎和异卵双胞胎的研究，科学家发现，许多行为特征，如智力、个性和精神疾病等，都具有一定的遗传基础。同时，环境因素，如教育、家庭背景和社会影响，也在这些行为特征的发展中起着重要作用。

现代行为遗传学还借助了基因组学技术，通过对大量个体的基因进行测序和分析，发现了许多与行为相关的基因变异。例如，某些基因变异与抑郁症、焦虑症、自闭症等精神障碍的风险增加有关。然而，基因并不是命运，它们只是增加了某些行为特征出现的概率，环境和个人经历同样至关重要。

行为遗传学的研究不仅帮助我们理解人类行为的复杂性，还对医疗和教育等领域有着重要的应用。例如，了解基因对学习能力的影响可以帮助制定更具个性化的教育策略，而识别与精神疾病相关的基因变异有助于早期干预和治疗。

感官生态学（Sensory Ecology）

感官生态学是研究生物如何通过感官感知环境并做出反应的学科。这个领域的研究探讨了生物的感觉系统如何与其生态环境互动，从而影响其行为、生态位和进化。这门学科的发起可以追溯到 20 世纪初，生物学家雅各布·冯·于克斯屈尔（Jakob von Uexküll）被认为是该领域的奠基人之一。他提出了"主体世界"的概念，即每种生物都生活在一个由其感官系统和认知能力所定义的特定环境中。

感官生态学关注的是生物如何利用不同的感官，如视觉、听觉、嗅觉、触觉和电感来获取信息并进行生存决策。比如，蝙蝠通过回声定位来捕捉猎物，蜜蜂则能看到人类不可见的紫外线光来寻找花蜜。这些能力都是通过与其生态环境相适应的结果。研究这些感官如何运作及其在生态系统中的作用，可以帮助我们了解生物的行为模式、捕食策略、繁殖方式等。

「延伸：一个有趣的例子是鱿鱼和乌贼，它们不仅能通过视觉看到光的变化，还能感知偏振光，帮助它们在海洋中伪装和交流。再比如，一些鸟类能听到比人类更高频率的声音，这使得它们能够捕捉昆虫或避免捕食者。感官生态学还帮助我们解释了为何某些花卉有特定的颜色和气味，以吸引特定的传粉者，从而增加它们的繁殖成功率。」

机器伦理学（Machine Ethics）

机器伦理学是一门新兴的跨学科领域，专注于为机器特别是人工智能（AI）系统制定和实施伦理标准。这个领域的核心问题在于如何确保机器在与人类互动时能够做出道德决策，以避免对人类造成伤害或不公正待遇。机器伦理学的发起可以追溯到人工智能研究的早期阶段，特别是在 20 世纪 50 和 60 年代。当时，计算机科学家和哲学家就开始思考如果机器能够自主决策，它们应该遵循哪些道德准则。

约瑟夫·维岑鲍姆（Joseph Weizenbaum）是这一领域的重要先驱之一，他在 20 世纪 60 年代开发了 Eliza，这是一个早期的自然语言处理程序。尽管 Eliza 非常简单，但维岑鲍姆通过这一项目意识到，计算机程序可能会对人类产生深远的影响，进而引发了关于机器道德行为的思考。另一位重要人物是艾萨克·阿西莫夫（Isaac Asimov），他在其科幻小说中提出了"机器人三定律"，这些定律后来成为讨论机器伦理学的基础。阿西莫夫的三定律强调了机器人必须保护人类、不伤害人类以及服从人类命令，但这些定律在实际应用中并不完美，因为现实情况往往比简单的规则更复杂。

机器伦理学的实际需求在 21 世纪初变得越发迫切，特别是在自动驾驶汽车、医疗诊断系统和军事应用等领域。这些技术的发展带来了很多伦理问题，例如自动驾驶汽车在面临无法避免的事故时应该优先保护车内乘客还是行人？医疗诊断系统如果误诊该如何处理？军事机器人在战场上如何分辨敌我并做出正确的行动决策？这些问题促使学术界和工业界开始更加深入地研究机器伦理学，试图通过技术和政策手段来确保人工智能系统的安全和道德行为。

灾难心理学（Disaster Psychology）

灾难心理学是研究人类在面对灾难时心理和行为反应的学科。这门学科的创始人可以追溯到美国心理学家查尔斯·S. 皮尔逊（Charles S. Pearson），他在 20 世纪初期开始研究人们在自然灾害、战争和其他重大突发事件中的心理状态。灾难心理学主要关注人在经历灾难时的情绪反应，例如恐惧、焦虑、绝望和悲伤等，并探讨这些情绪对个体和群体行为的影响。通过研究这些反应，灾难心理学家可以帮助制定更有效的灾后心理干预和支持方案，从而减轻灾难对心理健康的长期影响。该学科的重要性在于它能帮助应对灾后心理创伤，促进受灾人群的心理康复。灾难心理学的研究内容包括灾前的心理准备、灾难发生时的即时反应，以及灾后的恢复过程。了解这些知识可以帮助我们在灾难中更好地保护自己和他人，减少心理创伤，提升灾后恢复的速度和质量。通过对灾难心理学的学习，我们可以更全面地理解人类在极端环境下的心理变化，从而更有效地应对未来可能发生的各种灾难。

分子古生物学（Molecular Paleontology）

分子古生物学是一门将分子生物学的方法应用于古生物学研究的科学。它的诞生得益于现代科技的进步，特别是 DNA 测序技术的飞速发展。分子古生物学的奠基者之一是美国科学家沃尔特·吉尔伯特（Walter Gilbert），他因在 DNA 测序方面的开创性工作获得了 1980 年的诺贝尔化学奖。

分子古生物学的起因可以追溯到科学家对古代生命遗迹的研究兴趣，尤其是对这些生命形式的遗传信息和演化历史的探索。传统的古生物学主要依靠化石记录，通过对骨骼、贝壳等硬质遗体的分析来了解古生物的形态和生态。然而，这种方法有其局限性，尤其是在面对没有留下化石的软体生物或微小生物时。

分子古生物学则通过提取和分析保存在古代遗迹中的分子信息，例如 DNA、蛋白质和脂类，来揭示这些生物的遗传信息。科学家从琥珀中的昆虫、远古冰层中的微生物甚至恐龙骨骼中提取出古老的 DNA 片段，通过比对现代生物的基因组，揭开它们的演化之谜。这些分子证据不仅能够帮助我们了解古代生物的进化关系，还能提供有关它们生活环境、饮食习惯和疾病的线索。

分子古生物学的研究成果之一是证实了鸟类和恐龙

之间的进化联系。通过对保存完好的恐龙化石中的蛋白质进行分析，科学家发现这些蛋白质与现代鸟类非常相似，支持了鸟类是恐龙后裔的理论。此外，分子古生物学还帮助我们了解了灭绝事件的原因，例如通过分析猛犸象的 DNA，揭示了它们在气候变化和人类狩猎压力下的灭绝过程。

微生物形态学（Microbial Morphology）

微生物形态学是研究微生物外形和结构特征的一门学科。这些微小生物包括细菌、病毒、真菌和原生动物等，它们虽然微小，但在自然界中扮演着重要角色。微生物形态学的研究始于 17 世纪，当时荷兰科学家安东尼·范·列文虎克（Antonie van Leeuwenhoek）首次利用他发明的简单显微镜观察到了微生物，揭开了微观世界的神秘面纱。列文虎克因此被称为"微生物学之父"。

微生物的形态多种多样，细菌可以是球形（如链球菌）、杆状（如大肠杆菌）或螺旋形（如梅毒螺旋体）；真菌则可能呈现出菌丝体结构或酵母细胞形态；病毒更是千奇百怪，有着头部和尾部的复杂结构。通过观察这些形态特征，科学家可以初步判断微生物的种类和潜在功能。比如，细菌的形态可以影响它们的运动能力和感染宿主的方式，螺旋形细菌能够在黏液中快速移动，而球形细菌常聚集成群，提高生存概率。

微生物形态学不仅帮助我们了解微生物的基本特征，而且在医学、农业和环境科学中发挥了重要作用。通过形态学研究，科学家能够更好地识别致病微生物，开发新的抗生素和疫苗。同时，农业科学家利用这些知识来改进土壤健康和作物产量，环境科学家则通过研究微生物在生态系统中的角色，促进环境保护和资源回收。

系统动力学（System Dynamics）

系统动力学是由麻省理工学院教授杰伊·福雷斯特（Jay Forrester）在 20 世纪 50 年代发明的一种研究复杂系统行为的方法。系统动力学的核心在于通过构建计算机模型来模拟现实世界中的复杂系统，如经济、环境、社会和生物系统，从而帮助我们理解这些系统的动态行为和变化规律。

这一方法的诞生源于福雷斯特对企业管理和工业流程的研究。在那个时候，他观察到许多大型企业和社会系统中存在一些反复出现的问题，这些问题通常是由系统内部的复杂相互作用引起的，而传统的分析方法往往无法有效解决这些问题。为了应对这一挑战，福雷斯特开始利用计算机技术来模拟这些复杂系统的动态行为，希望能够通过这种方式揭示隐藏在系统内部的因果关系。

系统动力学的关键概念包括反馈回路、库存和流量以及时滞。反馈回路是指系统中的输出会反过来影响输人，从而形成一种循环，这种循环可以是正反馈，导致系统行为的增强，或者是负反馈，导致系统行为的抑制；库存和流量则用来描述系统中的资源积累和流动情况；时滞则是系统中某些变化需要时间才能显现出来的现象。

「延伸：通过构建系统动力学模型，我们可以对复杂系统进行实验，模拟不同政策或决策对系统的影响。这种方法被广泛应用于各种领域，例如城市规划、环境保护、公共卫生、经济政策等。例如，在环境保护领域，系统动力学模型可以帮助我们理解污染物的累积和扩散过程，从而制定更有效的环境治理政策；在公共卫生领域，这种方法可以用来模拟疾病传播的过程，评估不同防控措施的效果。」

生态经济学（Ecological Economics）

生态经济学是一门跨学科的科学，旨在研究经济系统与自然环境之间的相互关系。它的起源可以追溯到 20 世纪 70 年代，当时环境问题日益严重，传统经济学无法有效解决这些问题。生态经济学的发起人之一是罗马俱乐部的创始成员丹尼斯·梅多斯（Dennis Meadows），他在 1972 年发表了《增长的极限》报告，揭示了无限经济增长对环境的巨大压力，促使人们重新思考经济发展模式。

生态经济学的核心理念是经济活动不能无限制地扩张，因为自然资源是有限的。它强调可持续发展，主张在经济决策中考虑环境成本和生态效益，避免短视的经济行为对自然资源造成不可逆转的破坏。与传统经济学不同，生态经济学认为环境不是经济活动的外部因素，而是经济系统的基础，经济发展必须在生态承载力的范围内进行。

该学科的研究内容包括资源管理、环境保护、生态服务的价值评估以及社会公平等。生态经济学家提出了一些新的经济指标，如生态足迹和环境总值，用以衡量人类活动对自然的影响。这些指标可以帮助决策者更全面地了解经济活动的生态代价，从而制定更科学的政策。

在实践中,生态经济学的理念被广泛应用于各种环保项目和政策制定中,如推动可再生能源的发展、减少碳排放、保护生物多样性等。它不仅为解决环境问题提供了理论基础,也为构建可持续社会提供了具体路径。

诠释学(Hermeneutics)

诠释学是研究解释和理解文本意义的学科,最初主要应用于神学和法律领域,如解读《圣经》和法律文献。随着时间的推移,诠释学扩展到哲学、文学、社会科学等多个领域,成为一种普遍的解释理论工具。

诠释学作为一门系统的学科,起源于 19 世纪,由德国神学家和哲学家弗里德里希·施莱尔马赫(Friedrich Schleiermacher)发展。施莱尔马赫被认为是"现代诠释学的奠基人",他提出理解文本不仅要关注其语言和文法,还要考虑作者的意图和历史背景。他认为,理解是一种重新创造作者思想的过程,需要通过对文本的细致分析和作者背景的深入了解来实现。

20 世纪,德国哲学家马丁·海德格尔(Martin Heidegger)和他的学生汉斯-格奥尔格·伽达默尔(Hans-Georg Gadamer)进一步发展了诠释学,强调了理解过程中的存在论基础。海德格尔认为，理解不是一个单纯的认知过程，而是人类存在的基本方式。伽达默尔在其著作《真理与方法》中提出，理解总是受限于解释者的历史和文化背景，即所谓的"前见"和"视域融合"。伽达默尔认为，理解是一个动态的过程，通过对话不断修正和扩展我们的视域。

诠释学的重要性在于它强调了理解的复杂性和多层次性，提醒我们在解读文本时，要考虑语言、文化、历史等多方面的因素。它不仅为哲学、文学和社会科学提供了理论基础，而且影响了教育、心理学和法学等领域的方法论。

后结构主义（Post-Structuralism）

后结构主义是 20 世纪后半期发展起来的一种哲学和文学理论，它反对传统结构主义的观点，认为意义不是固定的，而是不断变化和流动的。后结构主义关注语言、文化和社会的复杂性，强调意义的多样性和不确定性。它试图揭示权力关系和社会结构如何通过语言和符号系统构建和维持。

后结构主义的起源可以追溯到法国，受尼采、海德格尔和现象学等思想的影响。主要的代表人物包括雅克·德里达、福柯、罗兰·巴特（Roland Barthes）和朱莉娅·克里斯蒂娃（Julia Kristeva）等。

雅克·德里达是后结构主义的核心人物之一，他提出了解构主义（Deconstruction）的概念。德里达认为，语言是模糊和不稳定的，文本的意义总是处于不断的解构和重构之中。他通过解构经典文本，揭示出隐藏在其背后的矛盾和二元对立，从而挑战传统的意义和权威观念。

福柯则从权力和知识的角度分析社会结构和制度。他认为权力和知识是相互交织的，通过话语和制度构建社会现实。福柯的研究涉及监狱、精神病院和性等领域，揭示了现代社会如何通过权力机制控制和规范个体。

罗兰·巴特提出了"作者之死"的观点，认为文本的意义不应由作者的意图决定，而应由读者的解读来创造。他强调读者在解读过程中的主动性和创造性，挑战了传统的文学批评方法。

后结构主义对人文和社会科学产生了深远影响，特别是在文学批评、文化研究、社会学和性别研究等领域。它帮助我们理解语言和符号系统的复杂性，揭示权力和知识的关系，以及意义的多样性和不确定性。

文化相对主义（Cultural Relativism）

文化相对主义是指一种理解和评价文化差异的理论和方法，主张每一种文化都有其独特的价值体系和信仰，应当在其自身的背景下加以理解和评价，而不是通过外部的标准进行判断。文化相对主义强调尊重和包容不同文化，反对文化中心主义，即用一种文化的标准去评判其他文化的做法。

文化相对主义的概念在 20 世纪初由人类学家弗朗茨·博厄斯提出。他认为，文化是人类适应其环境和解决生活问题的创造性成果，各种文化现象都有其合理性和必要性。博厄斯及其学生通过田野调查和比较研究，展示了文化的多样性和复杂性，批判了当时流行的种族主义和文化优越论。

文化相对主义的核心观点包括：首先，文化是多样的，没有一种文化比另一种文化更优越，每种文化都有其独特的方式来解决社会问题、组织生活和满足人类需求；其次，文化要在其自身的背景下理解，外部的标准可能无法准确反映一种文化的内在逻辑和价值体系，例如，一些看似奇怪或不合理的习俗，在其文化背景下可能有深刻的社会意义和功能；再次，文化相对主义反对文化偏见和歧视，主张尊重和包容不同文化，促进跨文化理解和交流。

文化相对主义的实践意义在于，它帮助人们理解和尊重文化差异，减少跨文化交流中的误解和冲突。在全球化时代，不同文化之间的交流和互动越来越频繁，文化相对主义有助于建立平等和谐的国际关系，促进全球和平与合作。

然而，文化相对主义也面临一些挑战和批评。有人认为，过度强调文化相对主义可能导致道德相对主义，即认为所有文化行为都是合理的，忽视了某些普遍的道德原则和人权标准。对此，文化相对主义的支持者主张在尊重文化多样性的同时，推动普遍人权和基本自由的实现，寻找文化理解与道德评判之间的平衡。

人 / 社会的关系

精神分析（Psychoanalysis）

精神分析是一种心理学理论和治疗方法，由奥地利心理学家西格蒙德·弗洛伊德在 19 世纪末和 20 世纪初创立。精神分析主要探讨人的无意识过程如何影响思想、情感和行为。弗洛伊德的理论认为，人类行为深受无意识动机、童年经历和内心冲突的驱动。

弗洛伊德提出了人格结构的三个层次：本我、自我和超我。本我是人类最原始的部分，追求即刻满足欲望和本能需求；自我负责调节本我和现实世界的需求，确保行为在社会中合适；超我则代表道德和社会规范，监控并引导自我的行为。

精神分析治疗的核心方法是通过自由联想、梦的解析和移情等技术，帮助患者探索和理解其无意识中的情感和冲突。自由联想要求患者说出想到的一切，无论多么无关紧要或尴尬，这样可以揭示隐藏的无意识内容；梦的解析则是通过分析梦境，发现潜意识的愿望和焦虑；移情是指患者将对重要人物的情感和态度投射到治疗师身上，从而在治疗过程中重现和处理过去的情感关系。

弗洛伊德的精神分析理论对心理学的发展产生了深远影响，尽管它在科学界和心理治疗界引发了不少争议。一些批评者认为，弗洛伊德的理论缺乏科学验证，过于注重性驱力和童年经历。尽管如此，精神分析的概念和技术仍然深刻影响了现代心理治疗、文学分析、文化研究等领域。

形而上学（Metaphysics）

形而上学是哲学的一个主要分支，研究存在、现实和本质的最基本问题。它关注的是那些超越物理世界和经验的概念，如存在的本质、宇宙的起源、时间和空间的本质、自由意志、因果关系、实体和属性等。形而上学试图回答"什么是存在""什么是现实"以及"什么是世界的基本构成"等深奥的问题。

形而上学的起源可以追溯到古希腊哲学家亚里士多德。亚里士多德在其著作《形而上学》中，首次系统地探讨了存在的本质和基本原理。他认为形而上学是"第一哲学"，因为它研究的是所有事物的基本原因和原则。亚里士多德的工作为形而上学奠定了基础，并对后世哲学家产生了深远影响。

在中世纪，形而上学与神学紧密结合，神学家们如托马斯·阿奎那试图通过形而上学证明上帝的存在。到了近代，笛卡尔、康德等哲学家对形而上学进行了重新审视和批判。康德在其著作《纯粹理性批判》中提出，人的认识能力有限，无法全面认识超越经验的事物，但他仍然认为形而上学对理解人类认识的条件和限度有重要意义。

现代形而上学探讨的问题更加多样和复杂，涉及物理学、心理学和语言学等多个领域。例如，科学家和哲学家讨论宇宙的起源、意识的本质和时间的结构等问题。尽管这些问题难以通过实验或观察直接验证，但形而上学提供了一种理论框架，帮助我们思考和理解这些深奥的哲学问题。

认识论（Epistemology）

认识论是哲学的一个分支，研究知识的本质、起源、范围和有效性。它试图回答诸如"什么是知识""我们如何获得知识""我们能知道什么"以及"我们如何确定我们的信念是合理的"等基本问题。认识论的核心问题在于理解人类知识的来源和基础，探讨如何区分真知识与错误信念。

认识论的起源可以追溯到古希腊哲学家，如柏拉图和亚里士多德。柏拉图在其对话录《泰阿泰德》中探讨了知识的定义，提出了"知识即得到证明的真信念"的观点。亚里士多德则强调经验和理性在获取知识中的重要性，并提出了逻辑和科学方法。

在近代，认识论得到了进一步发展，特别是笛卡尔、洛克、休谟和康德的贡献。笛卡尔通过"我思故我在"的方法论怀疑论，提出了理性主义的观点，认为知识应基于理性的清晰和明晰观念；洛克则提出经验主义，认为知识来源于感官经验；休谟进一步发展了经验主义，强调因果关系的认识基础；康德试图调和理性主义和经验主义，他在《纯粹理性批判》中提出，知识既依赖于感官经验，又需要通过先天的认识结构进行组织和理解。

现代认识论探讨的问题更加广泛，涉及科学认识论、社会认识论和认知科学等领域。例如，科学认识论研究科学知识的本质和科学方法的合理性；社会认识论探讨知识在社会和文化中的传播和建构；认知科学则通过心理学和神经科学的研究，揭示人类认识过程的生理和心理机制。

词源学（Etymology）

词源学是语言学的一个分支，专门研究词语的起源和历史演变。它通过分析词语的构成、历史记录及其在不同语言中的传播和变化，揭示词语的最初意义和发展过程。词源学不仅帮助我们理解语言的结构和演变，还揭示了文化交流和历史事件对语言的影响。

词源学的研究方法包括对比语言学和历史语言学。对比语言学通过比较不同语言中相似的词语，发现它们的共同起源。例如，英语的"Mother"和德语的"Mutter"就显示出它们的共同印欧语系起源。历史语言学则通过研究古代文献和文字记录，追溯词语的历史演变过程。

词源学的起源可以追溯到古希腊，特别是苏格拉底时代的哲学家们已经开始探讨词语的起源和意义。到了18世纪，词源学作为一门科学学科逐渐形成。英国学者塞缪尔·约翰逊（Samuel Johnson）在其编撰的《英语词典》中首次系统地记录了许多英语词语的词源，使得词源学成为一门严谨的学术研究。

现代词源学家利用各种方法和工具，如音韵学、形态学和语义学，结合计算机技术和大数据分析，进行更精确的词源研究。通过这些方法，词源学不仅揭示了词语的历史背景，还揭示了语言如何随着时间和文化变化而演变。

词源学的研究具有重要的学术和实用价值。它帮助语言学家理解语言的结构和演变规律，揭示不同语言之间的联系和差异。同时，词源学也有助于普通人更深入地了解自己使用的语言，提高语言学习的效率和兴趣。例如，了解英语单词"Hospitality"（好客）的拉丁词源"Hospes"（客人、主人），可以更好地理解其包含的文化内涵。

本体论（Ontology）

本体论是哲学的一个分支，研究存在和实在的基本性质及其分类。它试图回答诸如"什么是存在""存在的基本种类是什么"和"事物的本质是什么"等根本问题。本体论探讨的是存在的最基本层面，旨在揭示世界的基本构成和结构。

本体论的起源可以追溯到古希腊哲学，特别是柏拉图和亚里士多德的工作。柏拉图认为，现实世界的事物是"理念"或"形式"的不完美表现，真正的实在是超越物质世界的理念界；亚里士多德则提出了实体的概念，认为个体事物是最基本的存在单位，并对事物的分类和属性进行了详细的探讨。

在中世纪，本体论主要被神学家用来讨论上帝的存在和本质。托马斯·阿奎那等神学家结合亚里士多德的哲学，试图通过本体论证明上帝的存在。到了近代，笛卡尔、莱布尼茨和康德等哲学家对本体论进行了深入探讨。康德特别强调人类认识的限度，认为我们只能认识现象，而不能直接认识物自体。

现代本体论受到分析哲学和存在主义的影响，研究范围更加广泛和多样。例如，分析哲学家如蒯因（W. V. O. Quine）和克里普克（Saul Kripke）探讨了语言与实在的关系，提出了关于实体和属性的新理论。存在主义哲学家如海德格尔则强调人的存在，探讨存在的意义和人类在世界中的位置。

本体论不仅在哲学中占据重要地位，还影响了计算机科学、信息科学等领域。特别是在人工智能和知识管理中，本体论用于建立概念模型和分类体系，以便更好地组织和处理信息。例如，语义网利用本体论来定义和连接不同数据源之间的关系，实现更智能的信息检索和知识发现。

互动小说（Interactive Fiction）

互动小说是一种以互动性和虚拟环境为核心的文学形式，读者不仅是故事的接受者，而且可以通过选择和行动影响故事的进展和结局。这种文学形式结合了游戏和小说的特点，常常利用数字技术，为读者提供沉浸式的阅读体验。

互动小说的概念可以追溯到 20 世纪 80 年代的文本

冒险游戏，如《魔域帝国》和《探险者的地下城》。这些早期的互动小说主要通过文字描述和命令输入来推进故事情节，玩家通过输入指令探索虚拟世界，解决谜题，影响故事的发展。

进入 21 世纪，随着计算机技术和互联网的发展，互动小说得到了进一步的创新和扩展。例如，电子书和移动应用程序使得互动小说变得更加普及，允许读者通过点击或滑动屏幕来做出选择。VR 和 AR 技术的引入，使得互动小说可以在更加逼真的三维环境中展开，增强了读者的沉浸感和参与感。

互动小说不仅在娱乐领域有广泛应用，还被用于教育和培训。例如，通过互动小说，学生可以在虚拟环境中参与历史事件、科学实验或道德决策，增强学习的互动性和趣味性。此外，企业和组织也利用互动小说进行员工培训和模拟练习，提高员工的应变能力和问题解决能力。

互动小说的创作通常需要跨学科的合作，包括文学创作、编程、图形设计和用户体验设计等。作者不仅需要构思复杂的故事情节，还需要设计多样的情节分支和互动选项，以确保读者的每一个选择都能自然地融入故事中。

虚拟民族志（Virtual Ethnography）

虚拟民族志是一种利用数字技术和互联网进行人类学研究的方法，研究者通过在线环境和虚拟社区，观察和记录人们的行为、文化和互动方式。它是一种适应现代社会数字化和虚拟化趋势的新兴研究方法，为传统的民族志研究提供了新的视角和工具。

虚拟民族志的起源可以追溯到 20 世纪 90 年代，随着互联网和虚拟社区的兴起，研究者开始意识到在线环境中的社会互动和文化现象的重要性。早期的虚拟民族志研究主要集中在电子邮件列表、聊天室和早期的网络社区，例如 MUDs（多用户地牢）和 MOOs（多用户对象导向）。这些虚拟空间提供了丰富的文化和社会互动数据，研究者通过参与观察和互动，记录和分析这些数据，揭示了虚拟社区中的社会结构和文化特征。

虚拟民族志的研究方法与传统民族志相似，但也有其独特之处。研究者通常会采用参与观察的方法，融入在线社区，参与讨论和互动，以获取第一手资料。同时，他们也会使用在线访谈、文本分析和数据挖掘等方法，收集和分析大量的在线数据。虚拟民族志研究的对象包括社交媒体平台、在线游戏、虚拟现实社区、论坛和博客等多种形式的在线空间。

　　虚拟民族志的一个重要特点是它能够捕捉到动态和瞬时的在线互动，记录和分析人们在数字环境中的行为和文化实践。这种方法不仅适用于研究纯在线社区，也可以用于研究线下与线上结合的混合社区，帮助理解数字技术如何影响和塑造人们的日常生活和社会关系。

　　虚拟民族志在多个领域有广泛应用。例如，在市场营销中，企业可以通过虚拟民族志了解消费者的在线行为和偏好，设计更有针对性的营销策略；在教育研究中，虚拟民族志可以帮助研究者了解学生在在线学习平台上的互动和学习过程，改进教育方法和工具；在社会科学研究中，虚拟民族志提供了新的途径，探讨数字时代的身份认同、社群形成和文化传播等问题。

过滤气泡（Filter Bubble）

　　过滤气泡是指互联网用户在使用搜索引擎、社交媒体和其他在线平台时，算法根据用户的历史行为、偏好和浏览记录，为其提供个性化内容，从而导致用户接收到的信息变得单一和同质化，逐渐被困在一个信息回音室中。这一概念由美国网络活动家和作家伊莱·帕里泽（Eli Pariser）在他的著作《过滤气泡：互联网没有告诉你的事》中提出。

过滤气泡的形成主要依赖于个性化算法，这些算法通过分析用户的点击、点赞、分享和搜索记录，判断用户的兴趣和偏好，从而推送与之相符的内容。这种个性化推荐虽然能提高用户体验，让用户更快地找到自己感兴趣的信息，但也有其负面影响。随着时间的推移，用户接触到的内容越来越集中在自己的兴趣范围内，接触不同观点和信息的机会变得越来越少。

过滤气泡的负面影响主要体现在以下几个方面。首先，它可能导致信息偏狭，用户只能看到与自己已有观点一致的信息，强化了已有的偏见和误解，缺乏多样化的视角；其次，过滤气泡削弱了公共讨论和民主对话的基础，不同观点的交流减少，社会分裂加剧；最后，在个性化信息推送的驱动下，用户容易被虚假信息和误导性内容影响，因为这些内容往往能够引起更强烈的情绪反应和更多的互动，从而在算法中获得更高的推荐权重。

为了应对过滤气泡的挑战，伊莱·帕里泽和其他专家建议采取多种措施。首先，用户需要提高信息素养，主动寻求多样化的信息来源，打破算法带来的信息封闭；其次，平台公司应当改进算法设计，增加透明度和用户控制选项，让用户能够主动选择信息推荐的方式；再次，教育系统也应加强对信息素养的培养，让更多人能够在信息时代保持独立思考和批判性分析的能力。

内容休克（Content Shock）

内容休克是指随着数字内容的爆炸式增长，消费者面临的信息量远远超过其处理能力，导致内容的有效性和影响力大幅下降。这一概念由营销专家马克·谢弗（Mark Schaefer）在 2014 年提出，他指出，虽然内容营销越来越普及，但内容的供给已经超过了需求，使得企业和创作者必须面对越来越大的竞争和挑战。

内容休克现象的产生主要有以下几个原因。首先，互联网和社交媒体的发展使得内容的生产和发布变得极其容易，任何人都可以在短时间内创建和分享大量内容；其次，随着内容的激增，用户的注意力和时间成为稀缺资源，人们无法全面阅读和消化所有可用的信息；最后，内容平台和搜索引擎的算法也在不断优化，优先推荐那些更具互动性和吸引力的内容，导致大量普通内容被埋没。

内容休克对内容创作者和营销人员提出了严峻的挑战。为了在海量信息中脱颖而出，他们需要创造更高质量、更具创意和更具针对性的内容。这不仅需要深刻理解目标受众的需求和兴趣，还要求不断创新和优化内容策略。此外，数据分析和精准营销变得越发重要，通过分析用户行为和反馈，优化内容分发和推广渠道，提升内容的可见度和影响力。

应对内容休克的策略包括以下几点。首先，聚焦于质量而非数量，创作者应注重内容的深度和价值，提供独特的见解和实用的信息；其次，增强与受众的互动，通过社交媒体、评论和反馈等方式，建立更紧密的用户关系，提高用户的参与度和忠诚度；再次，利用多媒体形式，如视频、播客、图像和互动图表等，提升内容的多样性和吸引力；最后，进行精准营销，利用大数据和分析工具，了解受众的行为和偏好，优化内容的分发和推广策略。

人机文明（Human-Machine Civilization）

人机文明指的是在人类社会与机器，特别是人工智能系统高度融合的时代，两者共同形成的一种新型文明形态。随着科技的迅猛发展，特别是人工智能、大数据、机器人技术和互联网的普及，人类与机器之间的互动变得越来越紧密，人机文明这一概念逐渐被提出和探讨。

人机文明的形成源自几个重要的发展阶段。首先是工业革命，它开启了机械化生产的时代，人类借助机器大幅提升了生产力；接下来，信息革命带来了计算机和互联网的普及，使得信息处理和通信变得前所未有的便捷。如今，人工智能和大数据技术的进步，标志着人机文明进入了一个全新的阶段，人类和机器之间的关系更加复杂和多样化。

在这个新型文明中，人工智能和自动化系统在各个领域发挥着越来越重要的作用。智能家居、自动驾驶汽车、医疗诊断系统、金融分析工具等，无不体现了人机协作的深度和广度。通过数据分析和机器学习，AI 系统能够在许多方面超越人类的能力，例如图像识别、自然语言处理和复杂数据分析等。这些技术不仅提升了效率和精度，而且改变了我们的生活方式和工作模式。

然而，人机文明的兴起也带来了一些挑战和伦理问题。首先是就业问题，自动化和 AI 技术可能取代大量传统工作岗位，导致失业和职业结构的变化；其次是隐私和安全问题，大数据和 AI 的广泛应用，使得个人信息的保护变得更加复杂和紧迫；再次，伦理和法律问题也需要引起重视，例如 AI 决策的透明性、责任归属和算法偏见等。

为了应对这些挑战，我们需要制定全面的政策和法规，确保科技发展造福全人类。例如，通过教育和培训，提高人们的技能水平和适应能力，帮助他们在新技术环境中找到新的就业机会；加强数据保护和隐私管理，制定严格的安全标准和法律法规，保障个人权益和社会安全；推动 AI 伦理研究，确保 AI 系统的设计和应用符合人类价值观和道德准则。

数字权利（Digital Rights）

数字权利是指在数字时代，个人在互联网和其他数字平台上应享有的一系列基本权利和自由。这些权利包括隐私权、言论自由、信息获取权、数据保护权和网络中立性等，旨在保护个人在使用数字技术和服务时的基本权益。随着互联网和数字技术的快速发展，数字权利的重要性日益凸显，成为现代社会中必须关注的重要议题。

数字权利的概念起源于互联网的普及和数字化进程的加速。在互联网早期，人们主要关注信息的自由流通和获取。随着技术的进步和数字平台的复杂化，保护个人隐私和数据安全的需求变得更加紧迫。2000 年，联合国发布了《千年宣言》，首次在国际层面提到了数字权利的重要性，强调了信息通信技术在促进人权和民主方面的潜力。

数字权利的核心包括以下几个方面。一是隐私权，指个人有权控制自己的个人信息，未经同意不会被收集、存储和使用；二是言论自由，即在数字平台上发表观点和意见的权利，不受不当的审查和限制；三是信息获取权，指个人有权访问和使用互联网上的各种信息资源，促进知识和信息的自由流通；四是数据保护权，涉及个人数据的安全性，确保数据在传输、存储和处理过程中的机密性和完整性；五是网络中立性，强调所有互联网流量应被平等对待，不因用户、内容、网站、平台或应用的不同而受到差别对待。

在现实生活中，数字权利的保护面临诸多挑战。隐私泄露、数据滥用、网络监控和信息审查等问题时有发生，给个人权益造成了严重威胁。例如，社交媒体平台和搜索引擎公司通过用户数据分析进行精准广告投放，虽然提升了商业效率，但也引发了广泛的隐私担忧。此外，某些国家和地区实施的互联网审查和限制政策，严重影响了言论自由和信息获取权。

为了解决这些问题，许多国家和国际组织开始制定和实施相关法律法规，保护数字权利。例如，欧盟在2018年实施了《通用数据保护条例》，对个人数据的收集、使用和保护做出了详细规定，成为全球数据保护领域的标杆。联合国也多次通过决议，呼吁各国加强对数字权利的保护，确保互联网的开放性和自由性。

网络中立性（Net Neutrality）

网络中立性是指互联网服务提供商在传输数据时应平等对待所有数据，不因用户、内容、网站、平台或应用的不同而进行差别对待。这意味着网络服务提供商不能阻止、限制或优先处理特定类型的互联网流量，也不能对某些网站或服务收取额外费用。网络中立性的目的是确保互联网的开放性和公平性，防止网络服务提供商滥用其控制权来限制用户的选择或竞争。

网络中立性的概念由哥伦比亚大学法学院教授吴修铭（Tim Wu）在 2003 年提出，他指出互联网应当像电力和水等公共服务一样，平等地提供给所有用户，不受内容提供商或用户身份的影响。随着互联网的发展，网络中立性逐渐成为一个备受关注的议题，尤其在数据流量和内容种类日益增多的背景下，这一原则显得尤为重要。

网络中立性的支持者认为，它可以确保互联网的开放性，促进创新和竞争。没有网络中立性，小型企业和初创公司可能会因为无法支付高额的"快车道"费用而在竞争中处于不利地位。网络中立性还可以保护言论自由，因为用户可以不受限制地访问和分享信息，任何人都可以平等地表达观点。此外，网络中立性能够防止服务提供商利用其市场优势，优先处理自有或合作伙伴的内容，从而损害消费者利益和市场公平。

然而，反对者认为，完全的网络中立性可能会限制网络服务提供商的投资和创新。他们主张允许差别定价和优先处理某些流量，可以为网络基础设施的升级和扩展提供资金支持，从而提升整体网络质量和用户体验。此外，他们认为一些形式的流量管理是必要的，以保证网络的正常运行，特别是在面对高流量需求时。

网络中立性政策在世界各国的发展情况不尽相同。美国在 2015 年通过了强制网络中立性的规定，但在 2017 年，这一规定被废除，引发了广泛的争议和讨论。欧盟则在 2016 年通过了网络中立性法规，明确规定网络服务提供商必须平等对待所有互联网流量，不得进行不公平的限制或优待。

互联网审查（Internet Censorship）

互联网审查是指政府或其他机构通过技术手段控制

和限制互联网内容，以防止某些信息的传播。它起源于互联网普及初期，当各国政府意识到网络上的信息可以迅速影响公众舆论和社会稳定时，便开始采取措施进行控制。互联网审查的主要手段包括屏蔽网站、过滤关键词、删除帖子和限制社交媒体内容等。

互联网审查的目的多种多样。政府通常声称审查是为了保护国家安全、防止犯罪和维护社会秩序。例如，某些国家会屏蔽涉及政治敏感、暴力、色情和虚假信息的网站，以防止这些内容对社会造成负面影响。然而，批评者认为，互联网审查往往被用来压制政治异议、限制言论自由和控制公众舆论。

互联网审查可以通过多种技术手段实现。最常见的手段是屏蔽特定的网站或 IP 地址，防止用户访问这些网站；此外，关键词过滤也是一种常用方法，通过屏蔽特定的关键词，限制相关信息的传播；社交媒体上的内容删除也是审查的一部分，政府会要求平台删除不符合其政策的内容。

互联网审查的影响是显著的。它限制了言论自由，使得人们无法自由表达自己的观点，也使得信息获取变得困难。为了绕过审查，很多人使用虚拟专用网络（VPN）和加密通信工具，保护自己的隐私和通信自由。

国际上也有很多组织和人权团体积极倡导互联网自由，呼吁各国政府减少对互联网的控制，保障公民的言论自由和信息获取权。

数字素养（Digital Literacy）

数字素养指的是个人在使用数字技术、工具和互联网时所具备的一系列能力和知识。这些能力不仅包括基本的计算机操作和网络浏览，还涵盖了信息检索、数据分析、网络安全、数字沟通和内容创作等方面。随着科技的发展，数字素养变得越来越重要，它帮助人们更有效地学习、工作和生活。

数字素养的概念并没有单一的发明人，而是随着信息技术的发展逐渐形成的。在 20 世纪末和 21 世纪初，随着计算机和互联网的普及，教育界和社会各界开始认识到，现代公民需要具备一定的数字技能才能适应社会的变化和科技的发展。

数字素养的基本要素包括以下几个方面。第一是技术操作能力，即使用计算机、智能手机和其他数字设备的基本技能。第二是信息素养，指的是寻找、评估和使用信息的能力。在互联网时代，信息量巨大且良莠不齐，掌握如何辨别信息的真实性和可靠性尤为重要。第三是数据素养，包括理解、分析和利用数据的能力。数据在各行各业中扮演着越来越重要的角色，具备数据处理能力可以提高工作效率和决策水平。第四是网络安全意识，了解如何保护个人隐私和数据安全，避免网络欺诈和信息泄露。第五是数字沟通和内容创作能力，即利用社交媒体、电子邮件和其他数字平台进行有效沟通，以及创造和分享数字内容的能力。

培养数字素养的途径很多，学校教育是其中之一，通过信息技术课程和实践活动，让学生从小掌握基本的数字技能。此外，社会和家庭也可以通过各种形式的培训和指导，帮助成年人提升数字素养。例如，社区中心和图书馆可以举办计算机课程，互联网公司也可以提供在线教程和资源。

社会合规（Social Compliance）

社会合规是指企业在运营过程中，遵守社会、环境和伦理标准的行为规范。它涉及企业如何对待员工、供应链中的工人以及对环境和社区的影响。社会合规的目标是确保企业在追求利润的同时，不违背社会责任，维护员工的基本权利，保护环境，并遵守相关法律法规。

社会合规的起因可以追溯到 20 世纪末，当时一些大型跨国公司因供应链中的劳工问题和环境污染问题而受到公众和媒体的广泛关注。为了应对这些问题，许多企业开始制定和实施社会合规政策，确保其运营过程符合社会和环境标准。通过社会合规，企业不仅可以避免法律风险，还能提高品牌声誉，赢得消费者的信任和支持。

社会合规的主要内容包括以下几个方面。首先是劳动条件，确保员工和供应链工人拥有安全的工作环境、合理的工资和工作时间，以及免受歧视和虐待的权利；其次是环境保护，企业需要采取措施减少生产过程中的污染，保护自然资源，促进可持续发展；再次是商业道德，企业在经营过程中应当遵循诚信、公平的原则，不从事腐败、贿赂等不正当行为；最后是社区影响，企业应积极参与社区发展，支持公益事业，促进社会和谐。

为了实现社会合规，企业通常会采取一系列措施。首先是制定明确的合规政策和标准，明确规定企业及其供应链应遵守的社会和环境要求；其次是建立监督机制，通过内部审计和第三方评估，确保各环节的合规性；再次，企业还可以提供培训和教育，帮助员工和供应链合作伙伴理解并遵守合规要求；最后，企业应建立透明的报告和沟通渠道，及时披露合规情况，接受公众和利益相关者的监督。

权力动态（Power Dynamics）

权力动态是指在个人、群体或组织之间权力关系的变化和互动过程。这一概念广泛应用于社会学、政治学、心理学和组织行为学等领域，用来描述和分析不同主体之间权力的获取、分配和行使，以及这些过程如何影响他们的行为和互动。

权力动态的研究可以追溯到古代哲学家如柏拉图和亚里士多德的思想，但作为一个系统的分析框架，现代权力动态的理论更多地受到社会学家马克斯·韦伯和哲学家福柯的影响。韦伯提出了权力的三种合法化形式：传统权力、魅力权力和法理权力，而福柯则强调了权力不仅是一种压迫性的力量，更是一种无处不在的、通过各种社会机构和实践渗透的力量。

在权力动态中，权力可以被视为一种资源，能够影响他人行为或决策的能力。这种资源可能表现为物质资源（如金钱和财产）、信息资源（如知识和情报）或社会资源（如人脉和声望）。权力动态关注这些资源如何被不同主体获取、维持和运用。

例如，在一个组织中，管理层和员工之间的权力关系会影响公司的决策过程和工作氛围。管理层通常拥有正式的权力，如决策权和控制资源的权力，但员工也可能通过专业知识、团队合作和个人魅力等非正式的方式影响决策。在家庭中，父母和孩子之间的权力关系同样会随着时间的推移和情境的变化而发生动态变化。

权力动态不仅涉及权力的分配和使用，而且包括权力关系的稳定和改变。权力关系可能因为各种原因而发生变化，如组织内部的变革、外部环境的变化、新技术的引入或个人角色的转变。这些变化可能带来新的权力结构，影响主体之间的互动方式和结果。

理解权力动态对于解决冲突、促进合作和实现有效管理具有重要意义。通过识别和分析权力关系，个人和组织可以更好地理解和预测行为，设计更公平和有效的决策过程，提升整体效能与和谐程度。

社会正义（Social Justice）

社会正义是指在社会中公平、公正地分配资源、机会和权利，确保所有个人和群体在法律、经济、社会和政治方面享有平等的待遇和机会。这一概念强调消除不公正和歧视，追求社会平等和人权。

社会正义的理念可以追溯到哲学家柏拉图和亚里士多德的思想，作为一个系统的社会理论，它在 20 世纪得到了更广泛的发展。约翰·罗尔斯（John Rawls）是社会正义理论的重要推动者之一，他在著作《正义论》中提出了"公平的正义"理论，主张社会的基本结构应当根据公平的原则来分配资源和机会。

为了实现社会正义，社会各界需要共同努力。政府可以通过立法和政策制定来保障公平的资源分配和权利保护，例如实施最低工资标准、提供全民医疗保障、推动教育公平等；非政府组织和社区团体也在推动社会正义方面发挥着重要作用，通过倡导和行动，促进社会的公平和包容；此外，个人也可以通过提高自身的社会意识，积极参与公益事业，支持社会正义运动，为社会的进步贡献力量。

社会正义的重要性在于它有助于建立一个更公平、和谐和可持续的社会。它不仅关乎每个人的基本权利和福祉，而且影响到社会的稳定和发展。一个实现了社会正义的社会，可以更好地发挥每个人的潜力，促进社会的整体进步和繁荣。

情感智能（Emotional Intelligence）

情感智能，有时也被称为情商（Emotional Quotient, EQ），是指个体识别、理解、管理、调节自己和他人情感的能力。情感智能这一概念由美国心理学家彼得·萨洛维（Peter Salovey）和约翰·梅耶（John D. Mayer）在 20 世纪 90 年代初首次提出，后来被丹尼尔·戈尔曼（Daniel Goleman）进一步推广并普及。

情感智能包括以下几个关键方面：自我意识、自我调节、动机、同理心和社交技能。自我意识是指对自己的情感有清晰的认识，能够准确地识别和理解自己的情绪状态；自我调节是指能够有效地管理和控制自己的情绪，保持冷静和理智，不受消极情绪的影响；动机是指内在驱动力，能够激励自己实现目标，即使面对挫折也能保持积极和坚忍；同理心是指理解和感知他人的情绪，能够站在他人的角度思考和感受；社交技能是指与他人建立良好关系和有效沟通的能力，能够处理人际关系中的复杂问题。

情感智能的重要性在于它不仅影响个人的心理健康和幸福感，还对职业成功、人际关系和团队合作等方面有着显著影响。高情感智能的人通常能够更好地应对压力和冲突，表现出更强的领导力和团队合作能力。

丹尼尔·戈尔曼在他的著作《情感智能》中强调，情感智能在个人和职业生活中的重要性不亚于传统智力。他通过大量的实证研究和案例分析，展示了高情感智能如何帮助人们在各种情境中取得成功。

情感智能的提出是为了补充传统智力（IQ）测量的局限性。传统智力测量主要关注逻辑和语言能力，而忽视了情感和社交技能的重要性。萨洛维、梅耶和戈尔曼的研究揭示了情感智能在个体全面发展中的关键作用，并推动了教育和职场培训中的情感智能培养。

自我实现预言（Self-Fulfilling Prophecy）

自我实现预言是指个体的信念或预言会影响其行为，从而导致预言结果的实现。这个概念由美国社会学家罗伯特·默顿在 1948 年提出，用于解释个体如何通过自己的行为将原本并不一定会发生的事情变成现实。

自我实现预言的运作机制可以分为几个步骤。首先，个体对某一事件或结果产生特定的预言；其次，这种预言影响了个体的行为，使其行为方式与预言相符；最终，由于这些行为，原本的预言变成了现实。例如，如果一个老师认为某个学生非常聪明，那么老师可能会给予该学生更多的关注和支持，结果这个学生的表现确实会因此而提升，从而验证了老师最初的预言。

自我实现预言在各种社会情境中都有体现，包括教育、工作场所、人际关系等。在教育领域，皮格马利翁效应就是自我实现预言的一个典型例子。研究发现，当教师对学生抱有高期望时，学生往往会表现得更好。而在工作场所，领导者对员工的期望也会影响员工的表现，如果领导认为某个员工潜力巨大，该员工往往会因为感受到更多的信任和激励而更加努力，从而表现出更高的工作效率。

自我实现预言的提出背景是为了理解和解释社会行为和互动中的复杂动态。默顿通过一系列社会学研究发现，个体和群体的信念和期望可以通过行为和互动的反馈环路，塑造现实和结果。他的研究揭示了信念、行为和结果之间的循环关系，为社会科学提供了重要的理论框架。

系统思维（Systems Thinking）

系统思维是理解和分析复杂系统的方法，旨在通过观察系统的整体性和相互关系来解决问题。系统思维的主要发起人是彼得·圣吉（Peter Senge），他在 20 世纪90 年代通过著作《第五项修炼》推广了这一概念。系统思维强调我们不能仅仅关注系统的各个部分，而是要理解这些部分之间的动态关系和相互影响。

在日常生活中，我们常常用线性思维来解决问题，即认为 A 导致 B、B 导致 C，但这种方法在面对复杂系统时往往行不通。系统思维鼓励我们看到全局，认识到一个小的变化可能会引发连锁反应，产生意想不到的结果。例如，在生态系统中，减少一种动物的数量可能会影响到整个食物链，从而改变整个生态环境。系统思维还强调反馈循环的概念，即系统内的各个部分通过反馈相互作用，使系统具有自我调节和自我组织的能力。

通过系统思维，我们能够更好地理解社会、经济、环境等复杂问题，找到更全面和可持续的解决方案。例如，在解决城市交通拥堵问题时，系统思维不仅关注道路建设，还要考虑公共交通发展、城市规划、居民出行习惯等多个因素的综合影响。

社交网络分析（Social Network Analysis）

社交网络分析是一种研究社交网络结构及其对个体和群体行为影响的方法。它主要由人类学家阿尔弗雷德·拉德克利夫-布朗（Alfred Radcliffe-Brown）在 20世纪 50 年代提出，并在之后得到了广泛的发展和应用。

社交网络分析通过数学和统计工具，分析个体（节点）之间的关系（边），从而揭示出隐藏在复杂网络中的模式和结构。

社交网络分析的核心是理解人与人之间的联系和互动方式。通过图表和矩阵的形式，社交网络分析可以直观地展示社交网络中各节点的连接情况，识别出谁是社交中心（有最多连接的人）、谁是桥梁（连接不同群体的关键人物），以及哪些群体内部联系紧密等信息。例如，在一家公司里，社交网络分析可以揭示出谁是最有影响力的员工，哪些部门之间互动最多，哪些员工可能是信息传播的关键节点。

社交网络分析的应用范围非常广泛。除了在社会学和心理学中用于研究人际关系，它还在市场营销、组织管理、流行病学等领域有重要应用。例如，企业可以利用社交网络分析优化团队结构，提升协作效率；公共卫生部门可以通过社交网络分析追踪疾病传播路径，制定更有效的防控措施；市场营销人员可以识别关键影响者，制定精准的广告投放策略。

通过社交网络分析，我们不仅可以更好地理解个体在社交网络中的角色和位置，而且可以揭示出隐藏在复杂关系中的潜在问题和机会。这种分析方法帮助我们在整体上把握社交网络的动态特征，为科学研究和实际应用提供了强有力的工具。

社会契约论（Social Contract Theory）

社会契约论是一种政治哲学理论，探讨国家权力的合法性来源以及个体与政府之间的关系。这一理论的奠基人包括托马斯·霍布斯（Thomas Hobbes）、约翰·洛克和卢梭。社会契约论认为，政府的权力来自公民之间的契约或协议，而不是天赋的权威或强权的统治。

托马斯·霍布斯在其著作《利维坦》中提出，人类在自然状态下生活是"孤独的、贫困的、肮脏的、野蛮的和短暂的"。为了逃避这种混乱和无序的生活，人们自愿放弃某些权利，与他人达成契约，成立一个拥有绝对权力的政府，以保障和平和安全。霍布斯认为，强有力的中央权威是必要的，以防止回归自然状态的混乱。

约翰·洛克在《政府论》中，提出了不同于霍布斯的观点。洛克认为，自然状态下的人们拥有"生命、自由和财产"等基本权利。为了更好地保护这些权利，人们同意建立一个政府，但政府的权力是有限的，必须得到被统治者的同意。洛克强调，政府的主要职责是保护公民的自然权利，如果政府违背了这一职责，公民有权推翻它。

卢梭在《社会契约论》中进一步发展了这一思想。他认为，人类在自然状态下是自由和善良的，随着社会的发展，私有制和不平等出现了。为了恢复自由和平等，人们应当通过社会契约自愿地形成一个以"公意"为基础的政府。卢梭主张直接民主，即人民直接参与制定法律和决策。

社会契约论的重要性在于它为现代民主制度提供了理论基础，强调政府的合法性来自人民的同意和契约，而不是专制统治。这一理论激发了对个人权利和政府责任的重视，深刻影响了现代政治思想和实践。通过理解社会契约论，我们可以更好地认识国家的权力结构和公民的权利义务，从而推动社会的公平与正义。

技术决策（Technology Decision-Making）

技术决策是指在组织或企业中选择和应用技术以实现特定目标和解决问题的过程。这一过程通常涉及评估技术选项、考虑风险和收益以及对技术实施和管理的规划。技术决策的制定不仅影响企业的竞争力和运营效率，而且可能对其长期发展战略产生深远影响。

技术决策包括五个关键步骤。第一，识别需求和问题。了解企业当前面临的挑战和未来的发展目标是技术决策的起点。第二，进行技术选项评估。这包括研究市场上可用的技术解决方案，分析其性能、成本、可扩展性和兼容性等因素。第三，风险评估。考虑技术的实施风险，如技术落后风险、安全风险和操作复杂性等。第四，决策制定。根据评估结果，选择最合适的技术方案，并制订详细的实施计划。第五是实施和管理，包括技术的实际部署、员工培训、系统维护和效果评估等。

举个例子，一家公司决定是否采用云计算技术。首先，他们需要明确为什么考虑云计算，可能是为了提高数据存储效率、降低成本或增强数据安全；其次，他们评估各种云服务提供商的方案，比较价格、性能和服务支持；最后，他们会评估潜在风险，如数据泄露风险和服务中断风险。基于这些分析，管理层会做出最终决策，选择最适合的云服务方案，并计划如何顺利迁移到云平台。

技术决策不仅是选择一种技术，而且涉及战略思考和全面规划。有效的技术决策需要多方参与，包括技术专家、管理层和终端用户，以确保决策的全面性和可行性。同时，技术决策也需要灵活应对技术发展和市场变化，保持持续的评估和优化。

通过科学的技术决策，企业可以更好地利用先进技术，提高运营效率，增强竞争力，从而在快速变化的市场环境中保持领先地位。技术决策是企业创新和发展的重要推动力，需要深思熟虑和战略眼光。

社交决策（Social Decision-Making）

社交决策是指在社会互动和群体环境中做出选择和解决问题的过程。它涉及个体如何在群体中交流、讨论和达成共识，以及这些互动如何影响最终的决策结果。社交决策在政治、商业、家庭和社区等多个领域都具有重要意义。

在社交决策过程中，群体成员的观点、态度和行为会相互影响，最终形成集体的决策。这一过程通常包括以下几个关键步骤：首先是信息收集和共享，群体成员各自提供相关信息和观点，为决策奠定基础；其次是讨论和辩论，通过开放的交流和辩论，群体成员可以澄清观点，提出不同的看法和建议；再次是共识达成，在充分讨论的基础上，群体努力达成一致意见，或者通过投票等方式做出最终决定；最后是执行和反馈，群体成员共同实施决策，并在执行过程中不断评估和调整。

社交决策中的一个典型例子是公司管理团队决定推

出新产品。首先，团队成员会各自研究市场需求、竞争对手产品和技术可行性等信息；再次，他们在会议上分享这些信息，进行深入讨论，评估不同的产品概念和策略，逐步达成共识，选择最有潜力的新产品方案；最后，团队会制订详细的产品开发计划，并在执行过程中不断监控市场反应，进行必要的调整。

社交决策的优势在于它可以集思广益，汇集多方面的知识和经验，减少个人偏见和盲点，提高决策的全面性和准确性。然而，社交决策也可能面临挑战，如群体思维现象，即群体成员过于追求一致而忽视不同意见，导致决策质量下降。此外，权力不对等和沟通不畅也可能影响决策的公平性和有效性。

为了提升社交决策的效果，可以采取一些策略，如促进开放的沟通环境，鼓励成员表达不同观点，确保信息透明和充分共享，设置明确的决策流程和标准等。通过有效的社交决策，群体可以做出更为理性和科学的选择，从而更好地应对复杂的社会和商业挑战。

文化决策（Cultural Decision-Making）

文化决策是指在特定文化背景下，个体和群体如何做出选择和解决问题的过程。文化对决策有深远的影响，因为它塑造了人们的价值观、信仰、行为规范和沟通方式。理解文化决策的过程对于跨文化交流、国际业务和多元文化团队管理尤为重要。

文化决策的核心在于文化对个体和群体的认知和行为的影响。不同文化有不同的决策风格。例如，在一些集体主义文化（如东亚国家），群体共识和社会和谐被高度重视，决策往往是通过集体讨论和一致同意达成的。在这些文化中，个人可能会抑制自己的意见以维护群体和谐。而在一些个人主义文化（如欧美国家），个人独立性和创新精神受到鼓励，决策过程更倾向于个人主导和迅速执行，重视个人的观点和创造性。

一个典型的文化决策案例是跨国公司在不同市场推出新产品。公司需要考虑每个市场的文化特征来调整其市场策略。例如，在美国这样的个人主义文化中，营销策略可能会强调产品的独特性和个人价值，而在日本这样的集体主义文化中，营销策略可能会更关注产品如何融入家庭和社会。理解目标市场的文化背景，能够帮助公司制定更有效的市场进入策略，提升产品的接受度和销售额。

文化决策还体现在企业的内部管理中。多元文化团队中，不同文化背景的成员可能有不同的工作方式和沟通习惯。管理者需要敏感地识别这些差异，促进跨文化理解和协作。例如，在一些文化中，直接的批评被视为不礼貌，管理者可能需要采用更间接的反馈方式。而在一些重视权威的文化中，决策可能主要由高层领导做出，其他成员的参与度较低。

为了提高文化决策的效果，可以采取一些措施，如文化敏感性培训、跨文化沟通技巧的提升、尊重和包容不同文化背景的观点和习惯等。通过理解和尊重文化差异，组织和个人可以更有效地进行文化决策，从而在多元文化环境中取得成功。

可持续性（Sustainability）

可持续性是指在满足当前需求的同时，不损害未来世代满足其需求的能力。这个概念起源于 20 世纪 80 年代，由布伦特兰委员会在其 1987 年的报告《我们共同的未来》中首次系统提出。可持续性强调环境保护、经济发展和社会公平三者的平衡和协调发展。

可持续性包含三个主要方面：环境、经济和社会可持续性。环境可持续性关注自然资源的保护和合理利用，避免环境退化和生态破坏。例如，使用可再生能源、减少污染和保护生物多样性都是环境可持续性的具体实践。经济可持续性强调经济发展的长期稳定和繁荣，提倡高效利用资源，促进绿色技术和产业的创新。社会可持续性则关注社会公平和福祉，包括消除贫困、提升教育水平、保障健康和维护人权等。

举个例子，许多城市现在推动"绿色建筑"，这类建筑不仅在建造和运营过程中减少了能源和水资源的使用，而且致力于提供健康的居住环境。这种实践体现了可持续性的三个方面，即通过减少能源消耗保护环境，促进经济效益，改善居住者的生活质量。

可持续性的重要性在于它为我们提供了一种长远发展的视角，鼓励我们在日常生活和生产活动中考虑对未来的影响。例如，减少塑料使用、支持环保产品、推广循环经济等措施，都是践行可持续性的方式。通过努力实现可持续性，我们不仅可以改善当前的生活质量，而且能确保子孙后代拥有一个健康、繁荣和公平的世界。

生态足迹（Ecological Footprint）

生态足迹是衡量人类活动对地球生态系统影响的指标，它计算的是满足人类需求所需的自然资源和产生废弃物所需的生态承载力。这个概念由马蒂斯·瓦克纳格尔（Mathis Wackernagel）和威廉·里斯（William Rees）

于 20 世纪 90 年代早期提出。通过量化各类资源的消耗和产生的废弃物，生态足迹为我们提供了一种评估可持续性的方法。

生态足迹通常用全球公顷来表示，这是一个标准化的单位，用来衡量不同地区的土地生产力。例如，一个人的生态足迹可能包括食物、住房、交通和消费品等方面所消耗的土地和水资源。如果一个国家的生态足迹大于其生物能力（即该国生态系统能够提供的资源和吸收废弃物的能力），则意味着这个国家在生态上是不可持续的，可能依赖进口资源或消耗其自然资本。

生态足迹的计算包括几个关键方面：农业用地（提供食物和纤维）、牧场用地（养殖牲畜）、渔业用地（捕捞鱼类）、森林用地（提供木材和吸收二氧化碳）、建筑用地（基础设施和住房）以及化石燃料用地（吸收燃烧化石燃料产生的二氧化碳）。

通过了解生态足迹，我们可以评估个体、社区或国家的资源消耗情况，并采取措施减少对地球的负担。例如，个人可以通过减少肉类消费、选择公共交通或骑行、节约能源和减少废物等方式降低其生态足迹；企业和政府也可以通过推广可再生能源、提升能源效率、保护自然资源和推动循环经济来减少整体生态足迹。

一个典型的例子是城市的可持续发展规划。通过绿色建筑、节能交通系统、废物回收和绿色空间的增加，城市可以显著减少其生态足迹，提升居民的生活质量。

集体行动（Collective Action）

集体行动是指一群人共同努力，为实现某个共同目标或应对共同问题而采取的行动。这种行动在社会运动、政治活动、环境保护和经济合作等领域都有重要应用。集体行动的理论由曼瑟尔·奥尔森（Mancur Olson）在1965 年出版的《集体行动的逻辑》中系统提出，强调个体如何在追求集体利益时面对动机和协调问题。

集体行动通常涉及多个个体或群体的协作，他们的目标是通过共同努力，达到单独个体难以实现的成果。例如，环境保护中的集体行动可以包括社区成员共同开展清洁活动、倡导减少塑料使用或推行再生能源项目。这样的行动往往需要协调和合作，因为每个个体的贡献可能很小，但合力就能带来显著的变化。

奥尔森提出的一个重要观点是"搭便车问题"。这是指一些人可能会选择不参与集体行动，但仍希望享受其带来的好处。例如，在环保运动中，有些人可能不愿意付出时间或金钱，但希望享受更清洁的环境。解决这个问题通常需要制定激励机制或规则，确保每个参与者都能公平地分担成本和享受成果。

集体行动的成功还依赖于有效的沟通和组织。领导者或组织者需要动员成员，明确目标和任务，协调资源，并保持成员之间的沟通和信任。现代技术，如社交媒体和在线平台，大大提升了集体行动的效率和规模，使得信息传播和动员更加便捷。

例如，社会运动如气候变化抗议活动就是集体行动的一个典型案例。通过社交媒体，全球各地的环保主义者可以迅速组织和协调大规模的抗议活动，向政府和企业施压，推动政策改变。这样的行动展示了集体力量的巨大潜力。

集体行动是社会进步和变革的重要动力。通过理解和应用集体行动的原理，我们可以更有效地组织和动员资源，解决共同面临的问题，实现更广泛的社会、经济和环境目标。无论是社区级别的小型合作，还是全球范围的大型运动，集体行动都展示了协作和团结的重要性。

风险感知（Risk Perception）

风险感知是指个体或群体对某种风险的主观认知和

理解。这个概念不仅涉及风险的实际可能性和严重性，而且包括人们对这些风险的态度和反应。风险感知影响着人们的行为决策，特别是在健康、安全、环境和经济等领域。

风险感知的研究可以追溯到 20 世纪 60 年代，心理学家如保罗·斯洛维克（Paul Slovic）和丹尼尔·卡尼曼等在这一领域作出了重要贡献。他们发现，人们对风险的感知并非总是基于科学和统计数据，而是受到多种心理和社会因素的影响。例如，人们往往会高估那些具有高度戏剧性或容易记住的风险（如飞机失事、恐怖袭击），而低估那些看似普通但更常见的风险（如交通事故、慢性病）。

风险感知受到几个关键因素的影响。首先是个人经验，如果一个人曾经亲身经历过某种风险，或者认识的人经历过这种风险，他们对这种风险的感知会更强烈。其次是信息来源和信任度，人们更倾向于相信他们信任的来源提供的信息，如亲友、专家或权威机构。此外，媒体报道对风险感知也有显著影响，媒体往往倾向于报道极端事件，使得公众对某些风险的感知被放大。另一个重要因素是控制感，如果人们感觉能够控制或预防某种风险，他们的风险感知水平会降低。例如，人们通常认为开车比坐飞机更安全，尽管统计数据表明空中旅行更安全，因为驾驶给人一种控制感。熟悉性也影响风险感知，熟悉的风险（如家用电器）比陌生的风险（如新型技术）更容易被接受。

风险感知在公共政策和风险管理中具有重要意义。了解公众对风险的感知可以帮助决策者制定更有效的政策和沟通策略。例如，在公共卫生领域，政府可以通过教育和宣传，纠正公众对某些健康风险的误解，提高疫苗接种率或推广健康行为。

心理学流派（Schools of Psychology）

心理学流派是指心理学中不同的研究方法和理论框架。主要的流派包括结构主义、功能主义、行为主义、精神分析、人本主义和认知心理学等。

结构主义是心理学的早期流派，由威廉·冯特和他的学生爱德华·布雷福德·铁钦纳（Edward Bradford Titchener）在 19 世纪末发起。结构主义试图通过内省法来分析意识的基本结构，把心理体验分解为最基本的元素。

功能主义是对结构主义的反应，起源于威廉·詹姆斯（William James）等人的工作。功能主义强调心理过程的功能和目的，关注心理活动如何帮助个体适应环境。

行为主义在 20 世纪初由约翰·华生和后来更著名的斯金纳发展起来。行为主义主张只研究可以观察和测量的行为，而不是内在的心理状态，强调环境对行为的影响。

精神分析由西格蒙德·弗洛伊德创立，强调无意识动机和童年经历对人格发展的影响。弗洛伊德的理论深刻影响了心理治疗和人格研究。

人本主义在 20 世纪中期由卡尔·兰塞姆·罗杰斯（Carl Ransom Rogers）和亚伯拉罕·马斯洛发起，反对行为主义和精神分析的消极观念，强调个体的自由意志、潜能和自我实现。

认知心理学起源于 20 世纪 50 年代，是对行为主义的反思。它由乌尔里克·奈瑟尔（Ulric Neisser）等人发展，关注认知过程如记忆、思维、解决问题和语言等。

这些流派各自提供了理解心理现象的不同视角和方法。通过研究这些流派的发展和贡献，我们可以更全面地了解心理学的丰富和复杂性。每个流派都有助于构建现代心理学的整体框架。

象征秩序（Symbolic Order）

象征秩序是由法国精神分析学家雅克·拉康（Jacques Lacan）在 20 世纪提出的一个概念。简而言之，象征秩序指的是一个由语言、符号和文化规范构成的社会秩序，它影响着个体的认知和行为。拉康认为，人类的主体形成不仅是由生物学因素决定的，而且受到象征秩序的影响。这个概念源于他对精神分析和语言学的研究，他认为语言是个体与社会连接的桥梁，通过语言，个体才能与他人沟通和理解世界。象征秩序不仅是一种语言秩序，而且包括社会的规范、价值观念和文化符号等，这些共同构成了人类社会的结构。举个例子，一个人所使用的语言、他所遵循的社会规范以及他所崇尚的文化价值观都是象征秩序的体现。总之，象征秩序帮助我们理解个体与社会之间的互动关系以及个体行为背后的文化和语言的影响，是精神分析学中的一个重要概念。

次要他者（Secondary Other）

次要他者是由雅克·拉康在 20 世纪中期提出的一个概念。简而言之，次要他者指的是我们在他人眼中的形象，而不是我们真正的自我。这个概念源于拉康对于个体认同和自我意识的研究。他认为，人们不仅是按照自己对自己的认识来构建自己的身份，而且会受到他人对自己的看法的影响。所以，每个人都有一个真实的自我，但也有一个由他人观察和评价所构成的次要他者。

这个次要他者可以被视为一种社会上的角色扮演，我们常常会因为他人的期待或评价而改变自己的行为或表现。举个例子，一个人在家里可能是一个顽皮的孩子，但在学校可能会表现得更加严肃成熟，这就是因为他在不同环境中被不同的人所定义的次要他者不同。总之，次要他者提醒我们，我们的身份不仅是由自己决定的，而且受到他人的观察和评价的影响，这是构建人际关系和社会互动中的一个重要概念。

无意识嫁接（Unconscious Grafting）

无意识嫁接是一个心理学概念，描述了无意识中不同思想、记忆和情感在没有意识控制的情况下相互结合的现象。这个概念没有单一的发明人，但可以追溯到西格蒙德·弗洛伊德和卡尔·荣格等心理学家的研究，他们深入探讨了无意识的运作及其对人类行为的影响。

无意识嫁接的起因在于对无意识活动的观察和分析。弗洛伊德认为，无意识中储存了大量被压抑的记忆和欲望，这些内容会在梦境、自由联想和日常行为中表现出来。荣格进一步提出集体无意识的概念，认为无意识中还包含人类共有的原型和符号。无意识嫁接正是这些无意识内容在没有意识干预的情况下相互融合的结果。

无意识嫁接的概念帮助我们理解人类思维的复杂性。它揭示了无意识如何在我们不知情的情况下影响我们的思想和行为。这一现象在创造力、梦境解析和心理治疗中具有重要意义，帮助我们探索无意识的深层内容，从而更好地理解自己和他人的心理活动。通过研究无意识嫁接，我们可以发现潜藏在表象之下的心理机制，进而提升心理健康和个人成长。

「延伸：你可能在梦中看到一个奇怪的场景：一座城市的街道上行驶着古代的马车，而街道两旁是现代的高楼大厦。这个梦境可能是因为你白天看了一部关于古代历史的纪录片，又在城市中行走时观察到了现代建筑。这些无关的记忆和印象在你的无意识中结合，形成了梦中的奇特景象。」

反向强化（Reverse Reinforcement）

反向强化是由心理学家博伊德·埃文斯（Boyd E. Evans）在 20 世纪 60 年代提出的一个概念。简而言之，反向强化是指一种将惩罚或负面反馈用于增加某种行为的现象。通常我们认为强化会增加某种行为的发生率，而惩罚则会减少某种行为的发生率，但在反向强化中，负面反馈反而增加了某种行为的发生率。这种现象可能出现在个体误解反馈的情况下，导致了与预期相反的结果。

了解反向强化有助于我们更好地理解人类行为和心理反应，以及如何正确地运用强化和惩罚来塑造和改变行为。

「延伸：想象某个老板总是在员工表现良好时给予批评和负面反馈，而在员工表现差时却没有任何反馈，这样一来，员工可能会将表现差的行为与得到关注和重视联系起来，于是会更频繁地表现出差劲的行为。这就是反向强化的一个典型例子，即负面反馈导致了不良行为的增加。」

心理弹性（Psychological Resilience）

心理弹性指的是个体在面对生活中的挑战、压力和逆境时能够适应、恢复并保持积极心态的能力。这一概念由英国心理学家詹姆斯·安东尼（E. J. Anthony）在20世纪70年代提出。

心理弹性可以类比为橡皮球，当受到挤压时能够弹起来，不会永久变形。与此类似，个体在面对生活中的困难时，若具备心理弹性，就能够更快地从挫折中恢复过来，保持乐观和积极的心态。这种能力并非天生具备，而是可以通过培养和训练来加强。一个拥有心理弹性的人通常会采取积极的策略来应对困难，比如寻求支持、制订解决问题的计划、保持乐观态度等。

当一个人失业时，具备心理弹性的个体可能会积极地寻找新的工作机会，寻求职业培训或者转行，而不是陷入消极情绪中无法自拔。相反，缺乏心理弹性的人可能会因为挫折而放弃，并且无法从失败中学习到任何教训。因此，心理弹性在个体的成长和发展过程中起着非常重要的作用。它不仅有助于个体更好地应对生活中的挑战，而且能够提升个体的抗压能力和适应能力，从而更好地适应多变的环境。

心理弹性是一种非常宝贵的心理特质，它有助于保持身心健康，提升生活质量，实现个体的自我成长和发展。

自我效能感（Self-Efficacy）

自我效能感是指个体对自己能够成功完成特定任务的信心和信念。这一概念由美国心理学家阿尔伯特·班杜拉（Albert Bandura）在 20 世纪 70 年代提出。

自我效能感类似于一种心理动力，它能够激发个体去尝试、克服困难，并最终实现目标。

假设一名学生对自己的数学能力有很高的自我效能感，他会更有信心去解决数学题，即使题目很难，他也会坚持不懈地去尝试，相信自己最终能够成功。相反，如果一名学生缺乏自我效能感，即使题目并不是很难，他也可能会感到沮丧和无助，放弃尝试。

因此，自我效能感对个体的行为、情绪和成就都有着重要的影响。要提高自我效能感，个体可以通过积极的自我对话、逐步设定可行的目标、寻求支持和反馈等方式来增强信心。

弱者政治（Weak Politics）

弱者政治是一种通过弱者的身份或状况来争取权力、施加影响的政治行为。在弱者政治中，弱者通常是指社会中处于劣势地位、权力较弱者的人群，如少数民族、妇女、贫困人群等。这种政治形式的目的是平衡社会中的权力关系，使弱者能够在政治决策和资源分配中获得更多的话语权和利益。

弱者政治的起源可以追溯到对社会不公平现象的反抗和抗议。在历史上，许多弱势群体都曾经通过示威游行、罢工抗议等方式来争取自己的权益，从而推动了社会的进步和改革。

「延伸：一个典型的例子是女性权益运动。在过去的几个世纪里，女性被社会认为是弱势群体，受到男性的压迫和歧视。随着时间的推移，女性开始组织起来，争取平等权利，包括参与政治、工作、教育等方面的权益。通过坚持不懈的努力，女性取得了诸如选举权、工作平等权等重大进步，这归功于弱者政治的影响力。」

规范性伦理（Normative Ethics）

规范性伦理是研究行为的道德准则和价值的学科，它探讨的是我们应该怎样行动才是正确的、好的或者应该做的。简单来说，规范性伦理就是研究人们应该如何行动的学科。

规范性伦理的起源可以追溯到古代哲学家对道德问题的思考和探讨。他们提出了各种各样的道德理论，试图回答什么是好的、什么是正确的行为。其中，常见的道德理论有德行伦理学、功利主义、义务论伦理学等。

德行伦理学强调个体的品质和性格对道德行为的影响，认为一个人的品德和习惯决定了他的行为。例如，一个诚实、正直的人会倾向于做出正直的行为。

功利主义强调行为的结果对道德判断的重要性，认为某个行为的好坏取决于它带来的结果是否使幸福或利益最大化。例如，如果一项政策能够使更多的人受益，那么它就是一项好的政策。

义务论伦理学强调个体对道德规则的遵守和履行，认为某个行为的好坏取决于它是否符合普遍的道德规范和义务。例如，诚实、守信是一种普遍认可的道德原则，所以诚实和守信的行为被视为正确的行为。

符号遮蔽（Symbolic Masking）

符号遮蔽是指在社会中对某些符号或标志进行隐藏或篡改，以达到某种目的的行为。这些符号可能是政治、宗教、文化或其他领域的标志，通过遮蔽这些符号，人们试图改变或控制社会中的观念、价值观或政治氛围。

这种行为的起因可以是出于政治目的、意识形态的影响或文化的纷争。通过控制、隐藏或篡改符号，人们试图影响他人的认知、行为或态度，以达到自己的目的。

一个简单的例子是政治宣传中的符号遮蔽。在某些政治宣传中，可能会有人故意删除或修改对自己不利的符号，以改变人们对某个政党、政治领袖或运动的看法。这种行为可能通过修改图片、视频或文本来实现，以达到政治目的。

总的来说，符号遮蔽是一种在社会中常见的行为，它反映了人们在追求自己利益或目标时采取的一种策略，同时也提醒我们要认真辨别信息的真实性和完整性。

知觉解构（Perceptual Deconstruction）

知觉解构是认知心理学中的一个概念，由心理学家杰罗姆·布鲁纳（Jerome Bruner）提出。布鲁纳是 20 世纪著名的认知心理学家，他致力于研究人类的认知和感知过程。知觉解构指的是将复杂的感知信息分解成更简单的部分，从而更容易理解和处理。这一概念起源于对人类如何识别和解释外界信息的研究。

布鲁纳在研究中发现，人类在面对复杂的视觉或听觉信息时，会不自觉地将其分解成更基本的元素，再通过大脑的重组来理解这些信息。这个过程帮助我们在日常生活中高效地处理大量感知信息，避免信息过载。

「延伸：观看一幅复杂的绘画。起初，我们可能会被画中的细节和颜色所淹没。通过知觉解构，我们会逐步关注画中的各个部分，比如形状、颜色和构图，最终形成对整幅画的完整理解。这个分解和重组的过程就是知觉解构的核心机制。通过了解这一过程，我们能够更好地理解人类的认知特点，并将其应用于教育、艺术和设计等领域，提高信息传达的效果。」

心理去抑制（Psychological Disinhibition）

心理去抑制是一个有趣的心理学概念，主要由美国心理学家乔治·卡尔霍恩（George Calhoun）提出。卡尔霍恩在研究行为心理学时发现，人在某些特定情况下，内在的自我约束和社会规范会减弱，从而表现出平时不会有的行为。这种现象被称为心理去抑制。

心理去抑制的研究源自对人类和动物行为的观察。卡尔霍恩注意到，当动物群体密度增加时，它们的行为会变得异常，比如攻击性增强、繁殖行为紊乱等。为了进一步理解这种现象，卡尔霍恩进行了许多实验，发现人类在特定环境中也会表现出类似的行为失控现象。例如，在酒精或药物的影响下，人们的判断力和自控力会显著下降，从而做出平时不会做的行为。这种状态下，个体内在的道德和社会规范约束被削弱，导致更为大胆甚至冒险的行为。

心理去抑制现象可以在很多日常情境中观察到。比如，网络匿名性使人们在网上表达自我的时候更为大胆，因为匿名状态下，现实生活中的社会约束变得无效。同样地，在派对或聚会上，酒精的作用会使人们更加放松，减少对自己行为的控制，从而表现出更为开放和大胆的举动。

一个生动的例子是某人平时在公司里非常拘谨和保守，但在一次公司年会上，喝了几杯酒后，他开始变得非常健谈，甚至在众人面前表演了一段舞蹈。这就是因为酒精降低了他的心理抑制，让他做出了平时不敢做的事情。了解心理去抑制有助于我们理解自己和他人的行为变化，同时提醒我们在某些情境下保持警觉，避免由于去抑制而导致不良后果。

自我损耗（Ego Depletion）

自我损耗最早由心理学家罗伊·鲍迈斯特（Roy Baumeister）在 1998 年提出。自我损耗指的是人在进行一系列需要自控的活动后，精神资源会逐渐消耗，导致后续自控能力的下降。鲍迈斯特和他的团队通过多次实验验证了这种现象，揭示了自控力并不是无限的，而是像肌肉一样，会在持续使用后感到疲劳。

这一概念源自对人类行为和自控力的研究。鲍迈斯特注意到，人在经历一段时间高强度的自控任务后，比如长时间学习或工作、压抑情绪、不吃喜爱的食物等，往往在接下来的任务中表现出较低的自控能力。例如，在长时间努力工作后，我们可能更容易选择不健康的食物或者在购物时冲动消费。这是因为我们的精神资源在持续的自控过程中被逐渐耗尽。

自我损耗的研究具有重要的现实意义。它告诉我们，自控力是一种有限的资源，合理分配和休息是保持高效自控的关键。比如，在工作和学习中，适时的休息和放松有助于恢复自控能力，从而提高整体效率和表现。此外，自我损耗也解释了为什么人在压力大或疲劳时更容易做出不理智的决定。

假设你正在节食，而且已经成功地拒绝了办公室里几次甜点的诱惑。然而，经过一整天的自控，你回到家，发现自己面对冰箱里的冰淇淋时无法抗拒，最终吃掉了好几勺。这就是自我损耗的典型表现，因为你在一天中已经消耗了大量的自控资源，回家后这些资源不足，导致自控能力下降。了解自我损耗有助于我们更好地管理自己的行为和决策，提高生活质量。

镜像神经元（Mirror Neurons）

镜像神经元是一个神经科学概念，由意大利神经科学家贾科莫·里佐拉蒂（Giacomo Rizzolatti）和他的团队在 20 世纪 90 年代初发现。这种神经元在我们观察他人行为时会被激活，就像我们自己在执行相同的行为一样。镜像神经元的发现起因于对猴子大脑的研究，科学家发现，当猴子看到别人做某个动作时，它们大脑中与该动作相关的神经元就会被激活，即使它们自己并没有做出这个动作。

镜像神经元的功能十分广泛且重要，它们被认为在理解他人行为、学习模仿以及共情等方面起着关键作用。例如，当我们看到别人微笑时，我们大脑中的镜像神经元会使我们也体验到微笑的感觉，从而帮助我们理解对方的情感。这种机制不仅在情感交流中发挥作用，而且在学习新技能时表现得尤为明显。比如，小孩子通过观察大人如何使用工具或进行某些活动，能够快速学会模仿和掌握这些技能。

镜像神经元的研究对于理解许多神经和心理现象具有深远的影响。它们的存在解释了为什么人类和某些动物具有强大的模仿能力，以及为什么我们能够通过观察来学习和理解他人的意图和情感。此外，镜像神经元的功能与一些神经障碍，如自闭症谱系障碍（ASD），也有一定关联，科学家希望通过进一步研究，找到新的治疗方法。

「延伸：当你看到一个人打哈欠时，你可能也会情不自禁地想打哈欠，这就是因为你的镜像神经元被激活了。通过这个例子，我们可以看到镜像神经元在我们的日常生活中无处不在，它们帮助我们更好地与周围世界互动。了解镜像神经元不仅让我们对人类行为有了更深刻的认识，而且为神经科学和心理学的发展开辟了新的研究方向。」

社会退缩（Social Withdrawal）

社会退缩主要由心理学家杰罗姆·卡根（Jerome Kagan）研究和推广。卡根在 20 世纪 70 年代进行了一系列关于儿童行为的研究，发现有些孩子在面对陌生人或新环境时会表现出退缩和回避的行为。他称这种现象为社会退缩。

社会退缩指的是个体在社交情境中选择避开互动，减少社交接触和沟通。这种行为不仅限于儿童，在青少年和成人中也普遍存在。社会退缩的原因多种多样，包括内向性格、过去的负面社交经验、焦虑和抑郁等心理因素。有时，个体在经历重大生活事件，如失业、丧亲或感情破裂后，也会表现出社会退缩。

卡根研究的起因是他对儿童气质的兴趣。他发现，一些儿童天生对新奇事物和陌生人表现出高度的警觉和回避，这种倾向在他们的成长过程中可能会导致社会退缩。这些孩子在面对社交压力时往往感到不安和焦虑，选择退缩来保护自己。

社会退缩现象在现代社会中尤为值得关注，因为它可能导致个体的社会隔离和孤独感，进而影响心理健康和生活质量。研究表明，长期的社会退缩可能导致抑郁、焦虑等心理问题，并对学业、工作和人际关系产生负面影响。因此，理解和干预社会退缩行为对改善个体生活质量具有重要意义。

「延伸：一个简单的例子可以帮助理解这一现象：小明是一个内向的孩子，他在学校里很少主动和同学交流。每当有同学邀请他参加活动，他总是找借口拒绝，选择独自待在家里。随着时间的推移，小明变得越来越不愿意参与社交活动，这种行为就是社会退缩的表现。了解社会退缩可以帮助我们更好地支持和引导那些在社交方面感到困难的人，提高他们的社交信心和幸福感。」

积极幻觉（Positive Illusions）

积极幻觉由心理学家谢尔顿·所罗门（Shelton Solomon）和他的同事在 20 世纪 80 年代提出。积极幻觉指的是人们对自己、未来或现实情况持有过于乐观的看法，即便这种看法与实际情况不符。这种现象表明，我们的大脑天生具有某种倾向，帮助我们以积极的方式看待生活。

这个概念源自对人类幸福感和心理健康的研究。所罗门和他的团队发现，适度的积极幻觉能够增强个体的自尊心，提升心理健康水平，并帮助人们更好地应对压力和挑战。例如，许多人高估自己的能力，低估未来可能遇到的困难，这种乐观的偏差使得他们在面对挫折时能够保持信心和动力。

研究表明，积极幻觉可以表现为三种主要形式：首先是对自我的过度正面评价，比如认为自己比大多数人更聪明或更有魅力；其次是对未来的过度乐观预期，例如相信自己能在竞争激烈的领域中脱颖而出；最后是对自身控制力的高估，比如认为自己能够完全掌控无法预测的事情。这些积极幻觉在某种程度上可以视为心理上的"保护机制"，帮助我们保持积极心态，促进心理健康。想象一名大学生正在准备重要考试，他对自己的复习效果和考试成绩持有高度自信，尽管他的复习时间并不充分。这样的自信（即使有些不切实际）可以帮助他减少焦虑、增强动机，从而在考试中发挥得更好。了解积极幻觉让我们意识到，适度的乐观和自信在生活中扮演着重要角色，有助于我们更好地应对挑战，提升生活满意度。

归因偏差（Attribution Bias）

归因偏差由心理学家弗里茨·海德（Fritz Heider）在 20 世纪 50 年代首次提出。它指的是人们在解释自己或他人行为的原因时，往往会出现系统性的错误倾向。这种偏差会影响我们的判断和决策，而且在日常生活中普遍存在。

海德认为，人类天生具有理解和预测周围环境的倾向，因此在观察行为时，总会试图寻找原因。归因偏差主要分为两类：内因归因和外因归因。内因归因是指把行为的原因归结于个人的性格、态度或能力，例如认为某人取得成功是因为他很聪明；外因归因则是指把原因归结于外部环境或情境因素，比如认为某人失败是因为运气不好。

归因偏差中最著名的现象之一是基本归因错误。这是指人们在解释他人的行为时，往往高估内因的作用，而低估外因的影响。例如，看到一个人在工作中犯错，我们可能会认为这是因为他不够努力或能力不足，而忽视了可能存在的工作压力或不良的工作环境。

另一个常见的归因偏差是自利性归因。这是指人们倾向于将成功归因于自己的内在特质，而将失败归因于外部因素。例如，当我们考试取得好成绩时，可能会认为这是因为我们很聪明或准备充分；如果考试成绩不好，我们则可能归因于试题太难或运气不好。

归因偏差不仅影响我们的日常判断，而且可能对人际关系、工作表现和社会认知产生深远影响。例如，在职场中，管理者如果不能正确地归因员工的表现，可能会做出错误的决策，从而影响团队的士气和效率。在人际交往中，错误的归因也可能导致误解和冲突。

感觉寻求（Sensation Seeking）

感觉寻求由美国心理学家马文·朱克曼（Marvin Zuckerman）于 20 世纪 60 年代提出。感觉寻求指的是一种倾向，即个人追求各种新奇、复杂、强烈的感觉和体验，并愿意冒风险来获得这些体验。朱克曼的研究发现，人们在感觉寻求的水平上存在显著差异，这种差异会影响他们的行为和生活方式。

朱克曼之所以开始研究感觉寻求，是因为他对压力和应激反应的研究感兴趣。他发现有些人在面对压力时表现出更高的刺激需求，进而发展出感觉寻求这一概念。

朱克曼及其同事设计了一系列问卷来测量个体的感觉寻求水平，最著名的是感觉寻求量表（Sensation Seeking Scale，简称 SSS）。

感觉寻求可以分为几个维度，包括兴奋与冒险、经验寻求、去抑制和无聊易感性。兴奋与冒险指的是对高风险活动的兴趣，如极限运动；经验寻求指的是对新奇和多样化经验的追求，如旅行和探索；去抑制涉及社交活动和寻求放松的行为，如饮酒和派对；无聊易感性则是对单调和例行活动的低耐受力。

感觉寻求在不同个体中差异很大。有些人天生就需要更多的刺激和新奇体验，而另一些人则倾向于更平静和稳定的生活方式。感觉寻求高的人可能更容易从事冒险运动、旅游探索、艺术创作等充满变化和挑战的活动，而感觉寻求低的人则可能更喜欢安稳的工作和生活。

「延伸：感觉寻求的研究在多个领域都有应用。例如，在心理健康方面，高感觉寻求可能与风险行为如药物滥用、危险驾驶等相关，同时可能带来积极的体验，如更丰富的生活经历和创造力。在教育和职业选择中，了解一个人的感觉寻求水平可以帮助他更好地匹配工作和活动类型，提高满意度和效率。」

移情同化（Empathic Assimilation）

移情同化指的是一个人通过情感上的理解和认同，把别人的情绪、态度、观点融入自己的情感和行为中，从而在心理上与他人达成一致。这个概念最早由美国心理学家西奥多·纽科姆（Theodore Newcomb）在 20 世纪 50 年代提出。纽科姆在研究社会互动和人际关系时，发现人们在沟通交流的过程中，常常会无意识地接受和吸收对方的情感和态度，逐渐形成一种情感上的"同化"。

移情同化可以追溯到对人类进化需求的研究。在原始社会中，人类需要通过群体合作来提高生存率，这种合作需要成员之间有高度的情感一致性和互相理解。因此，移情同化作为一种心理机制，帮助人们更好地融入群体，增强社会联系。现代社会中，移情同化在各种社交场合依然发挥着重要作用。例如，当我们在与朋友交谈时，如果对方表现出高兴或悲伤的情绪，我们往往会自然而然地感受到同样的情绪，并在言语和行为上做出相应的反应。这种情感上的同步，不仅能够增进彼此的理解和信任，而且能促进人际关系的发展。

纽科姆的研究表明，移情同化不仅发生在面对面的互动中，也可以通过媒介传播实现，比如在观看电影、读小说或浏览社交媒体时，我们也会受到其中人物情感的感染，产生共鸣。这种现象在心理学上被称为"情绪传染"，与移情同化密切相关。

虚假记忆（False Memory）

虚假记忆是一种心理现象，人们会记住一些实际上并未发生的事情，或者对真实事件的记忆存在重大偏差。这种现象由美国心理学家伊丽莎白·洛夫特斯（Elizabeth Loftus）在 20 世纪 70 年代首次系统研究并提出。洛夫特斯通过一系列实验，展示了人类记忆的脆弱性和可塑性，她的研究揭示了记忆并不像录像机一样精确，而是可以被外界信息和内在心理过程所改变。

虚假记忆的形成常常是由于外部信息的误导或内在情绪的干扰。例如，在警察的询问过程中，如果问题的措辞带有暗示性，就可能导致证人产生虚假的记忆。洛夫特斯的经典实验之一是让参与者观看一段汽车相撞的视频，然后询问他们有关事故的问题。她发现，仅仅改变问题中的一个词，例如将"撞击"改为"碰撞"，就会显著影响参与者对车速的记忆。此外，研究还表明，当人们回忆某个事件时，其他人提供的错误信息也会被整合进他们的记忆中，从而形成虚假记忆。

虚假记忆不仅在法律领域有重大影响，在日常生活中也广泛存在。我们每个人都可能在生活中经历过虚假记忆，例如记错某个事件的细节，或者坚信自己做过某事，实际上没有做过。虚假记忆的研究揭示了人类记忆的复杂性，提醒我们在处理记忆时需要保持谨慎，尤其是在需要依赖记忆作为证据的情况下。

洛夫特斯的研究不仅为心理学领域提供了重要的理论基础，也在司法系统中引发了广泛讨论。她的研究强调了在刑事案件中证词的可靠性问题，并推动了对证人询问方式的改进，以减少虚假记忆的产生。总的来说，虚假记忆的研究为我们理解人类记忆的运作机制提供了宝贵的视角，也提醒我们在依赖记忆时需要保持一定的怀疑态度。

心理投射（Psychological Projection）

心理投射是指个体将自己的情感、欲望或动机归因于他人或外部环境的一种心理防御机制。这一概念最早由精神分析学家西格蒙德·弗洛伊德提出，用来解释人们如何处理无法接受或难以面对的内心冲突和负面情感。

心理投射的基本机制是：当一个人无法承认或接受

自己内心的不安、恐惧、欲望或缺点时，就会无意识地将这些感受投射到他人身上，认为是别人拥有这些感受或行为。这样做可以暂时减轻内心的冲突和焦虑，同时也可能导致误解和产生人际关系问题。

举个例子，如果一个人心中存在强烈的嫉妒感，却无法面对这种负面情绪，他可能会认为别人嫉妒自己。同样，一个对自己能力缺乏信心的人，可能会认为别人对自己不信任或不满意。这种投射不仅保护了自我形象，而且避免了面对自身的问题。

心理投射可以通过自我反思和心理治疗来缓解。认知行为疗法（CBT）和心理咨询可以帮助个体识别和理解自己的投射行为，从而学会更健康地处理内心冲突。通过提高自我意识和接受自己的情感，人们可以减少投射行为，改善人际关系和心理健康。

「延伸：心理投射在日常生活中十分常见，可以表现在各种情境中。例如，在工作场所，员工可能将自己的错误归咎于同事的无能；在家庭中，父母可能将自己的不安或恐惧投射到孩子身上，认为孩子有问题。」

精神分裂谱系（Schizophrenia Spectrum）

精神分裂谱系是一组与精神分裂症相关的精神疾病

的统称。这些疾病包括精神分裂症、分裂型人格障碍、妄想症等。精神分裂谱系的症状复杂多样，通常包括幻觉、妄想、思维混乱和社交退缩等。精神分裂谱系的概念由现代精神病学家逐步发展起来，以更好地理解和分类这类复杂的精神疾病。

精神分裂谱系的研究可以追溯到 19 世纪末和 20 世纪初，德国精神病学家埃米尔·克雷丕林和欧根·布洛伊勒（Eugen Bleuler）是这一领域的先驱。克雷丕林将精神分裂症描述为一种独立的精神疾病，而布洛伊勒则首次提出了"精神分裂症"这一术语，强调了疾病的多样性和症状的分裂性。布洛伊勒认为，精神分裂症的核心症状是思维、情感和行为的分裂。

精神分裂谱系的研究源于对精神疾病的深入观察和分类的需求。19 世纪末，精神病学家发现了一些无法用当时已有的分类系统来解释的患者症状。这些症状包括幻觉（如听到不存在的声音）、妄想（如坚信自己有特异功能）、思维混乱（如难以连贯表达思想）以及严重的社交功能障碍（如与他人隔离）。为了更好地理解这些复杂的症状，克雷丕林和布洛伊勒等人进行了大量的临床观察和研究，最终提出了精神分裂谱系的概念。

精神分裂谱系的研究有助于推动精神病学的发展，

提高对精神疾病的诊断和治疗水平。通过了解精神分裂谱系的广泛症状和表现，医生可以更准确地诊断患者，制定个性化的治疗方案。目前，精神分裂谱系的治疗主要包括药物治疗和心理治疗，药物主要用于控制症状，而心理治疗则帮助患者改善社交功能和生活质量。

感知一致性（Perceptual Constancy）

感知一致性是心理学中的一个概念，指的是人类在感知周围环境时，即使外界条件发生变化，我们对事物的感知仍然保持相对稳定的一种现象。举个例子，当我们看一个正在移动的物体，无论它离我们的距离远近或明暗怎样变化，我们依然可以准确地识别它的形状、颜色、大小等特征。

感知一致性的研究可以追溯到 19 世纪，德国心理学家赫尔曼·冯·亥姆霍兹是这一领域的重要人物之一。他提出了知觉是我们大脑对外界刺激进行解释和理解的结果，而这种解释能力来自经验和学习。例如，一辆汽车无论远近，我们都知道它是一样大小的，即使它在远处看起来显得很小。这种现象被称为"大小一致性"。

另一个著名的例子是颜色一致性。即使在不同光照条件下，我们也能感知到物体的颜色基本不变。例如，

对环境反馈的敏感程度不同。这一发现为理解社交行为和个体差异提供了重要的理论基础。

内隐记忆（Implicit Memory）

内隐记忆是一种不需要意识参与的记忆类型，即你不需要有意识地回忆某些信息，但这些信息依然会影响你的行为和判断。内隐记忆与外显记忆不同，外显记忆需要我们有意识地回忆，例如记住一段历史事件或某个电话号码，内隐记忆则更为潜移默化。

内隐记忆的研究起源可以追溯到 20 世纪 60 年代。当时，心理学家拉里·雅各比（Larry Jacoby）和其他研究者开始探索人类记忆的不同维度。他们通过一系列实验发现，人们能够在不自觉的情况下记住和使用以前接触过的信息。例如，当人们多次看到一个单词后，即使不记得曾见过这个单词，他们在拼写这个单词时也会更为迅速和准确。这种现象被称为"启动效应"，它展示了内隐记忆的存在和作用。

内隐记忆的另一个有趣之处在于它对广告和品牌推广的影响。研究发现，当消费者反复看到某个品牌的广告，即使他们没有特意记住这个广告，他们对这个品牌的喜好度和购买意愿也会有所提升。这种现象说明了内隐记忆对我们的决策和偏好有着深远的影响。

内隐记忆的研究不仅揭示了人类记忆的复杂性，也为治疗某些记忆障碍提供了新的思路。例如，一些失忆症患者可能无法形成新的外显记忆，但他们仍然能够通过内隐记忆学习新的技能和任务。通过理解和利用内隐记忆的特性，心理学家和医学专家可以开发出更有效的康复和治疗方法，帮助患者恢复生活能力。

「延伸：内隐记忆在日常生活中随处可见。例如，你骑自行车、打字或游泳时，通常不需要有意识地去思考每一个动作的细节。这是因为这些技能已经通过重复练习，储存在你的内隐记忆中。此外，当你听到某首熟悉的歌曲，会不自觉地哼唱或打节拍，这也是内隐记忆在起作用。」

情绪调谐（Emotional Tuning）

情绪调谐指的是人们通过调整自己的情绪状态来更好地应对各种情境或人际互动。这个概念的提出者是心理学家罗伯特·普卢奇克。他在研究情绪理论的过程中，发现情绪并非只是被动的反应，而是可以通过有意识的调整来达到更好的心理状态。

情绪调谐的研究可以追溯到人们在面对复杂的社会

环境和个人挑战时，常常感到情绪失控或难以应对。普卢奇克认为，人类进化出各种情绪反应，是为了帮助我们在不同的情境中生存和繁衍，但这些情绪反应有时会过于强烈或不合时宜。为了帮助人们更好地管理情绪，他提出了情绪调谐的概念。

情绪调谐的核心在于意识到情绪的存在，并通过一些策略来调整它们。例如，当我们感到紧张时，可以通过深呼吸、冥想或运动来放松自己；当我们感到沮丧时，可以通过与朋友交流或从事自己喜欢的活动来调节心情。这些策略的关键在于，情绪是可以被引导和调节的，而不是完全由外界环境决定的。

普卢奇克还提出了一个著名的情绪轮模型，这个模型展示了八种基本情绪：喜悦、信任、恐惧、惊讶、悲伤、厌恶、愤怒和期待。他认为，这些基本情绪可以通过不同的组合和强度变化形成复杂的情感体验。通过理解和识别这些情绪，我们可以更好地进行情绪调谐。

情绪调谐的实际应用非常广泛，从日常生活到职业场所，都能见到它的影子。在工作中，良好的情绪调谐可以帮助我们保持冷静、提高工作效率，并与同事建立更好的合作关系。在个人生活中，情绪调谐有助于我们更好地处理压力、保持心理健康，并改善与家人和朋友的关系。

反应时间（Reaction Time）

反应时间是指人类对外界刺激做出反应所需的时间。它是心理学和神经科学中一个重要的研究领域，用来测量和了解大脑处理信息的速度和效率。反应时间的研究最早可以追溯到 19 世纪，英国心理学家弗朗西斯·高尔顿是这一领域的先驱之一。他通过实验发现，人们对不同类型的刺激（如视觉、听觉）的反应时间是可以测量和比较的。

反应时间的研究源于对人类大脑和行为之间关系的好奇。在日常生活中，我们常常需要快速反应，例如开车时看到红灯立即刹车，或者听到铃声立即接电话。这些反应背后涉及复杂的神经过程，从感知刺激到大脑处理，再到身体做出反应，每一步都至关重要。了解这些过程不仅有助于提高我们的反应速度，而且能帮助诊断和治疗某些神经系统疾病。

一个经典的反应时间实验是简单反应时间测试。在这个实验中，参与者需要在看到或听到某个信号时尽快按下一个按钮。通过测量从信号出现到按钮按下的时间，可以得到参与者的反应时间。研究发现，反应时间受到多种因素的影响，如年龄、性别、疲劳程度、注意力水平和健康状况等。

「延伸：反应时间不仅在心理学实验室中有重要应用，而且广泛应用于运动科学、交通安全和临床诊断中。例如，运动员需要缩短自己的反应时间以提高比赛成绩，司机需要良好的反应时间来应对突发情况，医生可以通过反应时间测试来评估患者的神经功能状态。」

情感唤醒（Emotional Arousal）

情感唤醒指的是个体在面对特定事件或刺激时所体验到的情绪强度和生理反应。情感唤醒不仅涉及情绪的种类（如愤怒、快乐、恐惧），而且包括情绪的强度（从低到高）。这一概念最早由心理学家威廉·詹姆斯和卡尔·朗格（Carl Lange）在 19 世纪末提出，他们认为情感体验是由生理反应引起的，即所谓的詹姆斯－朗格理论。根据这一理论，当我们遇到一个刺激（例如看到一只狮子）时，我们首先会有生理上的变化（例如心跳加快），然后我们才会体验到情感（例如感到恐惧）。

情感唤醒的研究对理解人类行为、决策和心理健康有重要意义。高情感唤醒状态下，人们往往会有更强烈的记忆和更快的反应速度，这是因为情感唤醒能够激活大脑中的杏仁核，这个区域与情感处理和记忆形成密切相关。情感唤醒不仅影响我们的主观体验，而且会引发一系列生理反应，如心率加快、出汗、呼吸频率增加等，这些都是身体在应对外界刺激时的自然反应。

情感唤醒的研究在实际生活中也有广泛应用。例如，广告行业利用情感唤醒来引起观众的注意，增强产品记忆度和购买欲望；在教育领域，教师可以通过情感唤醒来提高学生的学习兴趣和记忆效果。此外，心理治疗中也常常利用情感唤醒技术，帮助患者识别和调节自己的情绪，从而改善心理健康。

认知错觉（Cognitive Illusions）

认知错觉是指人们在思考和决策过程中，由于大脑处理信息的方式而产生的系统性偏差和误判。这个概念由认知心理学家阿莫斯·特沃斯基和丹尼尔·卡尼曼在20世纪70年代提出，他们通过一系列实验和研究揭示了人类思维中的各种偏差现象。认知错觉揭示了人们在面对不确定性和复杂信息时，往往依赖于启发式方法来简化决策过程，这种方法虽然能在大多数情况下迅速提供答案，但也容易导致系统性的错误。

一个典型的认知错觉是"确认偏误"，即人们倾向于寻找、解释和记住那些支持自己先前信念的信息，同时忽视或低估与其相矛盾的信息。例如，如果你相信某种饮食习惯有益健康，你可能更容易注意到支持这种观点的研究结果，而忽略反对的证据。

另一个常见的认知错觉是"可得性启发"，指人们倾向于根据记忆中容易提取的例子来判断事件发生的概率或频率。例如，新闻报道中的飞机失事事件可能让你认为飞机失事比实际更为常见，因为这些事件在你的记忆中非常鲜活和容易回想。

还有"锚定效应"，它是指在决策过程中，过度依赖某个最初获取的信息（锚点），即使这个锚点与后续信息不相关。比如，在购物时，如果一件商品的原价标得很高，而现在打折，消费者可能会觉得折扣后的价格很划算，即使这个折扣价并不低。认知错觉的研究不仅揭示了人类思维的局限性，也对多个领域产生了深远影响，如经济学、市场营销、法律和公共政策等。通过理解这些错觉，我们可以更好地认识自己的决策过程，从而在日常生活中做出更明智的选择。这些错觉提醒我们，即使是聪明的人也会犯错，关键在于认清这些思维陷阱，并学会避免被它们左右。总的来说，认知错觉为我们揭示了大脑在处理信息时的独特方式，使我们对人类认知有了更深刻的理解。

内隐态度（Implicit Attitude）

内隐态度是指那些自动化且无意识的态度或偏见，它们能够在不经意间影响我们的思维和行为。内隐态度最早由心理学家安东尼·格林沃尔德（Anthony Greenwald）和他的同事在 20 世纪 90 年代提出。他们开发了一种名为"内隐联想测验"的工具，用来测量人们的内隐态度。

内隐态度的研究源于对传统问卷调查方法的反思。人们通常在回答问卷时会有意识地控制自己的答案，以符合社会期待或自我认知，这导致了显性态度的测量可能并不准确。为了弥补这个不足，研究者开始关注那些在无意识层面影响我们行为的内隐态度。

内隐态度在我们日常生活中无处不在，它可以影响我们对他人的判断和行为。例如，一个人可能会在显性态度上表示自己对某个种族没有偏见，但内隐态度可能会在不知不觉中影响其对该种族成员的评价或互动方式。内隐联想测试通过测量个体在处理与不同社会群体相关的词语和图像时的反应速度，揭示了这些潜在的无意识偏见。

「延伸：内隐态度的研究不仅在心理学领域具有重要意义，而且在社会学、教育学和医学等多个领域产生了广泛影响。例如，在招聘过程中，招聘者可能会无意识地偏向某些群体，这导致了不公平的就业机会。了解和测量内隐态度可以帮助我们设计出更为公平和包容的招聘流程。又比如在教育领域，教师的内隐态度可能会影响他们对学生的期望和评价，从而影响学生的学业表现。」

情绪传染（Emotional Contagion）

情绪传染这个概念最早由社会心理学家伊莱恩·哈特菲尔德（Elaine Hatfield）及其同事约翰·卡乔波（John Cacioppo）和理查德·拉普森（Richard Rapson）在20世纪90年代提出。

情绪传染是指，当我们与他人互动时，他们的情绪状态会对我们的情绪产生影响。这种现象可以在各种社交情境中观察到，例如当你和一个情绪高涨的朋友在一起时，你可能会感觉到更加愉快和兴奋；而如果你身边的人情绪低落，你可能也会感到沮丧。这种情绪的传染不仅发生在面对面的互动中，在社交媒体上同样明显。比如，当你浏览社交媒体时，看到朋友们分享的快乐瞬间，你可能也会感受到一丝喜悦，反之亦然。

研究发现，情绪传染是通过无意识的模仿和同理心机制实现的。人类天生具有模仿他人表情、姿态和声音的倾向，这种无意识的模仿行为可以增强我们对他人情绪的理解和感知。此外，同理心使我们能够感受到他人的情绪状态，并在心理上与他们产生共鸣。

情绪传染的应用非常广泛，它在商业、教育、医疗等领域都有重要影响。在商业领域，销售人员通过保持积极乐观的态度，可以感染顾客，提升销售业绩；在教育领域，教师的情绪状态可以影响学生的学习动机和课堂氛围；在医疗领域，医护人员通过传递积极情绪，可以帮助患者更好地康复。

认知重构（Cognitive Restructuring）

认知重构是一种心理学技术，主要用于治疗各种心理问题，如抑郁症、焦虑症和创伤后应激障碍。它的核心理念是通过改变一个人的思维方式，以改善他们的情绪和行为。

这种方法最早由心理学家阿尔伯特·埃利斯（Albert Ellis）和艾伦·贝克（Aaron Beck）在 20 世纪中期提出。埃利斯发明了理性情绪行为疗法，强调通过识别和改变非理性的信念来减轻心理困扰。贝克则开发了认知疗法，他认为负面的自动思维会导致心理问题，通过认知重构可以帮助患者识别和修改这些负面的思维模式。

认知重构的过程通常包括几个步骤。首先，个体需要识别出他们的负面思维或信念，例如"我总是失败"或"没人喜欢我"；接下来，通过询问这些想法的证据，个体开始质疑这些信念的合理性和真实性。例如，"我真的总是失败吗？有没有成功过的例子？"这样，逐渐引导个体看到自己的思维偏差。

通过这种方式，个体能够重新构建他们的思维模式，替换掉那些消极的、非理性的想法。比如，把"我总是失败"转变为"虽然我有时会失败，但我也有很多成功的经验"。这种思维方式的转变不仅可以改善情绪，而且可以改变行为，使人们更积极、更自信地面对生活中的挑战。

认知重构的应用范围很广，不仅限于治疗心理疾病。它还可以用于日常生活中的自我提升，比如在面临压力或困难时，通过认知重构来保持积极的心态和良好的心理状态。现代心理学中，认知行为疗法已经成为一种广泛使用且非常有效的治疗方法，而认知重构正是其中的重要组成部分。

适应性偏差（Adaptive Bias）

适应性偏差描述了人类大脑如何通过改变记忆和感知来适应环境，以便更好地应对挑战和困难。这个概念最早是由心理学家约翰·托比（John Tooby）和丽达·科斯米德斯（Leda Cosmides）在 20 世纪 90 年代提出的。他们在研究进化心理学时发现，人类大脑在进化过程中发展出了一些特定的偏差，这些偏差帮助我们的祖先更有效地生存和繁衍。

适应性偏差的核心是，人类大脑会倾向于记住那些对生存和繁衍至关重要的信息，而忽略或淡化那些不重要的信息。例如，当我们的祖先在野外狩猎时，记住哪些植物有毒、哪些动物危险，是生存的关键。因此，大脑会更容易记住这些负面的、威胁性的事件，因为这些记忆直接关系到生存。

适应性偏差不仅在记忆中体现，而且影响我们的决策和行为。例如，在面对不确定性时，人们往往会选择那些曾经被证明是安全的选项，即使这些选项未必是最优的。这种行为背后的逻辑是，选择已经验证过的安全选项，可以减少可能的风险和损失，这在进化过程中是非常有利的。

托比和科斯米德斯的研究还揭示了适应性偏差如何

在社会互动中发挥作用。人类作为社会性动物，社交能力对生存同样重要。因此，大脑也会优先记住与社会互动相关的信息，如他人的行为、表情、语言等，这帮助我们更好地理解和预测他人的行为，从而提高社交能力和群体适应性。

「延伸：这种偏差在现代社会中仍然存在。举个例子，当你在新闻中看到一则令人恐惧的报道（如自然灾害、犯罪事件），你的大脑会特别关注这些信息，并且可能会反复回想，从而形成深刻的记忆。这种现象可以解释为什么负面新闻往往比正面新闻更令人印象深刻，也解释了为何一些人会对未来感到过分担忧。」

自我图式（Self-Schema）

自我图式是一个心理学术语，由心理学家黑泽尔·马库斯（Hazel Markus）在 20 世纪 70 年代提出。自我图式指的是我们每个人都有自己的一套信念和观点，这些信念和观点帮助我们理解自己是谁，并指导我们的行为和情感反应。可以把自我图式想象成我们大脑中的一个个人档案夹，里面存放着关于我们自己的各种信息，比如我们喜欢什么、擅长什么、有哪些价值观等。

马库斯在研究中发现，人们在与外界互动时，会依据这些自我图式来选择和处理信息。比如，一个自认为很聪明的人，在面对考试或智力挑战时，会更加自信，并且更容易记住和处理与智力相关的信息；相反，一个自认为笨拙的人，可能会避免涉及体力活动的场合，并且更容易记住和处理与自己笨拙相关的经历。这样，自我图式不仅影响我们的自我认知，而且会进一步影响我们的行为模式。

自我图式的形成与我们的生活经历密切相关，从小到大的家庭教育、学校教育、社会环境等都会对自我图式产生影响。例如，如果一个孩子从小被夸奖聪明勤奋，他的自我图式可能就会包含"我很聪明"这一条目，而如果一个孩子常被批评不够努力，他的自我图式中可能就会有"我不够勤奋"这一信念。正是这些不同的自我图式，塑造了我们不同的个性和行为模式。

流动状态（Flow State）

流动状态是心理学中一个很重要的概念。这个概念是由心理学家米哈里·契克森米哈赖（Mihaly Csikszentmihalyi）在 20 世纪 70 年代首次提出的。他通过大量的研究和观察，发现当人们全身心投入某项活动中时，会进入一种特别的心理状态，这种状态被称为流动状态。处于流动状态的人通常会感到高度集中、时间流逝变得不明显、忘我，并且会感受到极大的满足和快乐。

流动状态的发现源于契克森米哈赖对幸福和创造力的研究。他试图理解什么能让人们感到真正的快乐，而不仅仅是短暂的满足。他发现，在进行一些充满挑战且令人感兴趣的活动时，比如艺术创作、体育运动或者科学研究，人们往往会进入一种高度专注的状态，沉浸在当前的任务中，甚至达到忘记时间、忘记自我的境地。

流动状态有几个关键特征：首先，活动本身具有挑战性，但并不超出个人能力范围，这意味着任务足够容易引起兴趣，但又不至于让人感到过于困难或无力完成；其次，人在活动过程中会得到即时反馈，这种反馈帮助调整和改进自己的行为；再次，目标清晰明确，个人知道自己要做什么以及如何去做。

「延伸：流动状态不仅体现在工作和学习中，在日常生活中也很常见。例如，做喜欢的手工艺、玩电子游戏、参加激烈的体育比赛或者进行深度对话时，都可能体验到这种状态。流动状态的重要性在于，它不仅提高了人们的工作效率和创造力，而且极大地提升了生活满意度和幸福感。」

内隐联想测验（Implicit Association Test）

内隐联想测验是一种心理学测验工具，用于探究个体潜意识中的偏见或隐性态度。这项测验由心理学家安东尼·格林沃尔德、马扎林·贝纳基（Mahzarin Banaji）和布赖恩·诺塞克（Brian Nosek）在 1998 年首次提出和使用。其基本原理是通过测量人们对不同概念之间的反应速度，来推断他们在无意识层面上的态度和偏见。

IAT 基本过程是这样的：受测者需要快速地将一系列词语或图片归类。例如，一个经典的测验可能要求受测者将"黑人"或"白人"的图片与"好"或"坏"的词语进行配对。在一部分试验中，"黑人－好"和"白人－坏"被配对；而在另一部分试验中，"黑人－坏"和"白人－好"被配对。如果受测者在第一种配对（黑人－好，白人－坏）中反应较快，这可能表明他在潜意识中对黑人持有更正面的态度，或对白人持有更负面的态度。

IAT 的发明是为了揭示人们自己可能察觉不到的那些潜在偏见。传统的问卷调查或访谈法可能会因为社会期望或个人自我意识的影响，无法准确地反映出真实的态度和偏见。通过 IAT，研究人员可以更客观地揭示出这些隐性态度，并以此研究不同群体之间的社会偏见和歧视问题。

「延伸：IAT 不仅在学术研究中有广泛应用，而且被用于实践中，例如在公司招聘时评估应聘者的隐性偏见，在教育领域帮助教师了解自身的无意识偏见，等等。近年来，IAT 在社会大众中逐渐普及，许多人通过在线测验了解了自己的潜在偏见，从而对自己的行为和判断更有意识。」

认知负荷（Cognitive Load）

认知负荷是由教育心理学家约翰·斯威勒（John Sweller）在 20 世纪 80 年代提出的概念，用于描述我们在学习新知识或处理复杂任务时，大脑所承受的压力和资源消耗。斯威勒发现，当学习者的大脑负荷过重时，学习效果就会显著下降。因此，理解和管理认知负荷对提高学习效率和效果至关重要。

认知负荷主要分为三种类型：内在负荷、外在负荷和有效负荷。内在负荷是由任务本身的复杂性决定的，例如学习一门新语言的语法规则；外在负荷是由学习材料的设计和呈现方式引起的，比如教材内容不清晰或教学方法不当；有效负荷则是对学习过程有帮助的认知努力，例如对信息进行归纳总结或与已有知识进行关联。

斯威勒的认知负荷理论源于他对问题解决和学习过

程的研究。他发现，过多的信息和复杂的任务会占据大脑的工作记忆，从而导致学习困难。因此，斯威勒建议通过优化教学设计来减少不必要的外在负荷，增加有效负荷，帮助学习者更好地理解和掌握新知识。

为了有效管理认知负荷，斯威勒提出了一些策略。例如，将复杂任务分解成更小、更易处理的部分，使用图像和图表等视觉工具辅助学习，简化学习材料的呈现方式等。这些方法可以帮助学习者减少认知负荷，提高学习效率和效果。

情感强迫症（Emotional Obsessive-Compulsive Disorder）

情感强迫症是一种心理障碍，患者会被反复出现的情感或情绪困扰所折磨。这种症状可能涉及对自己或他人的情感产生过度的、无法控制的担忧，甚至会怀疑自己情感的真实性或道德性。例如，患者可能会不断质疑自己是否真的爱伴侣，或者是否对亲人怀有不应有的情感。

情感强迫症的概念是由心理学家斯科特·阿曼德森（Scott Armundson）在 20 世纪 90 年代初提出的。他通过对多名患者的临床观察和研究，发现了这一特定的强迫症表现形式。这一发现源于他在工作中遇到的许多患者，他们的困扰并非传统意义上的强迫症状，如洗手或检查行为，而是深陷于反复的情感怀疑和焦虑当中。

情感强迫症的起因尚不完全明确，研究表明，遗传因素、脑部化学物质的不平衡和特定的性格特征（如完美主义和高焦虑水平）都可能在其中扮演重要角色。此外，重大生活事件或长期的压力也可能诱发或加重情感强迫症的症状。

情感强迫症的症状表现多种多样，其核心特征是情感上的反复怀疑和无法控制的思维。例如，一个患有情感强迫症的人可能会不断质疑自己的情感决定，反复检查自己对他人的感受，或者过度担心自己是否在情感上做了"正确"的事情。这些反复的思维会使患者感到极度焦虑和困扰，严重影响了他们的日常生活和人际关系。

治疗情感强迫症的方法包括认知行为疗法（CBT）和药物治疗。认知行为疗法通过帮助患者识别和改变其负面的思维模式，来减少强迫思维的影响；药物治疗则主要使用抗抑郁药物来调节脑内化学物质，从而减轻症状。值得注意的是，治疗的效果因人而异，且通常需要一定的时间才能见效。

反事实思维（Counterfactual Thinking）

反事实思维是一种心理过程，人们通过想象"如果当时做了不同的选择会怎样"的方式，来思考事情的另一种可能结果。这种思维模式帮助我们更好地理解过去的决定，并对未来的行为进行调整和优化。反事实思维的概念最早由美国心理学家丹尼尔·卡尼曼和阿莫斯·特沃斯基在 20 世纪 70 年代提出，他们的研究揭示了人类在决策过程中如何处理信息和判断可能性。

反事实思维通常分为两类：上行反事实和下行反事实。上行反事实是指人们想象更好的结果，比如"如果我当时更努力一点，现在可能会更成功"。这种思维方式往往激励人们改善自己的行为和决策。下行反事实则是指想象更糟的结果，比如"幸亏我当时没有开车，否则可能会发生车祸"，这种思维可以带来安慰和减少焦虑。

反事实思维在日常生活中十分常见，比如在错过火车后，人们会想着"如果我早点出门就好了"；在考试失利后，学生会想"如果我多花点时间复习就好了"。这种思维不仅是对过去的反思，更是对未来行为的调适。通过反事实思维，我们可以更清晰地看到行为与结果之间的关系，从而在未来做出更明智的决定。

「延伸：反事实思维对心理学和行为科学研究有着重要影响，它帮助解释了人类如何进行复杂的情绪处理和决策优化。此外，它还被广泛应用于教育、商业决策和法律领域。比如，教育工作者可以利用反事实思维来帮助学生改进学习策略；企业管理者可以通过这种思维方式来评估和调整市场策略；在法律领域，反事实思维常用于事故调查和责任认定。」

脑海电影（Mind Movies）

脑海电影是一种通过视觉化技术和心理学方法，帮助人们实现目标和梦想的工具。这个概念最早由澳大利亚的格伦（Glen）和娜塔莉·勒德威尔（Natalie Ledwell）夫妇在 2007 年提出。起初，他们为了改变自己生活中的负面状况，开始使用视觉化的方法，将自己想要实现的目标和梦想制作成短片，并每天观看这些短片。结果，他们发现，这种方法不仅有效，而且能激发更大的动力和积极性。

脑海电影的基本原理是利用大脑的视觉化能力，通过反复观看由图片、音乐和肯定句组成的短片，将这些目标和梦想深深植入潜意识中，从而激发内在动力，帮助实现目标。这种方法结合了心理学中的积极暗示和视觉化技术。通过不断强化这些正面的视觉和听觉刺激，人们可以改变自己的信念系统，从而更容易达成目标。

脑海电影的制作相对简单，只需要选择与你的目标和梦想相关的图片、背景音乐和激励性的文字，组合成一个简短的视频，然后每天坚持观看。举个例子，如果你的目标是健康减肥，可以选择一些健康饮食、运动的图片，配上欢快的音乐和一些激励性的短句，如"我每天都在变得更健康、更强壮"。

这种方法之所以有效，是因为大脑对视觉和听觉的刺激反应更强烈。通过反复接受这些积极的影像和听觉信息，可以不断强化这些信息在大脑中的记忆，从而影响行为和决策。科学研究表明，视觉化和积极暗示可以提高人的自信心和动机，帮助克服负面情绪和习惯。

脑海电影自问世以来，已经帮助成千上万的人实现了自己的梦想和目标，从事业成功到个人成长，无不受益于这种简单而强大的工具。它不仅在个人成长领域受到欢迎，而且被广泛应用于教育、商业和体育等领域，帮助人们实现更大的成功和幸福。

情绪调节策略（Emotion Regulation Strategies）

情绪调节策略是一种用于管理和控制情绪的方法。

它最初由心理学家詹姆斯·J.格罗斯（James J. Gross）在 20 世纪 90 年代提出。格罗斯在研究中发现，人们通过不同的方法来处理情绪，可以有效改善心理健康和生活质量。

情绪调节策略包括多种方法，例如认知重评、情绪表达、问题解决和社会支持等。其中，认知重评是一种通过改变对情境的认知来调节情绪的方法。例如，当你觉得工作压力大时，可以试着从积极的角度看待工作，将其视为提升能力和职业发展的机会，而不是负担。这样，你的焦虑感就会减轻，情绪也会变得更积极。

情绪表达是指通过适当的方式表达情绪，如与朋友交谈、写日记等。这种方法可以帮助人们释放内心的情绪压力，避免情绪积压导致的心理问题。

问题解决则是通过积极寻找解决方案来应对引发负面情绪的问题，例如制订具体的计划来应对工作中的挑战。

社会支持也是一种重要的情绪调节策略。它指的是通过与家人、朋友或同事等社会关系互动，获得情感支持和帮助。例如，当你感到困惑或沮丧时，与信任的人交流可以获得鼓励和安慰，从而提升情绪状态。

情绪调节策略不仅是为了缓解负面情绪，而且可以帮助人们增强正面情绪，提高生活满意度。研究表明，掌握和运用这些策略的人在面对压力和挑战时更具弹性，更容易保持心理健康。

归因风格（Attribution Style）

归因风格是心理学中的一个概念，用来描述人们解释生活事件的原因的方式。这个概念由美国心理学家马丁·塞利格曼（Martin Seligman）在 20 世纪 70 年代提出，旨在研究人们如何解释自己成功或失败的原因。

归因风格可以分为乐观和悲观两种。乐观的归因风格通常将成功归因于内部因素，如自己的努力和能力，而将失败归因于外部因素，如环境或运气；相反，悲观的归因风格则倾向于将成功归因于外部因素，而将失败归因于内部因素。这两种归因方式对一个人的心理健康和生活态度有着深远的影响。比如，乐观的归因风格有助于增强自信和积极性，减少抑郁和焦虑，而悲观的归因风格有可能导致无助感和负面情绪。

塞利格曼的研究最初是基于对狗的实验，这些实验揭示了习得性无助的概念。狗在无法逃脱电击的情况下学会了无助，即使后来有机会逃脱，它们也不再尝试。塞利格曼将这种现象扩展到人类，认为人们在经历反复失败后也会产生类似的无助感。这种无助感的根源就是悲观的归因风格。

归因风格不仅在个人层面有影响，而且在教育、职场和心理治疗等多个领域具有重要意义。在教育中，教师可以通过帮助学生建立乐观的归因风格来提高他们的学习动力和成绩；在职场上，管理者可以通过培养员工的乐观归因风格来提升团队的士气和工作效率；在心理治疗中，认知行为疗法常常使用改变归因风格的方法来帮助患者克服抑郁和焦虑。

元认知（Metacognition）

元认知是一种自我反思和监控自己思维过程的能力。简单来说，就是我们对自己思考的思考。元认知这个概念最早由美国心理学家约翰·弗拉维尔（John H. Flavell）在 1976 年提出。他在研究儿童认知发展时，发现他们不仅能完成认知任务，而且能评估和调控自己的思维过程。这一发现引发了科学界对元认知的广泛兴趣。

元认知的核心在于两部分：元认知知识和元认知调节。元认知知识指我们对自己认知过程的了解，比如知道自己在哪些情况下容易犯错，哪些方法对自己的学习最有效；元认知调节则涉及对这些认知活动的计划、监控和调整，比如在学习时选择适当的策略，及时调整方法以提高效率。

为什么元认知重要呢？因为它能帮助我们更有效地学习和解决问题。比如，当我们在做一道数学题时，元认知让我们意识到这个题型我们之前见过，然后根据以前的经验选择合适的方法。如果方法不奏效，我们还能及时调整，寻找新的解决办法。

弗拉维尔的研究揭示了人类认知能力的深层次特点，元认知这一概念由此也成为认知心理学、教育学和神经科学等领域的重要研究对象。科学家通过各种实验和研究，进一步了解元认知的机制，探索如何通过教育和训练提升个体的元认知能力，从而提高学习效果和问题解决能力。元认知的发现和研究不仅丰富了我们对人类思维的理解，而且为教育和认知科学的发展提供了新的方向和工具。

「延伸：元认知不仅在教育领域有重要作用，而且广泛应用于各个生活和工作场景。例如，职业发展中，元认知能帮助我们识别自己的优势和不足，从而制定更合理的职业规划；在医学上，医生通过元认知不断反思和改进诊疗方案，进而提高诊疗效果。」

社会比较（Social Comparison）

社会比较由美国心理学家利昂·费斯廷格于 1954 年首次提出。费斯廷格观察到，人们经常会通过与他人进行比较来评估自己的能力、成就和信仰。这种比较可以是向上的，也就是与那些比自己更优秀的人比较，或者是向下的，与那些不如自己的人进行比较。

社会比较的起因非常自然，因为人类是社会性动物，我们生活在充满竞争和合作的环境中，需要不断了解自己在群体中的位置。通过比较，我们可以获得自我评价的依据，了解自己的优点和不足，进而做出调整和改进。

社会比较有时会带来积极的效果。例如，向上比较可以激励我们努力进步，向下比较可以增强我们的自信心。同时，它也可能带来消极影响。过度的向上比较可能导致沮丧和自卑感，而向下比较可能让人产生优越感，忽视自身的缺点。

费斯廷格的社会比较理论还指出，人们更倾向于与那些与自己相似的人进行比较，因为这样得到的信息更具相关性和参考价值。这也解释了为什么我们常常会关注身边的同事、朋友或同学，而不是一些与自己差距很大的陌生人。

随着互联网和社交媒体的普及，社会比较变得更加普遍和复杂。我们可以轻松看到他人的生活和成就,这在某种程度上放大了比较的影响。社交媒体上的"完美生活"展示往往是精心筛选和修饰过的,可能导致我们对自己的生活产生不满。

尽管社会比较有其负面影响,但理解这一概念可以帮助我们更好地认识自己,合理地进行自我评估。学会平衡比较的正面和负面效果,可以使我们在竞争中保持积极心态,同时不过分焦虑和自卑。通过理性和健康的社会比较,我们可以找到自己的优势和目标,不断提升自我,实现个人成长。

确认偏误(Confirmation Bias)

确认偏误是一个心理学概念,它描述了人们倾向于寻找、解释和记住那些支持自己既有观点或信念的信息,而忽略或低估与之相矛盾的信息。这种偏误会导致我们在面对复杂或矛盾的信息时,无法保持客观和公正的态度。

确认偏误这一概念由心理学家彼得·沃森(Peter Wason)在 20 世纪 60 年代提出。他通过一系列实验揭示了人们在进行逻辑推理时的这种偏向性。沃森的经典实验包括一个简单的数字序列任务,要求参与者找出符合某种规则的数字序列。结果发现，大多数人会优先找出那些符合他们假设的数字序列，而不是那些可能证伪他们假设的序列，这体现了他们的确认偏误。

确认偏误不仅限于科学实验中，而且广泛存在于我们日常生活的各个方面。例如，在政治观点的讨论中，人们往往只阅读和自己观点一致的新闻报道和评论；在健康信息的获取上，人们可能只相信那些符合自己预期的医学建议，而忽视其他潜在有效的意见。社交媒体的兴起进一步加剧了这一现象，因为算法会根据用户的偏好推送内容，使人们更容易陷入信息茧房，只看到和自己观点一致的内容。

这种偏误之所以产生，部分原因在于我们的认知负荷有限。面对大量的信息，我们倾向于采用简化处理的方式，而确认已有的信念比不断质疑和更新这些信念容易得多。另一方面，确认偏误也与情感因素有关，接受与我们既有信念相悖的信息会引起不适和焦虑，因此我们更倾向于避免这些信息。

为了减轻确认偏误的影响，我们需要主动寻求和自己观点不同的信息，培养批判性思维，保持开放的心态，并意识到这一偏误的存在对我们的判断和决策产生的潜在影响。通过这些方法，我们可以更全面地看待问题，做出更理性的判断。总之，确认偏误是一种常见但容易被忽视的心理现象，它提醒我们在信息时代，如何更理智地看待和处理我们接收到的信息。

情绪分化（Emotion Differentiation）

情绪分化是心理学领域的一个有趣概念，指的是个体能够识别和区分自己所体验的不同情绪的能力。这种能力可以帮助我们更好地理解自己的情绪状态，从而更有效地应对生活中的各种情境。情绪分化的概念最早由美国心理学家丽莎·费尔德曼·巴雷特（Lisa Feldman Barrett）提出。她的研究表明，情绪不是固定的生理反应，而是由我们大脑在不同情境下根据以往经验进行解释和构建的。

巴雷特的研究表明，具有高情绪分化能力的人能够更具体地描述自己的情绪，例如，能够明确区分"愤怒""挫败""失望"。而情绪分化能力较低的人可能只用"好"或"坏"来形容自己的情绪状态。这种差异不仅影响到我们如何体验情绪，而且会影响我们的心理健康和人际关系。具有高情绪分化能力的人往往能够更有效地管理自己的情绪，减少压力和焦虑，并在面对困境时表现出更强的适应能力。

情绪分化的研究源于巴雷特对情绪复杂性的探索。她发现，不同情绪之间的微小差别能够显著影响个体的行为和决策。例如，在职场中，高情绪分化能力能够帮助人们更好地处理与同事和上司的关系，做出更明智的职业选择。在日常生活中，这种能力有助于我们更深刻地理解自己和他人的情绪，从而改善人际关系和生活质量。

动机性推理（Motivated Reasoning）

动机性推理是指人们在思考和处理信息时，由于内在动机的驱使，会倾向于选择性地接受那些符合自己期望、信念或情感的信息，同时忽略或歪曲那些不符合自己立场的信息。这种现象在心理学和认知科学领域中得到了广泛的研究。动机性推理的概念最早由社会心理学家罗伯特·扎伊翁茨（Robert Zajonc）在 20 世纪 70 年代提出，他认为情感和动机在信息处理过程中起到了重要作用。

动机性推理可以追溯到人类的本能需求和心理机制。人类天生具有维护自尊和自我认同的需求，因此，当遇到与自身信念或利益相悖的信息时，会倾向于进行选择性过滤，以保护自我形象。认知失调理论也解释了这一现象，该理论由费斯廷格在 1957 年提出，指出当人们面临矛盾信息时，会感到不舒适，从而努力减少这种不一致感。

动机性推理在生活中的表现非常普遍。例如，某人如果是某品牌手机的忠实用户，他在看到有关该品牌的负面评论时，可能会自动认为这些评论不可信，甚至会找出种种理由来证明这些评论是错误的；当他看到该品牌的正面消息时，就会更加容易接受和相信。这种选择性信息处理方式不仅影响个人的日常决策，而且可能在政治、经济等更广泛的社会层面产生影响。

了解动机性推理有助于我们更好地认识人类思维的复杂性，同时提醒我们在面对信息时要尽量保持开放和客观。避免动机性推理的方法之一是训练自己接纳不同观点，主动寻找与自己立场相反的信息，并尝试理解其背后的逻辑和依据。这不仅能提升我们的批判性思维能力，而且有助于与他人建立更有效的沟通和理解。

反社会人格特质（Antisocial Personality Traits）

反社会人格特质是一种心理特质，常表现为对他人感受的冷漠、自私、不顾社会规范和缺乏良心。这种特质的人往往会进行反社会行为，例如欺骗、操纵、违法犯罪等，且不会感到内疚或悔恨。

最早关于反社会行为的研究可以追溯到 19 世纪末。19 世纪末和 20 世纪初，英国医生菲利普·皮内尔（Philippe Pinel）首先描述了一些行为表现出"精神病性"的病人，这些人的行为不合常规，但并没有明显的精神病症状。他称这些人为"精神病态"，后来的研究者在此基础上进一步扩展和细化。

20 世纪中期，美国心理学家赫维·克莱克利（Hervey Cleckley）在其著作《正常面具下的精神病患者》中详细描述了这些人的特点，认为他们外表正常但缺乏内在的情感和道德意识。这个概念后来逐渐演变为今天我们熟知的反社会人格特质。

反社会人格特质的形成原因是多方面的，既有先天的基因因素，也有后天的环境因素。基因研究表明，某些遗传基因可能使人更容易表现出这些特质；而在环境方面，童年时期的虐待、忽视、不良的家庭环境以及与反社会同伴的交往，都会增加一个人形成反社会人格特质的风险。

研究还发现，反社会人格特质与大脑某些区域的功能异常有关，例如前额叶皮质和杏仁核，这些区域负责情绪调节和道德判断。一些科学家通过脑成像技术发现，这些区域在反社会人格者的大脑中往往表现出不同于常人的活动模式。

尽管反社会人格特质在某些情况下可以带来暂时的个人利益，但长远来看，这种特质会给个体和社会带来巨大危害。对于社会来说，反社会行为会增加犯罪率和社会不稳定因素；而对于个体来说，这种特质使他们难以建立和维持正常的人际关系，容易陷入法律纠纷和生活困境中。

闪光灯记忆（Flashbulb Memory）

闪光灯记忆是指人们对某些重大、情绪强烈事件的记忆，这些记忆往往异常清晰、详细，就像用闪光灯拍摄的照片一样。这一概念由罗杰·布朗和詹姆斯·库里克（James Kulik）在 1977 年提出。他们通过研究发现，当人们经历重大事件时，会形成一种特殊类型的记忆，这些记忆不仅包括事件本身，而且包括当时的情景、情绪和其他细节。

布朗和库里克的研究起因是他们注意到，人们对某些历史事件的记忆异常深刻，比如珍珠港事件和肯尼迪总统遇刺。他们通过调查发现，这些记忆不仅涉及事件本身，而且包括人们当时所处的位置、正在做的事情、与谁在一起等。这种记忆的形成被认为是因为这些事件对个体具有重大意义，激发了强烈的情绪反应，从而加强了记忆的编码和存储。

闪光灯记忆的形成机制涉及情绪和大脑结构之间的相互作用。研究表明，情绪激发能增强记忆的持久性，这是因为在情绪强烈时，大脑中的杏仁核会被激活，从而影响海马体对信息的处理和存储。换句话说，当你经历某个重大的、情绪强烈的事件时，你的大脑会特别注意这些信息，并将其长期保存下来。

尽管闪光灯记忆看起来非常可靠，但研究也发现，这些记忆并非完全准确。随着时间的推移，记忆可能会受到后来的信息和情绪的影响而发生变化。尽管如此，人们仍然倾向于相信这些记忆的真实性，因为它们在主观体验上感觉非常生动和真实。

记忆巩固（Memory Consolidation）

记忆巩固是大脑将短期记忆转化为长期记忆，使得信息能够在大脑中长期存储和检索的过程。这个过程由德国心理学家赫尔曼·艾宾浩斯（Hermann Ebbinghaus）首次提出，他在 19 世纪末通过对记忆遗忘曲线的研究发现了记忆巩固的现象。艾宾浩斯的研究揭示了重复和时间在记忆保存中的重要性，为我们理解记忆巩固打下了基础。

记忆巩固过程包括两个主要阶段：初始巩固和系统巩固。初始巩固发生在学习后的几小时内，涉及信息从大脑的海马体转移到新皮质区的过程。这个阶段需要大脑的突触活动和神经元之间的连接来强化记忆。系统巩固则是一个更长时间的过程，可能持续几天、几周甚至更长，其间记忆逐渐在大脑中广泛分布并变得更加稳定和不易忘记。

关于记忆巩固的研究还涉及睡眠的作用。科学家发现，睡眠尤其是快速眼动睡眠在记忆巩固过程中起着关键作用。在睡眠期间，大脑会重复和处理白天获得的信息，强化记忆痕迹，使其更加稳定。这个发现使得科学家进一步理解了为什么良好的睡眠对学习和记忆如此重要。

「延伸：有趣的是，记忆巩固不仅依赖于生理过程，情绪也扮演了重要角色。情感强烈的事件通常更容易被记住，因为情绪可以增强大脑中的神经化学信号，从而强化记忆痕迹。例如，令人兴奋或恐惧的经历往往会在记忆中留下深刻的印象，这也解释了为什么一些重要的生活事件往往会历久弥新。」

事件相关电位（Event-Related Potentials）

事件相关电位是一种记录和分析大脑活动的方法。它的原理是通过测量大脑对特定事件（例如声音、图像或决策任务）的反应，从而了解大脑在处理这些信息时的具体活动状态。这些信号是通过在头皮上放置电极来记录的，所以它又被称为脑电图。

事件相关电位的研究可以追溯到 20 世纪 60 年代。当时，美国心理学家格雷·沃尔特（Grey Walter）在研究大脑对视觉刺激的反应时，发现了一种特定的脑电波活动模式。这一发现激发了其他科学家的兴趣，随后埃默里·布朗（Emory Brown）和劳伦斯·法韦尔（Lawrence Farwell）等人也做了大量相关研究，进一步发展了这一技术。

事件相关电位的主要特点是它能够非常精准地测量大脑对外部刺激的反应时间和强度。这对于理解大脑的认知过程非常重要，例如注意力、记忆和决策的研究。通过分析不同类型的 ERP 波形，科学家可以了解哪些大脑区域在处理特定类型的信息。这些波形通常会在事件发生后几毫秒到几百毫秒内出现，这使得 ERP 成为研究大脑快速反应的重要工具。

「延伸：举个简单的例子，当你听到一个突然的声音时，你的大脑会立刻对这个声音做出反应。这个反应会在你的脑电波中产生一个瞬时的变化，ERP 技术就能捕捉到这个变化，并分析它的特点。这种技术不仅在心理学和神经科学研究中有广泛应用，还在临床诊断中扮演着重要角色。例如，ERP 可以帮助诊断某些神经系统疾病，如癫痫和多动症，并用于评估患者的认知功能。」

反应时间偏差（Response Time Bias）

反应时间偏差指的是人们在面对同样的刺激时，反应速度会因为各种因素而有所不同。这一现象的研究可以追溯到 19 世纪末，由德国心理学家威廉·冯特首次提出。他是现代实验心理学的创始人，被称为"心理学之父"。冯特在他的实验中发现，不同的个体在面对相同的视觉或听觉刺激时，其反应时间存在显著差异，这种差异并非偶然，而是有规律可循的。

反应时间偏差的形成原因多种多样，其中包括生理、心理和环境因素。例如，一个人的注意力集中程度、疲劳程度、压力状态以及对某种刺激的熟悉程度，都可能影响其反应速度。举个简单的例子，如果你正处于放松状态，听到门铃声后可能会迅速做出反应；如果你正在紧张地准备考试，反应时间可能会显著延长。这种现象在驾驶、体育竞技甚至日常生活中的许多方面都能观察到。

研究反应时间偏差的目的是更好地理解人类的认知和行为模式，并应用于提高各类系统的效率和安全性。例如，在驾驶安全研究中，了解驾驶员在疲劳状态下的反应时间偏差，可以帮助设计更有效的警示系统，预防交通事故的发生。同样，在运动训练中，教练可以根据运动员的反应时间偏差，制定更科学的训练计划，帮助他们在比赛中取得更好的成绩。

此外，反应时间偏差的研究还揭示了人类认知过程中的一些有趣现象，比如"注意力选择"和"信息加工速度"等。通过实验，科学家发现，当人们需要在多种刺激中做出选择时，他们的反应时间往往会延长。这说明大脑在处理信息时，需要一定的时间来过滤和选择最重要的信息。这一发现不仅对心理学研究具有重要意义，而且为改进人机交互设计提供了宝贵参考。

自我参照效应（Self-Reference Effect）

自我参照效应指的是人们更容易记住那些与自己相关的信息。这种效应首先由罗杰·布朗和詹姆斯·库里克在 20 世纪 70 年代提出。他们发现，当人们处理和自己相关的事物时，会更加用心，记忆也更加深刻。这是因为我们的自我意识在信息处理过程中起了重要作用。举个例子，当你遇到一个新朋友，并得知他的生日和你在同一天，你可能会更容易记住这个信息，而不是那些与你无关的日期。

这一效应的背后有几种理论解释。首先，自我相关的信息能够引起更多的情感反应和个人兴趣，从而增强记忆。例如，你在学校里学习了很多历史事件，如果某个事件与你的家乡或家庭有联系，你会更容易记住它。此外，自我参照效应还与我们的大脑结构有关。研究表明，大脑的前额叶皮质在处理与自我相关的信息时会更加活跃，这部分大脑区域负责我们的自我认知和决策过程。

心理学家还通过实验进一步证实了自我参照效应的存在。在这些实验中，参与者被要求记忆一组词语，并且有些词语是与自我相关的，而另一些不是。结果表明，参与者更容易记住那些与自己有关的词语。这种效应不仅限于记忆，而且影响我们的注意力、情感反应和信息处理方式。

心理碎片化（Psychological Fragmentation）

心理碎片化是指一个人的心理状态和情绪反应变得不连贯，仿佛被分裂成多块独立的碎片。这种现象通常发生在面对强烈的压力或创伤时，个体为了保护自己而无意识地将痛苦的记忆或情绪隔离开来。心理碎片化的概念并没有特定的发明人，但它与分离性障碍密切相关，后者最早可以追溯到19世纪法国精神病学家皮埃尔·雅内（Pierre Janet）的研究。

心理碎片化的起因通常是经历严重的创伤事件，比如战争、虐待、自然灾害等。这些事件给人带来的心理冲击过于强烈，个体的正常心理防御机制无法应对，便会通过心理碎片化的方式来逃避痛苦。这样，创伤性记忆和情感就被"封存"起来，暂时无法被意识到。

这种现象的一个典型例子是创伤后应激障碍，受害者可能会体验到记忆空白、情感麻木或感觉自己与现实脱节。心理碎片化不仅影响个人的日常生活和人际关系，而且可能导致严重的心理健康问题，如抑郁、焦虑和人格障碍。

理解心理碎片化的关键在于认识到它是一种自我保护的机制。虽然这种机制在短期内有助于个体逃避创伤带来的直接痛苦，但长期来看，它会阻碍个体正常的心理发展和情绪处理能力。心理治疗中的一个重要目标就是帮助个体重新整合这些分裂的心理碎片，使其能够在安全的环境中面对和处理痛苦的记忆和情感。

心理碎片化的研究和治疗在 20 世纪得到了更广泛的关注，尤其是在对分离性障碍和创伤后应激障碍的研究中。心理学家们通过各种治疗方法，如认知行为疗法和眼动脱敏与再加工疗法，帮助患者逐步重建心理的连贯性，恢复正常的心理功能。

非言语沟通（Nonverbal Communication）

非言语沟通是指通过肢体语言、面部表情、眼神接触、姿势、手势、触摸、空间距离、外貌等方式传达信息和情感，而不是使用口头语言。非言语沟通的研究可以追溯到 20 世纪初，达尔文在其著作《人类和动物的表情》中首次系统地探讨了人类和动物的面部表情及其情感表现，被认为是非言语沟通研究的开端。

非言语沟通的研究在 20 世纪 60 年代迎来了重要发展，心理学家阿尔伯特·梅拉比安（Albert Mehrabian）提出了一个著名的沟通模型，他认为在面对面沟通中，非言语因素占据了总沟通效果的 93%，其中包括面部表情（55%）、声调（38%）和语言内容（7%）。虽然这一比例有些夸张，但确实强调了非言语沟通的重要性。

非言语沟通在日常生活中无处不在。例如，当你与人交谈时，对方的眼神接触、微笑或皱眉都在传达情感和态度；拥抱、握手等触摸行为可以表达亲近感或友好；空间距离也有讲究，在西方文化中，保持适当的距离是礼貌的表现，而在某些中东和南美国家，人们可能更喜欢靠近一些以表示亲切。

「延伸：有趣的是，非言语沟通在不同文化中存在很大差异。比如，在日本，过多的眼神接触可能被视为不礼貌，而在西方国家，缺乏眼神接触可能被认为是不自信或不真诚。此外，手势在不同文化中也有不同的意义，如在某些国家，竖起大拇指表示"很好"，但在其他国家可能被视为冒犯行为。」

认知反刍（Cognitive Rumination）

认知反刍是指个体在面对某些问题或困扰时，反复思考、纠结于这些问题或负面情绪的一种心理现象。这种现象往往使人陷入一种循环的思维模式，无法有效解决问题，甚至可能加剧焦虑和抑郁。认知反刍的概念主要由心理学家苏珊·诺伦－霍克西玛（Susan Nolen-Hoeksema）提出，她在研究抑郁症时发现，反复思考问题或负面情绪的人更容易陷入抑郁的泥潭。

认知反刍的起因通常是个体面对压力、挫折或困境时，试图通过不断思考来找到解决方案。然而，过度反思常常会适得其反，让人无法跳出负面思维的圈子。比如，当一个人在工作中遇到困难时，他可能会不停地想着"我为什么会犯这个错误""如果再犯错怎么办"等问题，这种反复思考不仅不能帮助他找到解决办法，反而会让他更加焦虑。

有趣的是，认知反刍并不仅仅与负面情绪有关，某些时候也可能出现在积极情绪中。比如，当一个人成功地完成了一项重要任务，他可能会反复回味成功的喜悦和过程中的细节。不同于负面的反刍，正面的反刍通常不会带来不良后果。

为了应对认知反刍，心理学家提出了一些策略，比如认知行为疗法，它通过帮助个体识别和改变负面思维模式来缓解反刍。此外，正念冥想也是一种有效的方法，通过培养个体对当前时刻的专注力，减少对过去或未来的过度思考。

表象思维（Imagery Thinking）

表象思维是指人类在思考和解决问题时，利用图像、视觉意象或其他感官印象来代替抽象符号或语言进行思维的一种方式。这个概念主要由心理学家艾伦·佩维奥在 20 世纪 70 年代提出。佩维奥的双重编码理论认为，人类的认知系统中存在两种独立但相互作用的表征系统：一个是语言符号系统，另一个是非语言的视觉表象系统。这两种系统可以独立工作，也可以相互协作，从而增强记忆和学习效果。

表象思维的概念源于对人类认知过程的深入研究。佩维奥发现，人类不仅能够通过语言进行抽象思维，而且能通过视觉图像和其他感官表象进行具体思维。这种能力在日常生活中表现得尤为明显，比如当我们回忆某个地点时，脑海中会浮现出该地点的具体图像，而不是用语言描述其特征。这种现象表明，表象思维在我们的认知和记忆过程中起到了重要作用。

这一理论的提出不仅揭示了人类思维的多样性，而且为我们理解和改进学习、记忆和问题解决提供了新的视角。表象思维强调了图像和视觉表象在认知过程中的重要性，挑战了传统上仅关注语言和符号思维的观念，推动了认知心理学和教育学的发展。总的来说，表象思维是我们认识自我认知能力和改进学习方法的一把钥匙，使得学习变得更加生动、有趣和有效。

「延伸：表象思维不仅在日常生活中具有重要意义，而且在教育和心理治疗等领域得到了广泛应用。例如，在教育中，通过使用图片、视频和实际物品，学生可以更好地理解和记住复杂的概念；在心理治疗中，表象思维技术（如引导想象）可以帮助患者处理创伤记忆和情绪问题。」

知觉阻抗（Perceptual Defense）

知觉阻抗指的是人们在接收到不愉快、威胁性或不符合自己信念的信息时，会有一种潜意识的防御机制，从而减弱或避免这些信息对自己的影响。这个概念最早由心理学家布鲁诺·克洛普弗（Bruno Klopfer）在 20 世纪 40 年代提出，他通过一系列实验发现，人们在面对一些不愿接受的信息时，会比面对普通信息时反应更慢、记忆更差，甚至可能完全忽略这些信息。

克洛普弗的研究始于对墨迹测验结果的分析，他注意到测试者在看到某些图形时表现出明显的反应迟缓和认知障碍，这引起了他对知觉阻抗的兴趣。他通过进一步的实验表明，当测试者接收到与其个人信仰或价值观相冲突的信息时，会出现类似的阻抗现象。例如，当展示一些带有负面或威胁性的信息时，测试者不仅反应时间延长，而且往往记不住或误记这些信息的内容。

知觉阻抗可以追溯到人类的心理防御机制。这种机制帮助人们在面对心理压力或情感威胁时，保护自我不被过度伤害。换句话说，当我们遇到不愿意接受的信息时，大脑会自动进行过滤，减少这些信息对我们的冲击。这种现象不仅在日常生活中普遍存在，在政治、宗教等高度敏感的领域尤为明显。

知觉阻抗不仅仅表现为对负面信息的屏蔽，在某些情况下也会表现为对正面信息的过度接纳。比如，当我们遇到符合自己期待或信仰的信息时，往往更容易接受并记住，这种现象被称为"选择性暴露"。

认同危机（Identity Crisis）

认同危机是心理学家埃里克·埃里克森提出的一个概念。这个概念主要描述了个人在某些重要的转折时期，尤其是青春期和成年早期，面临自我认同和认同的困惑和挑战。埃里克森认为，人在成长过程中会经历八个发展阶段，每个阶段都有一个关键的心理冲突需要解决。其中，认同危机主要发生在第五阶段，即青春期阶段。

在这一阶段，个体开始思考自己是谁，以及自己在社会中的角色和定位。这一时期，青少年会面对大量的信息和选择，例如职业选择、性别认同、价值观念等。这些问题不仅仅是外部的社会期待和压力，更是内部的自我探索和认同需求。如果无法成功解决这些问题，个体可能会陷入角色混乱，出现焦虑、不安，甚至可能延续到成年期，影响他们的生活质量和心理健康。

认同危机的起因多种多样，包括家庭环境、社会文化背景、教育程度、同辈影响等。家庭的支持和理解在这一过程中起着至关重要的作用，父母的态度和教育方式可以极大地影响青少年的自我认同过程。另外，社会文化背景也不可忽视，不同文化对性别角色、职业选择、人生价值的定义各异，这些都会对青少年的认同过程产生深远影响。

解决认同危机的方法主要是通过自我反思和社会支持系统的帮助。个体需要在探索中不断试错，寻找真正符合自己内心的认同和价值；此外，社会和教育系统也应提供适当的指导和支持，帮助青少年更好地应对和解决这一心理挑战。

强迫性重复（Compulsive Repetition）

强迫性重复指个体在无意识中反复经历或重演过去创伤性事件或情感体验的倾向。这种行为看似违背常理，因为人们通常会尽量避免痛苦的回忆或情境。然而，强迫性重复让人不由自主地重现这些经历。

这一概念最早由精神分析学家西格蒙德·弗洛伊德提出，他在研究创伤后应激障碍时发现，一些患者会不自觉地重复他们经历过的创伤性事件。弗洛伊德认为，这种行为源于潜意识中的一种心理机制，目的是试图通过反复经历创伤来获得某种理解或控制感。

这种现象的起因通常与个体的早期经历和潜意识的情感冲突有关。弗洛伊德认为，强迫性重复是一种试图通过重演来解决内心未解的情感矛盾的行为。现代心理学进一步指出，神经科学和生物化学因素可能也在其中起作用。

虽然强迫性重复看似是一种自我伤害的行为，实际上它是心理的一种自我保护机制，通过重复，个体试图重新掌控过去未能控制的情境，或者在反复的痛苦中寻找某种解决之道。治疗强迫性重复的关键在于帮助个体认识到这种行为的存在，并通过心理治疗（如认知行为疗法）来改变这种无意识的重复模式，帮助他们学会更健康的应对方式。

「延伸：强迫性重复的表现形式多种多样，可能包括反复进入某种相似的情境，选择相似的伴侣，或者在梦境中反复重现创伤事件。比如，一个在童年经历过家暴的人，长大后可能会无意识地选择一个有暴力倾向的伴侣。这种行为不仅限于严重的创伤，而且会体现在日常生活中，比如反复犯同样的错误或者陷入同样的困境。」

社会认知（Social Cognition）

社会认知是指人们如何处理、存储和应用有关他人和社会的各种信息的过程。它研究的是个体在社会互动中如何感知、解释和记忆信息，并以此为基础做出判断和决策。

社会认知的概念源于 20 世纪 70 年代的心理学研究，目的是了解人类行为背后的认知过程。在社会认知理论中，个体通过一系列认知过程来理解和预测他人的行为，这些过程包括注意、归因、记忆和决策等。例如，当与他人互动时，我们会注意他们的外表、言语和行为，并根据这些信息形成对他们的印象和态度。

社会认知的一个重要方面是归因理论，这是由心理学家弗里茨·海德提出的。他指出，人们倾向于寻找他人行为背后的原因，并将这些原因归于个人内在特质（如性格）或外在环境因素（如情境）。这种归因过程帮助我们理解和预测他人的行为，但也可能导致偏见和误解。

　　另一个关键概念是刻板印象，即人们对某一群体成员的固定看法。刻板印象虽然有助于快速处理社会信息，但往往过于简化和扭曲，导致偏见和歧视。

　　社会认知还研究了自我概念和自尊的形成与维护。自我概念是个体对自己的认知和理解，而自尊是对自己价值的评估。我们通过与他人的比较、社会反馈和自我反思，形成和调整自我概念和自尊。

　　社会认知理论在解释人际关系、群体行为和社会现象方面有着广泛的应用。它帮助我们理解为何人们会形成特定的社会态度和行为模式，以及如何通过改变认知过程来改善人际关系和社会互动。

逆全球化（Anti Globalization）

　　逆全球化是指一种趋势或政策，其核心思想是减少或削弱国际贸易、国际合作和国际互联互通的程度，以更加强调国内利益和独立性。逆全球化运动通常包括一系列政策和做法，旨在减少外国竞争、保护本国工业和农业、强化国内市场和加强国家主权。逆全球化的一些典型特征和政策措施可能包括贸易保护主义，如提高关税、限制进口以及限制外国投资和技术转让。此外，国

家可能采取限制移民、退出国际协定和组织、削减国际
援助等措施，以减少对国际社会的依赖。逆全球化还可
能表现为强化国家主义、民粹主义和民族主义情感，强
调国家自身的独特性和利益。逆全球化趋势在不同国家
和地区之间可能存在差异，而且其影响和后果也因国家
和时期而异。逆全球化可以对国际关系、经济、政治和
文化产生广泛影响，是一个备受争议和复杂的话题。

「延伸：全球化强调跨国界的互联互通和合作，有
助于促进国际贸易、技术传输和文化交流。然而，一些
国家和社群可能担心全球化会导致本国失业率上升、文
化冲突、资源流失和国家主权减弱。因此，他们可能会
采取逆全球化政策来应对这些担忧。」

信息流瀑（Information Cascade）

信息流瀑最早由美国传播学者卡斯·桑斯坦（Cass
Sunsteim）在他的著作《谣言》中提出，用来解释在信
息传播中，个体是如何受到先前信息的影响，从而影响
其他人，最终形成一种集体认知或共识，这种共识可能
与个体的真实看法不同。信息流瀑通常始于某个个体或
少数个体传播一条信息或观点，一旦某些人开始相信并
传播某一信息，其他人往往会盲目地跟随，而不再深思

熟虑或独立判断。信息流瀑效应中，社交压力起到了重要作用，因为个体往往不愿意与社会群体背道而驰，因此会选择与主流观点保持一致。信息流瀑效应有时可能导致信息传播的错误，因为人们更关注社交影响而不是信息的准确性。

信息茧房（Information Cocoons）

　　信息茧房由美国学者卡斯·桑斯坦在他的著作《信息乌托邦》中首次提出，描述个性化信息时代中信息接受面变得狭窄的现象。信息茧房发生的主要原因在于个体信息需求的偏好和互联网技术的结合，导致了信息的有选择性接收和个性化过滤。个人在选择信息时倾向于获取与自己兴趣、信仰或观点相符的信息，这导致了信息茧房的初步形成；互联网平台和社交媒体使用复杂的算法和人工智能来分析用户的行为和偏好，然后向他们提供符合其兴趣的信息，这进一步强化了信息茧房。个性化信息推送和社交媒体中的算法过滤会使用户接触到的信息更有局限性，因为它们更可能与用户已有的观点和偏好一致。信息茧房可能会导致一系列问题，包括信息接收的局限性、信息的自我强化循环、社会群体的极化、新闻的可信度下降等。

数字监控（Digital Monitoring）

数字监控涵盖多种不同情境下的数字监控行为。数字监控指的是政府或数字媒体平台等实体，利用大数据技术对个人或企业的行为、状态进行监视、评估和跟踪的综合行为。这些行为往往会引发人们对国家和个人隐私安全以及对自由和人权的侵犯的担忧，因此通常带有贬义并受到批评。尤其是自新冠疫情暴发以来，许多人的工作、学习和消费等活动都转移到了数字媒体平台上，这进一步推动了数据监控的需求，以进行疫情的跟踪和控制。然而，一些事件引发了人们对数字监控和个人信息安全的担忧，例如像剑桥分析那样的公司使用算法程序获取用户信息，用于操纵网络言论，扭曲公共讨论。这使人们更加关注如何界定互联网隐私信息，以及是否需要在个人自愿发布信息和社会流行疾病的需求之间找到平衡。

意元集组（Chunking）

"模块"是指短期记忆中的一个信息单位，例如一串字母、一组文字或一系列数字。意元集组的技巧旨在克服短期记忆的限制，通过将各种信息进行分类和编排，组成几个较大的单位。短期记忆最有效的处理方式是将信息分成四组模块，上下浮动一组。例如，大多数人可以在三十秒内记住五个一组的单词，但是很少有人能够在同样的时间内记住十个一组的单词。如果将十个一组的单词分成几个较小的组（例如两组三个字和一组四个字），那么记忆效果将会大大提高，比如大部分人都可以记住自己常用的电话号码和身份证号码。

「延伸：意元集组经常被视为简化设计的一项技巧，但这个法则也可能被误用。该法则的特殊限制在于，它专门用于处理与记忆相关的信息。例如，字典的一页只能容纳四到五个词条，在这种情况下，应用意元集组法则既无必要也不起效果。因为这类参考资料主要用于搜索特定信息，在这种情况下，运用意元集组法则会浪费大量的精力和时间，毫无意义。」

奥卡姆剃刀（Occam's Razor）

奥卡姆剃刀是 14 世纪由威廉·奥卡姆提出的原则。他对当时无休止的关于"共相"和"本质"的争论感到厌倦，因此提出了这个原则，主张只承认确实存在的事物，认为那些空洞无物的普遍性概念是无用的累赘，应该被无情地剔除。这个原则的核心思想可以总结为"如无必要，勿增实体"。

奥卡姆剃刀的提出对经院哲学和基督神学产生了深远影响。

「延伸：奥卡姆剃刀曾受到威胁和异端邪说的指责，奥卡姆本人也遭受了伤害。但是，这并没有削弱奥卡姆剃刀的锋利性，相反，经过数百年的发展，它已经超越了原本狭窄的领域，具有广泛、丰富和深刻的意义。在科学理论的构建和验证过程中，奥卡姆剃刀常常被用来选择最简单和最经济的解释，科学家倾向于选择能够用最少的假设和实体来解释观察到的现象的理论；在医学诊断中，医生倾向于首先考虑最简单、最常见的疾病或病因，而不是过度考虑复杂或罕见的情况，这有助于提高诊断的准确性和效率；在信息技术领域，奥卡姆剃刀被用来设计和优化系统，以减少不必要的复杂性和冗余，提高系统的性能和效率。」

规模谬误（Fallacy of Scale）

规模谬误指一种错误推断，认为某一规模下成功运作的系统同样适用于其他规模。这种错误推断常常涉及力量和重量的比较。例如，人们常常将小昆虫的力量与人类的力量进行比较。南美切叶蚁可以举起比自己体重重 50 倍的东西，而人类只能举起比自己体重轻一半的东西。基于这样的观察，人们可能会推断，如果将蚂蚁放大到人类的大小，它将保持相同的力量优势，因此一只200磅的蚂蚁可以举起1万磅的东西。然而，事实上，放大到这种大小的蚂蚁只能举起50磅的东西，前提是它还能动。

这个推断的错误在于忽视了规模对系统表现的影响。在不同的规模下，系统的性质和行为也会有所不同。虽然在小规模下地心引力较小，但随着体积的增大，地心引力将以指数方式增加。因此，规模谬误提醒我们，在不同规模下，系统的表现可能会有很大差异。

大草原偏爱（Savanna Preference）

大草原偏爱是指人们相比其他类型的环境，有更喜欢类似大草原的环境的倾向。人们倾向于喜欢开阔的空间、分散的树木和水源，以及绿茵茵的草地。相反，人们总体上不太喜欢其他自然环境，如沙漠或稠密的森林，或者绵延不绝的山脉。这种偏好源自一个观点：早期生活在大草原上的人类的生存率比其他环境中的人类更高。这种优势成为遗传倾向的结果，因此直到今天，人们仍然偏爱大草原环境。世界上的公园、度假区和高尔夫球场与大草原相似，这并非偶然，而是一种无意识的偏好。

我们对原始家园怀有难以割舍的情感，这种偏好超越年龄和文化的界限，在童年时期最为强烈，随着年龄增长以及文化和知识的积累，我们对环境的认知和喜好也在不断改变，但大草原偏爱根植于我们的思想中。

自相似性（Self Similarity）

自相似性指一个整体的组成部分与整体或彼此之间具有相似性。自然界中广泛存在的自相似性通常是通过递归这种基本的运算过程产生的。递归发生在系统接收输入后稍作修改再输出，并将输出再次送回系统的过程中。这种循环过程会导致形式上的微小变化，可能是缩放、扭曲或重新排列，但仍然保持与基本形式的相似性。

自然界中普遍存在的自相似性暗示了隐藏的秩序和互相作用，并指示了如何在人造形式的构图和结构中运用美感：自相似性的概念在艺术、建筑和设计中得到广泛应用。例如，罗马水道的拱形结构和哥特式大教堂的飞拱在设计各个方面都考虑到了自相似性，如故事情节、视觉暗示和结构、构图。通过重复使用单一而基本的形式来创建多层次的"元形式"，模仿了大自然中节约和重复的趋势，创造出具有和谐、统一感的作品，展现出自然界中的美妙秩序。

测不准原理（Uncertainty Principle）

海森堡测不准原理指出，无法同时准确确定一个粒子的位置和动量，因为对其中一个进行测量必然会对另一个产生影响。同样，一般的测不准原理认为，在系统中对某些敏感变量进行测量会影响测量结果，从而影响测量的准确性。

「延伸：举个例子，如果要测量一台电脑的好坏，可以使用事件日志记录的方法：记录下电脑发生的每一个事件。这样做增加了对电脑工作的可见性，可以清晰地判断电脑的好坏。然而，同时也会消耗电脑的资源并干扰其正常工作。这种由测量引起的测不准情况是系统中敏感变量的结果，它表现为测量的一种"侵略性"。敏感性指的是系统中的变量很容易受到测量的影响，而"侵略性"指的是测量所带来的干扰。」

碳交易（Carbon Trading）

碳交易是一种旨在减少温室气体排放并推动环境保护的市场机制。它基于碳排放的概念，通过创建碳市场，使企业和国家能够买卖二氧化碳排放权额，以鼓励减少排放。碳交易的目标是减缓气候变化，推动清洁能源和低碳技术的发展，同时降低温室气体排放。

在碳交易系统中，政府或国际组织首先设定一定数量的温室气体排放额，也称为排放配额或碳配额。这些排放额通常以吨为单位，代表某个特定时间段内允许的温室气体排放数量。排放额可以分配给工业企业、发电厂、交通运输部门和其他排放源。每个参与者都必须持有足够的排放额以覆盖其实际排放。排放额可以在碳市场上进行买卖。这些市场可以是国内市场，也可以是跨国市场，如欧洲排放交易体系。企业可以购买额外的排放额，以满足其排放量超过分配的需求，或者出售多余的排放额，从而获得额外收入。碳市场上的排放额价格通常受到供需关系、政府政策和气候政策的影响。排放额价格的上升鼓励企业采取减排措施，以避免额外成本。一些碳市场也设有上限，逐渐减少排放额的供应，以逐渐减少排放。碳交易制度鼓励企业和国家采取减排措施，因为减排可以减少购买额外排放额的成本，并有助于避免对环境造成额外的影响。此外，碳交易还鼓励清洁能源和低碳技术的发展，以满足更严格的排放标准。

碳交易已经成为全球应对气候变化的重要工具之一。各国和地区正在推出自己的碳交易系统，并探讨建立跨国碳市场的可能性，以加强全球减排努力。

主体间性（Intersubjectivity）

主体间性是一个哲学和社会科学领域的概念，用于描述人际关系和沟通中的互动性和共享性。在艺术领域中，主体间性指的是艺术作品和观众之间的共享体验和相互作用，以及观众之间的交流和共鸣。这一概念强调艺术的社会性和文化性，认为观众不仅是被动的接受者，而且是艺术作品的积极参与者，观众的背景、情感和经验影响他们对作品的理解和解释，不同的观众可能会从同一件作品中获得不同的体验和意义。主体间性认为观众之间可以分享类似的艺术体验，当观众在作品中找到共鸣，或者通过作品与他人进行对话时，共享的体验会增强他们对作品的情感联系和理解。这一思想认为，作品的意义不仅仅取决于作者的意图，观众的解释和体验同样重要。

解域化（Solution Localization）

解域化是一个艺术和文化理论领域的概念，用于描述将事物或元素从原本的上下文中抽离出来，使其脱离了最初的背景和含义。这个概念通常与重组、重新解释或重新构思艺术作品或文化现象相关联。解域化的过程可以导致新的意义、理解和情感的产生。

解域化的过程有时旨在激发观众或参与者的思考。将一个元素从原始上下文中取出，可能使人们重新思考它的含义、价值和影响。通过将元素放置在新的上下文中，解域化可以创造出新的意义和解释。观众可以通过重新解释这些元素，赋予它们新的文化、社会或个人含义。解域化有时被用来挑战传统的文化、社会或艺术观念。将传统元素放置在新的环境中，可能打破旧的固定思维模式，促使人们重新审视和反思。在艺术实践中，解域化可以是一种创造性的策略。艺术家可以将不同的材料、元素或符号组合在一起，以创造出具有新意义的作品。

「延伸：解域化在文化研究中具有重要地位。研究人员可以通过分析文化现象的解域化过程，深入了解文化的演变和传播。解域化有时也用于政治和社会评论。通过将某些元素从原始背景中抽离出来，艺术家和活动家可以引起人们对特定问题或社会不平等的关注。」

后现代精神（Post-Modern Spirit）

后现代精神是一个抽象且复杂的概念，用来描述艺术、文化和哲学领域中出现的一种思维和态度。它强调多元性、矛盾、分裂、反叙事、混淆和相对性，与现代主义的一贯特征形成鲜明对比。后现代精神在20世纪后期出现，并在不同领域中产生了广泛影响，包括文学、视觉艺术、哲学、电影和流行文化等。

后现代精神拒绝相信单一的大故事或绝对真理。它强调知识和真理是相对的，不受客观现实或权威的绝对支配；强调多元性和分裂性。它认为世界是复杂多样的，没有单一的、普适的解释或价值观；容忍矛盾和混淆。它认为事物可以同时存在于相互矛盾的状态中，而不必寻求一致性或合一性；挑战叙事的权威性，强调叙事的相对性和模糊性。故事可以多种多样，不必遵循传统的叙事结构；支持文化相对主义，认为价值观和观念是文化特定的，没有普遍的、永恒的价值观。后现代艺术和文化常常采用拼贴、混合和引用多种文化元素，以创造新的艺术形式和文化表达。后现代精神反对传统观念和权威性结构。它强调个人和群体的自主性和反抗精神，鼓励人们以更开放、多元的视角来看待世界和社会。虽然后现代精神在不同文化和学科中具有不同的变体，但它总体上强调对复杂性、多样性和相对性的接受。

身份认同（Identity）

身份认同是艺术中一个常见而重要的主题，艺术家可以通过各种方式来探讨和表达个体和群体的身份认同。

自画像是艺术家用自己的形象来表达自己的身份认同的一种方式。肖像画也可以用来探讨被绘制者的身份，不仅是外貌，而且包括内在特质和情感状态。一些艺术家使用文化符号、图像和符号来表达特定文化或群体的身份认同。其中包括宗教图像、民族符号、标志性建筑等。一些艺术家通过纪录片摄影、口述历史或个人故事叙述来探讨个体或社群的身份。这种方式可以用来传达真实的、有关个人或群体的经验和故事。装置艺术可以通过创造环境或情境来引导观众对身份认同进行思考。一些艺术家使用作品来探讨性别认同和性取向问题。这包括性别表演艺术、性别非二元性表达等。一些艺术家使用他们的作品来反映和评论社会政治议题，包括种族、阶级、性别、宗教和民族等身份认同相关问题。身份认同并不总是平稳和一致的。一些艺术家可能探讨身份认同的对立和冲突，以揭示身份认同的多样性和复杂性。

异托邦（Heterotopia）

异托邦是由法国哲学家福柯提出的概念，指的是一种与现实社会空间不同的、特殊的、存在于社会之中的地方或空间。这些地方可能具有独特的规则、功能或意义，与周围社会形成对比。

异托邦的概念强调了社会空间的多样性和复杂性。福柯认为，异托邦是一种既物理存在又在人们的意识中建构的地方，它们在社会结构中扮演着特殊的角色。这些空间可能在不同的时间和文化中产生不同的形式，但它们共同构成了社会的多层次性。异托邦的例子包括博物馆、公共广场、医院等。这些地方既是实际存在的物理空间，又承载着符号、象征和权力的层面。异托邦的概念有助于理解社会如何通过特定的空间组织和塑造权力关系，以及这些空间如何反映社会的价值观和文化。

在艺术领域，异托邦的概念也得到了运用。艺术家常常通过创造特殊的艺术空间来挑战观众的认知和期望。一个例子是艺术展览，特别是当展览设计旨在打破传统展示方式、引发思考或创造独特体验时。

另一个例子是当代艺术中的装置艺术，艺术家通过空间的布置、物体的摆放，以及观众与作品的互动，创造出与日常生活迥然不同的环境和体验。这些艺术空间成为一种异托邦，通过艺术的媒介呈现出一种独特的、超越现实的感知体验。

无器官的身体（Body Without Organs）

无器官的身体是由法国当代哲学家吉尔·德勒兹（Gilles Deleuze）与精神分析学家费利克斯·加塔利（Félix Guattari）提出的后结构主义思想概念。需要特别指出的是，对德勒兹哲学美学概念的界说，是一项十分勉强而且违背德勒兹精神特质的悖论式的工作。在传统哲学中，身体被认为是一个有机体，由各种器官组成，这些器官有特定的功能和位置。但是德勒兹和加塔利认为，身体不仅是由器官组成的有机体，而且包括一种无器官的身体，这种身体不仅是一个物理实体，而且包括感知、情感、思想等方面。

无器官的身体是一种流动的、变化的、非固定的身体，它不受器官的限制，可以自由地流动和变化。这种身体包括感知、情感、思想等方面，它是一个动态的、开放的、多元的身体，可以与外界不断地交流和互动。无器官的身体是一个不断变化和进化的过程，它可以通过各种方式来表达和实现自己的价值和意义。

多维感知（Multi-Dimensional Perception）

多维感知是一种感知过程，强调人类感知和认知的多维性，即通过多种感觉通道和认知方式来理解和解释世界。这一概念涉及感官、情感、思维、文化和社会因素等多个维度，用以描述个体在感知过程中的复杂性和多样性。

多维感知不仅是视觉和听觉，而且包括触觉、嗅觉、味觉和其他感官通道。这意味着个体通过多种感官来感知和理解世界。情感在感知过程中起着重要作用，个体的情感状态可以影响他们对事物的感知和评价。情感的多维性也在多维感知中得到体现。不同个体的认知方式和思维模式可能不同，导致对同一事物的感知有所差异。文化、教育和经验等因素也会影响感知的多维性。个体的社会和文化背景对他们的感知方式产生重要影响。文化价值观、社交互动和社会经验都可以塑造感知的多维性。感知不是静态的，而是动态的，可以随着时间和情境的变化而变化。多维感知考虑到这种动态性，以更好地理解感知过程。多维感知是一个跨学科领域，涉及心理学、神经科学、文化研究、艺术和设计等多个领域，以全面理解感知的多维性。

多维感知的研究有助于揭示感知是如何在不同情境和个体之间变化的，以及感知与情感、思维、文化和社会因素之间的关系。

快时尚（Fast Fashion）

快时尚是指一种迅速反应时尚趋势，将时尚设计和新款式尽快带到市场上以满足消费者需求的商业模式。快时尚品牌以快速设计、高效生产、迅速供应以及频繁更新款式为特点，旨在提供廉价、时尚的服装和配饰。

合成生态（Synthetic Ecology）

合成生态是一种在受控环境中创建和维护的生态系统，旨在模拟自然生态系统的特征和功能。这个概念始于20世纪70年代，英国科学家詹姆斯·拉夫洛克（James Lovelock）首次提出"该亚假说"（Gaia Hypothesis），将地球看作一个超级有机体。这种全新的审视生命的方式，认为地球是"活"的，能够自我调节，维系生命体系的稳定性和持续性。合成生态常常涉及人工设计、管理和监测，以创造具有特定目标的生态环境。合成生态可以用于多种领域，包括生态学研究、生态系统恢复、城市规划、宇航科学和环境管理等。

合成生态旨在模拟自然生态系统，包括陆地生态系统、水生生态系统等。这些模拟系统可以在受控环境中复制自然界中的生态过程。在一些受损的生态系统中，合成生态可以用于恢复和修复生态平衡。例如，受污染的土地可以通过引入适当的植被和微生物来净化。在城市规划中，合成生态可以用于创建城市内的绿色空间、城市农业和雨水管理系统。这有助于改善城市环境和提高城市居民的生活质量。在太空探索中，合成生态可以用于创建闭环生态系统，供宇航员在太空站中生活和工作。这些系统可以提供氧气、食物和水，同时处理废物。在环境管理领域，合成生态可以用于处理废水、净化空气、控制污染和管理自然资源。合成生态可以用于生态学研究和教育。科学家和教育机构可以使用这些模拟系统来研究生态过程，并教育人们认识到生态学和环境保护的重要性。

合成生态是一个跨学科的领域，涉及生物学、工程学、环境科学、计算机科学和管理学等多个领域的专业知识。它的目标是为人类提供可持续的生态解决方案，帮助保护和维护地球上的生态平衡。

体验经济（Experience Economy）

体验经济是一种经济理论和商业趋势，强调通过提供独特和愉悦的体验来满足消费者需求，并将这些体验转化为商业价值。在体验经济中，企业不再只是提供产品或服务，而是致力于创造令人难忘的、情感丰富的体验，以吸引客户、建立忠诚度和实现盈利。

在体验经济中，消费者的体验被置于首要位置。企业不仅要提供产品或服务，而且要创造一个愉悦、有趣、吸引人的环境，使顾客感到满意并留下深刻的印象。体验经济强调情感和参与度。客户希望与品牌或企业建立情感联系，与之互动，并在体验中积极参与。个性化的体验是体验经济的关键。企业通常根据客户的需求和偏好提供个性化的体验，以增加客户满意度和忠诚度。体验经济鼓励多感官体验，包括视觉、听觉、触觉、嗅觉和味觉。这可以通过音乐、装饰、味道、互动等方式实现。企业通常将品牌或产品的故事融入体验中，以吸引消费者并建立共鸣。故事叙述可以让体验更具深度和情感。体验经济鼓励客户在社交媒体上分享他们的体验，这有助于品牌扩大知名度，并通过口碑传播。在体验经济中，客户通常更愿意为独特的、高质量的体验支付更高的价格，而不仅仅是为产品或服务本身。企业关注客户的长期关系，而不仅仅是单次交易。通过提供持续的愉悦体验，企业可以获得客户的忠诚度，并在客户的生命周期内获取更多价值。体验经济要求企业不断创新，以提供新颖和引人入胜的体验，吸引消费者并保持竞争力。

体验经济的典型例子包括主题公园、音乐节、豪华酒店、精品咖啡店、瑜伽工作室和餐厅。这些强调的不仅仅是产品或服务的质量，更是与之相关的情感和社交体验。体验经济在许多行业中变得日益重要，企业需要积极采纳这一趋势，以满足现代消费者的需求，从而获得商业成功。

消费社会（Consumer Society）

消费社会这一概念源自鲍德里亚著述的《消费社会》，它指的是现代发达国家由于物的极大丰富与系统化而兴起的一种社会形态。消费这一行为被赋予了更深刻的意义，并且正在利用它潜藏的控制力量，给社会和个人带来一定的后果。鲍德里亚指出"大型技术统治组织"利用"符号拜物教"创建了用以取代旧的区分不同阶级的新的社会等级。这本书从结构主义的视角，通过引入"符号消费"的概念，透彻地分析了现代社会中消费行为的各个方面，并且对消费社会中的许多问题和现象作了深入的阐释和揭露。

工业水平增长极大地提高了人类社会的生产力水平，使得物、服务和物质财富极大丰盛。同时，科技的发展也将劳动力进一步解放出来，人有了更多的休闲时间和更多的选择空间，这也使得消费能够渗透到日常生活的各个细节。任何事物都能够成为商品，人也摆脱了原本清教徒式的禁欲生活，期望通过消费行为实现理想中的幸福和平等。鲍德里亚认为，虽然现实社会中存在着种种不平等，但人们可以通过消费这一手段，拥有平等的错觉。由此，消费成为严苛的社会规则下，人能够彰显个性、感受自由的途径。物质的极大丰富，使得物的使用价值在逐渐消失，取而代之的则是物的符号价值。消费能够区分不同个体的身份和社会地位，在消费的过程中，人也在构建自己的身份认知。消费附加了文化的意义，控制了意识形态。广告商通过媒介将世界的拟像呈现在受众眼前，利用变换多样的广告来展现符号的编码规则。不断输出消费时尚规则，强化时尚符号，使受众不停追赶潮流，进行非理性的消费行为。

消费成为我们构建身份的方式。在消费社会中，人们通过消费不同的物品以及背后蕴含的符号内涵来彰显自己所谓的个性，构建出一种平等与自由的幻象。由于受到符号的裹挟，消费者看似在自由地进行选择，自由地进行着消费，实际上，恰是符号的结构逻辑在控制着他们的行为。受到物品以及物品背后符号内涵的约束，消费者看似拥有广阔的选择空间，但他们并不自由。而在这种无尽的对符号价值的追求中，人成了"符号拜物教"的忠实信徒，进而丧失了思考能力，丧失了理性，而人的主体性也在随之消逝。在这种异化中，我们需要看到个体的价值和个体的存在，警惕通过符号构建的扭曲镜像来认识身边的人和我们所处的社会。

新消费时代（New Consumption Era）

新消费时代是指消费习惯、购物方式和消费价值观发生深刻变化的时期。这一时代通常受到新技术、社会趋势和文化变革的驱动，影响着人们如何购买、使用和评价产品和服务。

新消费时代强调数字化消费，人们越来越多地使用互联网和移动设备来购物和获取信息。电子商务平台、社交媒体和移动应用成为购物的主要渠道。消费者希望获得个性化和定制化的产品和服务。企业通过收集和分析消费者数据，提供更贴近个人需求的解决方案。新消费时代的消费者更加关注可持续性和社会责任。他们倾向于支持环保友好的品牌和产品，以及积极参与社会问题的企业。共享经济模式在新消费时代变得流行。人们通过共享资源、租赁和分享服务来满足他们的需求，而不仅仅是拥有物品。消费者更注重购物过程中的体验。他们希望购物是一种愉悦和有趣的体验，而不仅仅是购买产品。品牌价值和文化变得更加重要。消费者更倾向于支持与他们的价值观和身份相符的品牌。社交媒体的兴起增强了社交影响力。消费者受到社交媒体上的意见领袖和朋友的建议及评论的影响。消费者对即时满足的期望增加，他们希望快速获取产品和服务，无论是通过快速送货服务还是其他方式。新消费时代涌现了多种支付方式，包括移动支付、虚拟货币和加密货币。消费者对个人数据的隐私和安全关切增加，企业需要采取措施来保护客户数据。

新消费时代对企业和品牌提出了挑战，要求他们适应消费者的新期望和需求。成功的企业通常是那些能够灵活应对市场变化、创新产品和服务、积极参与社会问题并建立强大的品牌认同的企业。这一时代也强调了企业的社会责任和可持续经营的重要性。

融媒体时代（Integrated Media Era）

融媒体时代也称为媒体融合时代，指的是在数字技术和互联网的推动下，不同媒体形式和平台之间的界限变得模糊，内容可以跨越多种传播媒体和渠道，从而形成全新的媒体生态系统。融媒体时代带来了多媒体内容的整合、用户参与的增加以及传媒业务模式的变革。

　　融媒体时代将文字、图像、音频、视频等多种媒体形式整合到一个平台或内容中，使用户可以更丰富地获取信息和娱乐。内容不再受限于特定媒体或平台。在融媒体时代，内容可以自由传播到不同的媒体，包括社交媒体、博客、视频分享网站、移动应用等，以满足用户的多样化需求。融媒体时代鼓励用户参与和创造内容。社交媒体平台、博客和维基百科等使用户成为信息的生产者，而不仅仅是信息的消费者。数字技术使得媒体内容可以根据用户的兴趣和需求进行个性化定制。推荐算法和人工智能技术可以为用户提供定制化的信息和娱乐。传统媒体业务模式受到挑战。广告模式、订阅模式和付费内容模式等都在融媒体时代发生了变化，传媒公司需要不断适应新的商业环境。融媒体时代使新闻和信息传播变得更加迅速，人们可以通过社交媒体和在线新闻渠道实时获取信息。传媒领域的多元化增加了竞争和创新。新兴媒体企业和个人创作者有机会进入市场，提供各种各样的内容。由于信息传播速度快，媒体可信度和新闻道德问题变得更为重要。在融媒体时代，识别虚假信息和维护新闻可信度变得更加困难。

后疫情时代（Post-Pandemic Era）

后疫情时代是指在全球性大流行病（如新冠）或大规模流行病暴发之后的时期。这一时期通常涵盖了疫情暴发的高峰和后续的恢复和重建阶段。在后疫情时代，社会、经济、健康和政治方面都可能经历显著的变化和调整，以适应新的现实。

在大流行病后，社会可能会更加关注公共卫生和医疗系统的重要性。政府和国际组织可能会加强预防措施、医疗设施的建设和医疗研究，以准备应对未来的健康威胁；疫情暴发可能会对全球经济产生重大影响，导致失业率上升、供应链中断和金融不稳定。后疫情时代可能需要政府采取一系列政策来刺激经济复苏，帮助企业和个人恢复。疫情暴发加速了远程工作和在线教育的普及。在后疫情时代，这些趋势可能会继续发展，改变工作和教育的方式。疫情期间，人们对社交距离和卫生习惯的关注增加。这种关注可能会在后疫情时代继续，导致人们的行为和社交习惯发生变化。全球旅游业受到疫情冲击，国际关系也可能发生变化。在后疫情时代，旅游业可能会逐渐复苏，但也可能会出现新的旅行限制和安全措施。疫情期间，科技和创新在应对挑战中发挥了关键作用。在后疫情时代，对科技和数字化解决方案的需求可能会继续增加，以改进医疗、教育、通信和其他领域。大流行病对人们的心理健康产生了负面影响。在后疫情时代，社会可能会更加关注心理健康问题，并提供更多的社会支持和心理健康服务。

智媒时代（The Era of Intelligent Media）

智媒时代是指在数字技术和人工智能的推动下，媒体和信息传播领域发生深刻变革的时期。这一时代的特点是媒体平台和内容变得更加智能化、个性化，用户体验得到增强，媒体企业和创作者利用数据分析和人工智能，来改进内容生成、推荐和交互。

智媒时代通过分析用户的兴趣和行为，提供个性化的内容推荐。这意味着用户更容易找到和享受与其兴趣相关的信息和娱乐。搜索引擎和内容平台采用了更高级的搜索和分类算法，使用户能够更准确地找到所需的信息。这些算法利用自然语言处理和机器学习技术。人工智能技术被用于自动化内容生成，包括自动化新闻写作、音频和视频生成。这加快了内容的产出速度。智媒时代探索了 VR 和 AR 等新媒体形式，为用户提供更沉浸式的体验。媒体企业使用大数据分析来了解受众需求，改进内容策略，优化广告投放，提高用户参与度。社交媒体平台成为信息传播和互动的重要场所。用户通过社交媒体分享信息、互动并建立社交关系。智媒时代催生了新的商业模式，包括订阅模式、会员制度、付费内容和在线广告。智媒时代提出了媒体伦理和隐私问题，需要更多关注用户数据的合法使用和信息真实性。数字媒体和互联网使信息能够跨越国界传播，促进了全球化和文化多样性的交流。智媒时代改变了教育方式，提供了在线教育、远程学习和自主学习的机会。

分众时代（The Era of Customization）

分众时代是指在市场营销和广告领域，企业和品牌开始将消费者细分成小的、具有共同特征和兴趣的群体，并针对这些特定群体开展精准的营销活动的时代。这一时代强调了个性化、定制化的市场营销策略，以满足不同消费者群体的需求和期望。

分众时代将市场细分为多个小群体，每个群体具有独特的特征、兴趣、行为和需求。这些细分群体还可以根据各种因素进行再次划分，包括年龄、性别、地理位置、收入水平、兴趣爱好等。企业和品牌通过精确的市场细分，能够更准确地定位他们的目标受众。这有助于他们理解目标受众的需求，以及如何更好地满足这些需求。分众时代强调个性化的市场营销策略。企业通过向不同的细分群体提供个性化的产品、广告和促销活动，增加客户的参与度和忠诚度。分众时代鼓励企业提供定制化的产品和服务，以满足不同细分市场的需求。这可以通过产品特性、定价策略、包装和服务质量等方面实现。数字技术和大数据分析在分众时代扮演着关键角色。企业可以收集和分析消费者数据，以更好地了解他们的行为和偏好，并根据数据制定决策。社交媒体平台和内容营销是分众时代的重要工具，可以用来吸引以及和目标受众互动，并促使他们参与品牌以及在购买决策中考虑品牌。

规训革命（Disciplinary Revolution）

规训革命指现代社会中规训的强化，以及由此带来的国家政权对社会更加严格的管控和资源榨取的能力。规训是一种社会控制和管理的手段，通过规范和约束个体的行为，以达到国家政权的目标。

现代社会中，随着科技的发展和社会变革的加速，规训的力度和范围不断扩大。国家政权通过各种手段，如监控技术、大数据分析等，对社会进行更加精细化的控制和管理。这种强化的规训能力使国家政权能够更有效地实施社会治理，提高社会稳定性和资源利用效率。然而，规训革命也引发了一系列社会问题和争议。一方面，个体的隐私和自由受到了侵犯，社会中出现了更加严密的监控和控制体系；另一方面，国家政权对社会资源的榨取加剧，导致资源分配不均和社会不公。规训革命对社会治理与个体自由和权利的平衡提出了挑战。

信息可信度（Information Credibility）

信息可信度是指我们判断一条信息是否真实、可靠和准确的能力。在互联网和社交媒体时代，信息爆炸让我们每天接触到大量信息，其中不乏虚假信息和误导性内容。因此，信息可信度显得尤为重要。

信息可信度的概念并没有特定的发明人，但它在新闻学、信息科学和媒体素养教育领域得到了广泛关注。新闻学者和信息科学家，如沃尔特·李普曼（Walter Lippmann）和丹尼尔·卡尼曼，都曾深入探讨过信息可信度的问题。尤其是卡尼曼的研究，揭示了人类在处理信息时的认知偏差，这对我们理解信息可信度有很大帮助。

判断信息可信度可以通过几个简单的步骤。第一，看信息的来源是否可靠。知名媒体和权威机构发布的信息通常更可信。第二，检查信息是否有具体的数据和证据支持。第三，查看信息是否在其他可信来源中得到验证。如果多方信息一致且没有明显错误，这条信息的可信度会更高。第四，了解信息发布的时间和作者背景也很重要。过时的信息可能已经不再适用，而作者的专业背景和利益关系可以帮助我们判断其动机。第五，保持批判性思维，特别是面对那些看起来过于惊人的信息时，应该多加核实。

通过这些方法，我们可以更好地辨别信息的真假，避免被误导，做出更明智的决策。信息可信度不仅是科学家的研究课题，而且是每个人在信息时代应具备的重要技能。

第四权力（The Fourth Estate）

第四权力通常指的是新闻媒体在社会中的作用和影响。这个术语起源于 18 世纪英国政治家和作家埃德蒙·柏克（Edmund Burke），他用它描述新闻媒体在制衡政府权力和维护民主中的重要作用。除了立法、行政和司法三权分立之外，新闻媒体被称为"第四权力"，因为它在监督和制约政府权力方面起到了不可或缺的作用。

新闻媒体的核心职责是报道事实、揭露真相和为公众提供信息。这使得新闻媒体成为民主社会的重要组成部分，保障公民知情权，促进公共讨论，并通过监督政府和其他权力机构，防止腐败和滥用职权。例如，通过调查性报道，媒体可以揭露政治丑闻、企业不正当行为和社会问题，从而促使有关方面进行改正和改善。

第四权力的重要性在于其能够影响公众舆论和社会走向。媒体不仅是信息的传播者，而且扮演着塑造公众认知和观点的角色。通过新闻报道、评论和社论，媒体可以引导社会关注重要议题，推动政策改革和社会变革。

然而，新闻媒体作为第四权力也面临许多挑战。首先是客观性和公正性问题。新闻报道应当基于事实，避免偏见和误导。然而，在现实中，媒体有时会受到经济利益、政治压力和自身立场的影响，导致报道失实或偏颇。其次是媒体集中化问题。少数大型媒体集团控制了大量的新闻资源，可能会影响新闻的多样性和独立性。最后，在数字时代，社交媒体和假新闻的兴起，也对传统媒体的权威性和可信度构成了挑战。

为确保第四权力能够有效发挥作用，必须保障新闻自由和媒体独立。政府应当保护新闻从业者的安全和权力，避免对媒体的过度干预和控制。媒体自身也应当坚持职业道德，遵守新闻报道的基本准则，提供准确、公正的信息。

虚假新闻（Fake News）

虚假新闻是指故意制造并传播的虚假或误导性信息，通常以新闻报道的形式出现，以误导公众或达到某种特定目的。虚假新闻可以通过传统媒体、社交媒体和其他数字平台快速传播，对社会、政治和个人生活造成严重影响。

虚假新闻的广泛传播主要源于几个原因。首先是数字技术的进步和社交媒体的普及，使得信息传播变得非常迅速和广泛。任何人都可以在互联网上发布信息，缺乏有效的审查机制，使得虚假新闻容易被大众接触和相信。其次是信息过载。在信息泛滥的时代，人们很难分辨真假新闻，容易被表面信息迷惑。最后是情绪化和偏见。虚假新闻往往利用人们的情绪和偏见，通过煽动情绪、迎合已有观念来吸引注意力和传播。

虚假新闻带来的危害是多方面的。它可以扰乱公共舆论，影响选举结果，甚至引发社会动荡。例如，在2016 年的美国总统选举中，虚假新闻被广泛认为对选民的决策产生了重大影响。此外，虚假新闻还会损害个人声誉，破坏社会信任。人们一旦对媒体和信息源失去信任，便会产生普遍的怀疑态度，这对社会的正常运作极为不利。

应对虚假新闻需要多方面的努力。首先，媒体和科技公司应当承担起社会责任，改进算法和平台机制，减少虚假新闻的传播。比如，通过加强内容审核、标注虚假信息、提升信息透明度等措施，来防止虚假新闻的扩散。其次，教育和提高公众的媒体素养至关重要。公众需要学会如何辨别信息真伪，了解可靠的信息源和检查事实的方法。政府和教育机构可以通过宣传和培训，增强公众识别和应对的能力。例如，一些社交媒体平台已经开始采取措施打击虚假新闻，如设置事实核查机构、引入第三方审核和改进信息标注。这些措施虽然取得了一定成效，但仍需要不断改进和完善。

虚假新闻是现代信息社会的一大挑战。它通过误导公众、扰乱社会秩序和破坏信任，带来了严重的负面影响。解决虚假新闻问题，需要媒体、科技公司、政府和公众的共同努力，通过技术、教育和法律手段，建立更为真实和可靠的信息环境。理解和抵制虚假新闻，是信息时代每个公民的重要责任。

反应固化（Reaction Curing）

反应固化是一种化学过程，通过化学反应使材料从液态或可塑态转变为固态。它常用于制造和加工各种工业产品，例如塑料、橡胶、涂料和胶黏剂。这种技术的发明和发展并没有明确的单一发明人，因为它是化学工业中多个领域共同进步的结果。

反应固化的过程可以追溯到 19 世纪，当时化学家开始探索如何通过化学反应来改变材料的性质。一个重要的里程碑是 1839 年，查尔斯·古德伊尔（Charles Goodyear）发明了硫化橡胶，这是通过将硫与天然橡胶混合并加热以使橡胶变得更加坚韧和耐用的过程。硫化反应是反应固化的一个早期例子，它显著改善了橡胶的性能，推动了轮胎等产品的发展。

在塑料工业中，反应固化技术同样起到了关键作用。例如，20 世纪初期，化学家利奥·贝克兰（Leo Baekeland）发明了酚醛树脂，也被称为"电木"。这种材料通过酚类和甲醛在高温下的反应固化形成，是第一种真正的合成塑料。它具有优良的绝缘性和耐热性，被广泛应用于电器和机械零件的制造。

反应固化不仅限于橡胶和塑料，还广泛应用于涂料和胶黏剂。20 世纪中期，紫外光固化（UV Curing）技术得到了发展，这是一种通过紫外光照射引起化学反应使涂料或胶水快速固化的方法。这种技术具有高效、环保的特点，广泛应用于印刷、电子和汽车等领域。

反应固化的原理虽然涉及复杂的化学反应，其核心思想其实很简单：通过特定的化学反应，将材料从液态或可塑态转变为固态，使其具备更优异的物理性能。反应固化技术的不断进步，不仅提升了材料的性能，而且推动了众多工业领域的发展。

信息生态系统（Information Ecosystem）

信息生态系统是指信息在社会中如何生成、传播、获取和利用的整体环境。这个概念由媒体和传播学者提出，随着互联网和社交媒体的发展而得到广泛关注。信息生态系统就像自然界的生态系统一样，有各种不同的"生物"，包括新闻机构、社交媒体平台、用户、算法和监管机构等。

在信息生态系统中，信息的流动类似于水的循环。新闻机构生成信息，就像云朵形成雨水；社交媒体平台传播信息，就像河流将水带到不同的地方；用户则像植物，吸收并利用这些信息。信息生态系统的健康状态取决于各个部分的互动和平衡。如果某个环节出现问题，比如虚假新闻的泛滥或信息垄断，就会破坏整个生态系统的平衡。

信息生态系统的概念是为了理解和解决现代社会中信息传播中的挑战而提出的。它帮助我们更好地认识到信息的多样性和复杂性，以及如何在信息泛滥的时代中保持信息的准确性和可靠性。通过关注信息生态系统，我们可以更有效地应对假新闻、信息过载和隐私泄露等问题，从而形成一个更健康的信息环境。

边缘系统激活（Limbic System Activation）

边缘系统激活是一个涉及大脑情感和记忆处理的神经科学概念。边缘系统是大脑中一个复杂的结构网络，主要包括海马体、杏仁核和扣带回等部分。这个系统的主要功能是处理情感、记忆和动机，因此它在我们的日常生活中扮演着重要的角色。

边缘系统激活的概念由多位科学家共同研究和发展，早期的研究主要归功于美国神经科学家詹姆斯·帕佩兹（James Papez）。帕佩兹在 20 世纪 30 年代提出了一个名为"帕佩兹回路"的理论，描述了情感如何在大脑中被处理。这一理论后来进一步扩展，形成了我们今天所称的边缘系统。

边缘系统激活可以由多种因素引发，包括情感刺激、压力、恐惧、愉快的体验等。当我们体验到强烈的情感时，边缘系统会迅速被激活。例如，当你看到一张让你感到温暖的家庭照片时，海马体会帮助你回忆相关的记忆，而杏仁核会处理你当时的情感反应。这种激活不仅仅限于正面的情感，负面的情感如恐惧和焦虑同样会引发边缘系统的强烈反应。

「延伸：当你观看一部恐怖电影时，尽管你知道这些情节都是虚构的，但边缘系统仍然会被激活，使你感到恐惧和紧张。这是因为杏仁核在感知威胁时会迅速做出反应，启动身体的"战斗或逃跑"机制，让你做好应对危险的准备。这种机制在远古时代曾帮助我们的祖先逃避掠食者，如今更多地体现在对环境中各种刺激的情感反应上。」

模式识别（Pattern Recognition）

模式识别是计算机科学和人工智能的重要领域，专注于设计和开发算法与系统，以识别和分类数据中的模式。简单来说，就是让计算机学会如何看图识字、听声辨音，或者通过各种数据来判断事物。这项技术的广泛应用包括图像识别、语音识别、文本分类等。

模式识别的概念最早可以追溯到 20 世纪 50 年代，当时计算机科学家开始研究如何让计算机模拟人类的识别能力。1957 年，弗雷德里克·耶利内克（Frederick Jelinek）在他的论文中提出了这一领域的基本原理和方法，为模式识别的发展奠定了基础。弗雷德里克·耶利内克被认为是模式识别领域的先驱之一，他的研究主要集中在语音识别方面。他的工作证明了利用统计学和概率模型可以有效地进行语音识别，从而推动了模式识别技术的进步。

模式识别的研究起因是希望计算机能够帮助人类完成一些复杂的识别和分类任务，这些任务对人类来说可能耗时耗力，对于计算机而言，通过编程和算法的优化可以更高效地完成。随着计算机硬件和算法的不断进步，模式识别技术逐渐从理论走向实践，应用范围也越来越广泛。

模式识别的核心思想是通过对大量数据进行分析，提取出有用的特征，并利用这些特征来进行分类和识别。这个过程通常包括数据预处理、特征提取、模型训练和测试等步骤。现代模式识别技术广泛使用机器学习算法，尤其是深度学习，这种方法能够处理大量复杂的数据，表现出令人惊叹的识别能力。

「延伸：在实际生活中，模式识别技术已经无处不在。例如，我们每天使用的智能手机中的人脸识别和指纹识别技术，背后就是复杂的模式识别算法；在社交媒体平台上，自动分类和推荐内容的功能也依赖于模式识别技术；在医学领域，通过分析医疗影像来辅助诊断疾病，同样是模式识别技术的重要应用。」

社会责任（Social Responsibility）

社会责任是指个人或组织在追求自身利益的同时，应考虑对社会和环境的影响，并承担相应的责任。这一概念起源于 20 世纪初，随着工业化和企业规模的扩大，人们开始关注企业对社会和环境的影响。20 世纪中期，管理学者和企业家如彼得·德鲁克（Peter Drucker）等，提出了企业不仅要为股东创造利润，而且应对员工、社区和环境负责的观点。

社会责任的核心是可持续发展，这意味着在经济发展的同时，还要保护环境和促进社会的公平正义。具体来说，企业社会责任包括多个方面，如环保措施、员工福利、社区发展和道德经营等。例如，一家注重社会责任的公司会采取减少碳排放、改善工作条件、参与公益活动等措施来回馈社会。

个人层面的社会责任同样重要。每个人在日常生活中都可以通过节约资源、志愿服务和公民参与等方式，贡献自己的力量。社会责任不仅有助于解决社会问题，而且能提升组织和个人的形象和信誉，促进社会的和谐发展。

通过履行社会责任，我们不仅能创建一个更健康和可持续的社会环境，而且能让我们的生活变得更加美好。社会责任是每个人和每个组织共同的义务，关注社会责任有助于实现共同繁荣和长远发展。

公共利益（Public Interest）

公共利益是指对整个社会或大多数人有利的事物或行动。它涉及维护和促进社会整体福祉，而不仅仅是满足个体或特定群体的需求。公共利益的概念可以追溯到古希腊哲学家亚里士多德，他提出了"公共善"的理念，强调社会和谐和共同利益的重要性。

公共利益的具体内容和范围因社会和时代的不同而有所变化，通常包括公共安全、环境保护、公共健康、教育和基础设施等领域。比如，政府修建公园、学校和医院，都是为了提高全体公民的生活质量，这些都是公共利益的体现。

维护公共利益需要政府、企业和个人的共同努力。

政府通过立法和政策制定来保护公共利益，比如制定环保法规、提供公共服务等；企业在追求利润的同时，也应考虑其产品和服务对社会的影响；个人则可以通过遵守法律、参与社区活动和支持公益事业来贡献力量。

公共利益的概念在现代社会中非常重要，因为它强调了个人和集体的平衡，鼓励大家为了共同的福祉而合作。关注公共利益不仅能促进社会的公平和正义，而且能增强社会的凝聚力和稳定性。通过共同努力，我们可以创造一个更加美好的社会环境，使每个人都能受益。

道德演进（Moral Evolution）

道德演进是指人类社会中的道德观念和伦理标准随着时间的推移而逐渐变化和发展的过程。这一概念结合了生物学、心理学和社会学的理论，解释了道德规范如何在进化过程中形成和演变。

道德演进的基本思想可以追溯到查尔斯·达尔文的进化论。达尔文在《人类的由来及性选择》一书中提到，道德感是人类进化的一部分，具有生物学基础。根据达尔文的观点，早期人类为了生存和繁衍，需要合作和互助，因此发展出了一些基本的道德准则，如公平、忠诚和同情。这些准则有助于增强群体的凝聚力和合作能力，提高群体的生存机会。

随着人类社会的复杂化，道德观念也不断演变。早期的道德规范主要是为了维持小规模部落或社区的稳定，随着社会规模的扩大和文化的多样化，道德规范变得更加复杂和多元。例如，奴隶制在古代社会中曾被广泛接受，随着人类对自由和平等的理解不断深化，现代社会普遍认为奴隶制是不道德的。

心理学家和社会学家如让·皮亚杰和劳伦斯·柯尔伯格（Lawrence Kohlberg）研究了道德发展，发现个体的道德判断能力会随着年龄和认知能力的发展而变化。儿童在不同的成长阶段会表现出不同的道德理解，从自我中心的视角逐渐发展到能够理解和应用普遍的道德原则。

道德演进不仅是个体的发展过程，而且是整个社会进步的反映。通过理解道德演进，我们可以更好地认识和应对现代社会中的伦理挑战，如科技伦理、环境伦理和全球正义等问题。这有助于推动社会的可持续发展和全球的共同福祉。

社会凝聚力（Social Cohesion）

社会凝聚力是指社会内部成员之间的凝聚力和合作

精神，反映了社会的团结程度和成员对共同目标的认同感。这一概念的起源可以追溯到 19 世纪末，由法国社会学家埃米尔·涂尔干（Émile Durkheim）首次提出。涂尔干通过研究现代社会的分工和集体意识，发现随着社会分工的复杂化，人们之间的联系变得更加间接和抽象，这对社会稳定构成了挑战。他提出了社会凝聚力这一概念，强调社会成员之间的信任和互动对维持社会秩序的重要性。

社会凝聚力不仅是个人之间的友谊和情感联系，而且包括一系列社会机制和制度，例如法律、教育体系、文化习俗等，这些因素共同作用，促进了社会成员的归属感和责任感。高水平的社会凝聚力有助于减少社会冲突，促进经济发展和社会稳定。例如，当一个社区的成员相互信任，愿意合作解决共同问题时，这个社区就能更好地应对危机和挑战，从而增强其整体韧性。

涂尔干提出社会凝聚力的背景是他对社会变迁的深刻观察和思考。19 世纪的工业革命带来了剧烈的社会变化，传统的农耕社会逐渐被工业社会取代，这不仅改变了人们的生活方式，而且引发了一系列社会问题，如贫富差距加大、家庭结构变化、城市化带来的社会孤立等。涂尔干认为，随着社会结构的变动，传统的社会凝聚力逐渐弱化，新的社会联系形式和凝聚机制亟待建立，以适应现代社会的发展需求。

在当今社会，社会凝聚力依然是一个重要的研究课题。全球化、信息化和社会多元化带来了新的挑战，人们需要在多样性中寻找共识和合作的基础。政府、学术界和社会组织都在积极探索如何增强社会凝聚力，促进不同群体之间的理解和包容，从而构建和谐、稳定的社会环境。

社交影响（Social Influence）

社交影响指的是个体的行为、态度或情感在他人或社会群体的影响下发生改变的现象。这个概念在社会心理学中非常重要，帮助我们理解人类行为在社交情境中的变化。

社会心理学家穆扎费尔·谢里夫（Muzafer Sherif）和所罗门·阿希（Solomon Asch）是研究社交影响的先驱者。谢里夫通过光点运动实验研究了社会规范的形成，而阿希通过著名的线段实验展示了从众行为。阿希的实验揭示，个体在群体压力下，往往会改变自己的判断以符合群体观点，即使这个判断显然是错误的。

社交影响的形式多种多样，包括从众、服从和顺应。

从众是指个体为了与群体保持一致，调整自己的行为或态度。例如，一个人在看到大多数人都在做某件事时，可能会不自觉地跟随。服从则是指个体在权威人物的指示下改变行为，尽管这些指示可能违背个人意愿。顺应是指个体在特定情境下，受到直接请求而改变行为，比如在商店里接受推销人员的建议。

社交影响无处不在，从日常生活中的小决策到重大社会事件，都能看到其影响。广告和媒体利用社交影响来塑造消费者行为，教育和家庭通过社交影响传递价值观和规范。

理解社交影响不仅有助于我们更好地认识自身行为，而且能帮助我们在面对群体压力时保持自主性。通过提高对社交影响的意识，我们可以更理性地做出决策，不盲从他人的意见，从而实现更高水平的个人和社会和谐。

舆论操纵（Public Opinion Manipulation）

舆论操纵是指通过各种手段影响公众的观点和态度，以达到特定目的的行为。这种现象在政治、商业和社交媒体中十分常见，其目的是控制信息流向，影响公众的决策和行为。

舆论操纵可以追溯到 20 世纪初，"公共关系之父"

爱德华·伯奈斯（Edward Bernays）是这一领域的先驱。他通过大众传媒和宣传技术，成功地改变了公众的态度和行为。例如，在1929年，他通过宣传活动成功地让女性吸烟变得可以被社会接受，这被称为"自由火炬"活动。

舆论操纵的方法多种多样，包括控制媒体内容、散布虚假信息、利用名人效应和制造虚假共识等。比如，在政治选举中，候选人可能通过负面广告攻击对手，或者利用社交媒体上的"水军"制造虚假支持，以影响选民的选择；在商业领域，公司可能会发布虚假产品评论，操纵消费者的购买决策。

社交媒体的兴起使得舆论操纵变得更加普遍和复杂。通过算法和大数据分析，操纵者可以精准地定位目标群体，并针对性地传播信息，放大某些观点，压制反对声音。这种操纵不仅影响了公众的观点，而且可能对社会稳定造成威胁。

了解舆论操纵的机制和方法，可以帮助我们提高信息素养，避免被误导。我们应保持批判性思维，核实信息来源，多角度获取信息，以形成更加全面和客观的判断。通过这样的努力，我们可以减少舆论操纵对个人和社会的负面影响，维护信息环境的健康与透明。

信息战（Information Warfare）

信息战是指利用信息和通信技术进行的攻击和防御行为，其目的是在心理、经济或政治上影响敌对方的决策和行为。信息战不仅包括传统的网络攻击，而且涉及假新闻、舆论操纵和心理战等多种手段。

信息战的概念在 20 世纪末迅速发展，伴随着互联网和数字技术的普及，变得越来越重要。早期的信息战可以追溯到冷战时期，当时各国通过广播和宣传战来影响对方的民众和政府。随着互联网的出现，信息战的形式和手段变得更加复杂和隐蔽。信息战的典型发起者通常是国家政府、军事机构或黑客组织，他们利用网络技术入侵敌方的计算机系统，窃取机密数据，瘫痪关键基础设施，甚至传播虚假信息来制造混乱和不信任。

为了应对信息战，各国政府和组织投入大量资源加强网络安全，建立专门的网络防御机构。同时，公众也需要提高信息素养，学会识别和应对虚假信息，以减少信息战带来的危害。信息战不仅是技术上的对抗，更是心理和认知上的较量，通过增强防御和教育，我们可以更好地保护自己和社会免受信息战的侵害。

「延伸：2016 年的美国总统选举期间，据称有外国势力通过社交媒体平台传播虚假新闻和虚假信息，试图影响选民的态度和选举结果。这一事件凸显了信息战在现代政治中的影响力和破坏力。」

边际成本（Marginal Cost）

边际成本是指生产每增加一单位产品所增加的总成本。它是经济学中的一个重要概念，帮助企业决策者理解生产扩展的成本效益关系。

在生产过程中，边际成本通常会随着生产量的变化而变化。最初，当生产规模较小时，增加生产量往往能够有效分摊固定成本，因此边际成本可能较低。随着生产量的进一步增加，生产设施和资源的限制可能导致边际成本上升。例如，工厂可能需要加班、购置更多的原材料或扩建生产线，从而增加每单位产品的生产成本。

边际成本的计算公式是：边际成本 = 总成本的增加量 / 产量的增加量。简而言之，就是计算从生产量增加一单位产品所带来的总成本的变化。

了解边际成本对企业的生产决策至关重要。当边际成本低于产品的销售价格时，企业可以通过增加生产来增加利润。相反，如果边际成本高于销售价格，企业则应该考虑减少生产量。

边际成本概念的提出和研究可以追溯到 19 世纪的经济学家。阿尔弗雷德·马歇尔（Alfred Marshall）是这一领域的关键人物之一，他在其著作《经济学原理》中详细探讨了边际成本和边际收益的关系。

边际成本不仅在企业运营中有实际应用，而且在公共政策制定中发挥重要作用。例如，政府在制定税收政策或环境保护法规时，常常需要评估政策实施的边际成本和边际收益，以确保社会资源的有效配置。

厌恶损失（Loss Aversion）

厌恶损失是行为经济学中的一个重要概念，指的是人们在决策时，对损失的感受要比同等收益的感受更为强烈。换句话说，人们通常更倾向于避免损失，而不是获取相同金额的收益。这一现象揭示了人类心理在面对风险和不确定性时的非对称性。

厌恶损失的概念由丹尼尔·卡尼曼和阿莫斯·特沃斯基在 1979 年提出的前景理论中首次系统地描述。他们通过实验发现，当人们面临可能的收益和损失时，损失所带来的痛苦通常要比收益带来的快乐多两倍。例如，一个人失去 100 元的痛苦感，往往比得到 100 元的快乐感强烈得多。

厌恶损失的研究不仅在经济学和心理学中具有重要意义，而且在公共政策和市场营销中有广泛应用。例如，政策制定者可以通过设计税收优惠和补贴，鼓励公众采取环保或健康行为；营销人员可以通过强调产品的独特性和限时优惠，刺激消费者的购买欲望。

「延伸：这一现象在许多日常决策中都能观察到。例如，在投资决策中，投资者往往会因为害怕亏损而过早卖出上涨的股票，或者持有亏损的股票不放，希望能够"回本"。在消费者行为中，商家利用这一心理，通过"限时优惠"或"先试后买"等方式，增加消费者的购买动机，因为消费者更怕失去可能的优惠或试用机会。」

共享经济（Sharing Economy）

共享经济是一种新兴的经济模式，通过共享闲置资源，实现资源的高效利用和利益的最大化。这种经济模式借助互联网平台，使个人和企业能够互相交换、租赁或共享资源，如房屋、车辆、工具、技能和时间等，从而减少浪费，提高使用效率。

共享经济的概念起源于 20 世纪 90 年代，真正兴起是在 21 世纪初。爱彼迎（Airbnb）和优步（Uber）是这一领域的典型代表。爱彼迎允许人们将闲置的房间或房屋出租给旅行者，优步则通过移动应用将需要搭乘的人与私家车主连接起来，提供类似于出租车的服务。

共享经济的发起人并不明确，因为它是多种经济和技术趋势交会的产物。爱彼迎的创始人布赖恩·切斯基（Brian Chesky）、乔·杰比亚（Joe Gebbia）和内森·布莱查奇克（Nathan Blecharczyk），以及优步的创始人特拉维斯·卡兰尼克（Travis Kalanick）和加勒特·坎普（Garrett Camp）是推动这一经济模式普及的重要人物。

共享经济的兴起有多个原因。首先，互联网和移动技术的发展，使得信息共享和资源匹配更加便捷和高效；其次，社会观念的变化，让人们越来越接受和信任共享模式，愿意通过共享来节省成本和获得更多的选择；最后，经济压力和环保意识的提升，也促使人们寻找更经济和可持续的生活方式。

共享经济带来了许多好处。对于消费者来说，它提供了更多样化和灵活的选择，通常也更为经济实惠；对于资源提供者来说，它提供了新的收入来源和利用资源的新方式；此外，共享经济还促进了环保和可持续发展，因为它鼓励资源的重复使用和减少浪费。

「延伸：共享经济也面临一些挑战和争议，如安全和隐私问题、市场监管不完善、传统行业的冲击等。如何在促进共享经济发展的同时，保护用户权益和社会公平，是未来需要解决的重要课题。」

位格（Hypostasis）

位格是一个哲学和神学术语，源自希腊语，意指实体或本质。在基督教神学中，位格尤其重要，用来描述三位一体中的三个"位格"：圣父、圣子和圣灵。每个位格都是完全的神，但又彼此区分。这一概念帮助理解神圣三位一体的复杂性，即三者同为一体，却又各自独立。

位格这个概念最早由早期基督教神学家提出，如亚他那修和卡帕多西亚三教父，包括大巴西尔、纳西盎的格列高利和尼撒的格列高利。他们在 4 世纪发展了这一理论，以对抗当时的异端思想，特别是阿里乌教派，后者否认基督的神性。

位格的概念也被用在哲学讨论中，指一个人的独特存在或个性。在存在主义哲学中，位格被视为人类存在的核心，强调个体的自我意识和独立性。

位格的讨论不仅限于神学和哲学，它在解释复杂的宗教教义和个人身份时，提供了一种有用的框架。通过了解位格，我们可以更好地理解基督教的三位一体教义，也能更深刻地思考人类个体的独特性和存在意义。这个概念帮助我们在面对复杂的宗教和哲学问题时，有了一个更清晰的理解路径。

感性分布（Affective Distribution）

感性分布是一个用来描述情感如何在个体之间传播和在不同情境中分布的概念。这个术语主要用于心理学和社会学领域，探讨情感在社会互动中的动态变化。感性分布的研究帮助我们理解情感的传递机制和其对群体行为的影响。

感性分布的概念可以追溯到情感心理学和社会心理学的早期工作。情感感染理论是其中一个重要部分，该理论由法国社会学家古斯塔夫·勒庞（Gustave Le Bon）在 19 世纪末提出。勒庞研究了群体中的情感传播，发现一个人的情感状态可以影响并改变周围人的情感。这种情感传播在群体事件中尤为明显，比如在音乐会、体育比赛或政治集会上。

感性分布还涉及文化和社会规范的影响，不同文化对情感表达有不同的期望。例如，在一些文化中，公开表达情感被视为正常且受欢迎的，而在另一些文化中，情感表达可能受到压抑和控制。这种文化差异使得情感的分布方式也有所不同。

理解感性分布有助于我们更好地把握情感在社会中的作用，提升人际关系的质量，并在各种社会活动中创造更和谐的氛围。通过研究感性分布，我们可以学会如何更有效地管理和传播情感，从而促进社会的良性互动和合作。

货币哲学（Philosophy of Money）

货币哲学是研究货币本质、功能和价值的一个哲学领域。这个领域的讨论可以追溯到古希腊哲学家亚里士多德，他在《尼各马可伦理学》中探讨了货币的作用和道德意义。货币哲学主要关注几个关键问题：货币是什么，为什么它有价值，以及它对社会和个人生活的影响。

货币的本质是货币哲学的核心问题之一。亚里士多德认为，货币的价值来自社会的共同信任和接受，它本身并没有内在价值，只是一种交换的媒介。随着时间的发展，这一观点得到了许多经济学家的支持，比如 19 世纪的卡尔·马克思和 20 世纪的约翰·梅纳德·凯恩斯。他们都认为货币是社会关系和经济活动的反映。

货币哲学还探讨了货币对社会和个人的影响。马克思认为，货币在资本主义社会中起到了异化作用，使人们的劳动和产品变得商品化；凯恩斯则强调货币政策在稳定经济中的作用，认为政府可以通过调节货币供应来影响经济活动。

「延伸：当你用一张纸币去买一杯咖啡时，这张纸币本身并不值几块钱，因为大家都认可它的价值，所以你能用它换到实际的商品。这个过程依赖于大家对货币的共同信任。」

空间正义（Spatial Justice）

空间正义是研究资源和服务在地理空间上公平分配的一种理念。这一概念由法国哲学家和地理学家亨利·列斐伏尔（Henri Lefebvre）在 20 世纪 60 年代提出。他认为，空间不仅是一个物理存在，而且是社会关系的产物，空间的生产和利用反映了社会的不平等和权力关系。

空间正义源于对城市发展和规划中的不平等现象的关注。例如，贫困社区往往缺乏基本的公共服务和基础设施，如教育、医疗和公共交通，富裕社区则享有更多的资源和优质服务。这种不平等分配导致了社会的进一步分化和不公。

亨利·列斐伏尔的理论激发了后来的学者和城市规

划者，他们致力于通过合理规划和政策干预，确保资源和服务的公平分配，促进社会正义。空间正义的研究和实践帮助人们认识到，公平的空间分配是构建公正社会的重要组成部分。通过努力实现空间正义，我们可以改善城市环境，提升所有居民的生活质量。

「延伸：如果一个城市的公园和绿地主要集中在富裕区，贫困区则缺乏这样的公共空间，这就体现了空间不正义。所有居民都应有平等的机会享受城市的公共资源和服务，而不是因为地理位置的不同而受到不公平的待遇。」

人类纪（Anthropocene）

人类纪是一个用来描述人类活动对地球生态系统产生显著影响的地质年代。这个概念最早由美国生态学家尤金·施特默（Eugene F. Stoermer）提出，并由荷兰化学家保罗·克鲁岑（Paul Crutzen）在 2000 年广泛传播和推广。人类纪源于科学家观察到，自工业革命以来，人类活动对地球环境的影响已经达到了前所未有的程度，足以标志着一个新的地质时代的开始。

在人类纪中，人类活动如城市化、工业化、农业扩展和化石燃料燃烧，导致了气候变化、物种灭绝和地质记录中的显著变化。例如，温室气体排放导致全球变暖，塑料污染遍布全球，核试验留下了放射性沉积物，这些都是人类纪的特征。

人类纪概念的提出强调了人类对地球系统的巨大影响，提醒我们要更加重视环境保护和可持续发展，以减少对地球的负面影响，维护生态平衡。这一概念帮助人们认识到人类行为的深远后果，推动了全球环境治理和政策变革。

「延伸：想象一个普通的塑料瓶。它可能在使用后被丢弃，最终进入海洋或埋入土壤。几百年后，这些塑料会成为地质层中的一部分，成为未来科学家研究人类纪的证据。塑料污染不仅影响当前的生态系统，而且会在地质记录中留下永久的痕迹，证明人类对地球环境的深远影响。」

认知暴力（Cognitive Violence）

认知暴力是指通过言语、观念或思想来对他人施加伤害或压迫的一种行为。这种暴力形式并不涉及身体上的伤害，而是通过贬低、歪曲、操控信息等方式来影响他人的思维和心理状态。认知暴力的概念虽然没有明确的发明人，但其根源可以追溯到法国哲学家福柯关于权力和话语的研究。他认为，权力不仅通过物质手段体现，而且通过操控知识和语言来影响人们的行为和思想。

认知暴力的起因往往是权力不平等、偏见和刻板印象。例如，在教育系统中，教师可能通过贬低学生的能力来施加认知暴力，导致学生自信心下降和学业表现受影响。另一个例子是职场中的性别歧视，当某个性别的员工被系统性地忽视或贬低时，这也是一种认知暴力。

理解认知暴力的重要性在于，它提醒我们关注语言和观念对人的深远影响，倡导更加尊重和理解的交流方式，避免通过言语和思想对他人造成伤害。通过识别和抵制认知暴力，我们可以促进更健康和积极的社会互动。

有机知识分子（Organic Intellectuals）

有机知识分子是意大利马克思主义理论家安东尼奥·葛兰西（Antonio Gramsci）在 20 世纪初提出的概念。葛兰西认为，有机知识分子是那些源自特定社会阶级，并致力于为该阶级利益服务的知识分子。他们不仅是学术或文化领域的专家，而且是能够理解并推动社会变革的关键角色。

葛兰西提出有机知识分子的概念是为了反对传统知

识分子的精英主义，后者往往与统治阶级的利益紧密相连，维护现有的社会秩序。而有机知识分子不同，他们与社会的基层有更紧密的联系，通过教育、宣传和组织等方式，帮助被压迫阶级认识到自身的力量和潜力，推动社会变革。

有机知识分子的概念提醒我们，知识不仅存在于书本和学术讨论中，而且体现在社会实践和变革中。理解并支持有机知识分子，有助于推动更公平和公正的社会变革，激发广大人民群众的智慧和力量。通过这样的方式，社会可以变得更加民主和包容。

「延伸：某个工会领导人可能并不是受过高等教育的学者，但他通过日常的工作和组织活动，帮助工人们认识到自身的权益和力量，争取更好的工作条件和待遇。这种实用的知识和组织能力，就是有机知识分子的体现。」

主奴辩证法（Master-Slave Dialectic）

主奴辩证法是由德国哲学家黑格尔在他的著作《精神现象学》中提出的一个重要概念。这一辩证法探讨了主人与奴隶之间的相互依存关系，以及这一关系对个体意识发展的影响。

　　主奴辩证法的起因在于黑格尔对人类自我意识的探索。他认为，自我意识需要通过与他者的对抗和认同来确立自身。这个过程可以通过一个简单的例子来理解：想象一个主人和一个奴隶，主人通过奴隶的劳动来实现自身的需求和欲望，而奴隶通过对主人的服务来获得生存。然而，这种关系并不是一成不变的。随着时间的推移，奴隶通过劳动获得了对世界的理解和掌控，主人则变得依赖奴隶的劳动。最终，奴隶可能会意识到自己的力量和能力，从而反抗主人的控制，实现自身的解放。

　　黑格尔通过主奴辩证法展示了人类意识发展的复杂过程，强调了对立双方的相互依存性和矛盾的动态变化。这一概念在现代哲学和社会理论中有着广泛影响。例如，马克思主义理论家从中汲取灵感，分析资本主义社会中工人与资本家的关系。

　　通过主奴辩证法，我们可以理解权力关系中的相互依存性和潜在的转化可能性。这不仅适用于历史上的主人与奴隶关系，而且可以应用于现代社会中的各种权力结构，帮助我们思考如何实现更平等和公正的社会关系。

自然之镜（The Mirror of Nature）

"自然之镜"是美国哲学家理查德·罗蒂（Richard Rorty）在他的著作《哲学与自然之镜》中提出的一个重要概念。罗蒂通过这个概念批判了传统哲学中关于知识和真理的看法，挑战了自柏拉图以来占主导地位的认识论。

罗蒂认为，传统哲学把心灵视为一面镜子，能够如实反映外部世界的客观现实。这种观点认为，知识是对世界的准确描述，而哲学的任务是发现这种描述的基础。罗蒂质疑这种观点，他认为，知识并不是简单地反映现实，而是通过语言和社会实践构建出来的。换句话说，我们所认为的"真理"是由文化和历史背景决定的，而不是独立于人类活动存在的。

罗蒂的"自然之镜"概念引发了广泛的讨论和争议，推动了后现代主义和新实用主义的发展。他的思想提醒我们，知识和真理并不是固定不变的，而是随着我们的社会实践和历史变迁不断变化的。通过理解"自然之镜"，我们可以更灵活地看待知识和真理，接受多样化的观点，促进跨文化和跨学科的对话。

「延伸：想象我们用一面镜子来照一棵树。传统哲学认为镜子能够如实反映树的样子，罗蒂则认为，镜子的反映方式（角度、光线等）会影响我们对树的理解。同样地，我们的语言和文化背景也会影响我们对世界的理解。」

辩证意象（Dialectical Image）

辩证意象是由德国哲学家和文化批评家瓦尔特·本雅明（Walter Benjamin）提出的一个概念，用来描述在特定历史时刻，通过对立面并置而产生的深刻洞见。本雅明在其著作《历史哲学论纲》中详细阐述了这一概念。

本雅明的辩证意象源于他对历史和社会变革的研究。他认为，传统的历史观往往是线性和进步的，忽视了历史中的断裂和矛盾。通过辩证意象，本雅明试图打破这种线性叙事，揭示隐藏在表面之下的深层真相。他认为，真正的历史理解来自对过去与现在之间对立并置的瞬间，这种对立产生的紧张关系能揭示出新的意义和洞见。

一栋破旧的老建筑和现代摩天大楼并置在一起。这种对比不仅是视觉上的冲击，而且揭示了社会和历史的变迁：从传统到现代，从旧有的生活方式到新的社会结构。通过这种对立的并置，我们能够更深入地理解时代的变化和背后的历史进程。

本雅明的辩证意象概念在文化研究和批判理论中具有重要影响。它提醒我们，理解历史和社会变革需要跳出线性的思维方式，通过对立和矛盾来发现新的视角和真相。这种方法不仅丰富了我们的历史理解，而且为现代社会的批判性思考提供了新的工具和视角。

想象的逻辑（The Logic of Imagination）

"想象的逻辑"是一个探讨想象力如何影响我们的思维方式和理解世界的哲学概念。虽然没有单一的发明人，这一概念在哲学和心理学中都有广泛的讨论。哲学家如让－保罗·萨特（Jean-Paul Sartre）和心理学家如让·皮亚杰都对想象力的功能和逻辑进行了深入研究。

萨特在其著作《想象心理学》中，详细分析了想象如何并非仅仅是对现实的复制，而是通过自由组合和创新创造新的意义和可能性。皮亚杰则从儿童发展心理学的角度，研究了儿童如何通过想象来理解世界，并通过想象游戏来发展认知能力。

想象的逻辑强调，想象力不仅是艺术和创意领域的重要工具，而且是日常思维和问题解决的重要组成部分。理解和利用想象的逻辑，可以帮助我们更好地应对复杂的问题，激发创新思维，并在个人和专业领域中找到新的解决方案。通过研究想象的逻辑，我们可以更全面地理解人类思维的多样性和创造力。

「延伸：举个例子，一个孩子在玩积木，他不是机械地堆叠积木，而是通过想象把它们变成城堡、桥梁或者飞船。这种想象的过程不仅是娱乐，而且是孩子理解和探索世界的一种方式。通过这种方式，孩子学会了空间关系、物体平衡和因果关系等基本认知技能。」

康德美学（Kantian Aesthetics）

康德美学是由德国哲学家康德在其著作《判断力批判》中提出的一种美学理论。康德美学探讨了美感经验的本质及其判断标准。

康德认为，美感判断是主观的，同时也具有普遍性。这意味着虽然美感是个人体验，但人们可以在美感体验上达成共识。康德提出，美是"无利害的愉悦"，即美感体验不依赖于对象的实际用途或利益，而是纯粹来自对形式的欣赏。他还区分了审美愉悦和道德愉悦，认为审美愉悦是基于对象的形式，而道德愉悦则涉及对象的目的和价值。

康德的美学还强调了"自由游戏"的概念，即人类感性和理性在审美体验中自由互动，带来愉悦感。这种自由游戏是审美体验的核心，它使得我们在欣赏艺术和自然美时，能够感受到一种和谐与满足。

我们欣赏一幅画，并不是因为它的实际用途或市场价值，而是因为它的色彩、构图和形式带给我们一种无功利的愉悦。这种愉悦是主观的。如果许多人都认为这幅画很美，那么这种美感判断就具有某种普遍性。

康德美学的重要性在于它为后来的美学研究奠定了基础，影响了现代美学理论的发展。通过康德的视角，我们可以更深入地理解美感经验的复杂性，以及为何美能够跨越个人差异，成为一种普遍的文化现象。

实体即主体（Substance as Subject）

"实体即主体"是德国哲学家黑格尔在其著作《精神现象学》中提出的一个重要概念。黑格尔通过这一概念探讨了存在、意识和自我意识之间的关系。

黑格尔的观点源于对传统形而上学的批判，尤其是对笛卡尔以来的主客二分法的反思。他认为，传统哲学将实体视为独立于主体的存在，主体则是认识实体的意识。黑格尔提出，实体并不是静止不变的，而是通过主体的活动不断变化和发展的。因此，实体和主体实际上是不可分割的，实体通过主体的自我意识表现出来，主体则在认识实体的过程中实现自我。

通过实体即主体的概念，黑格尔展示了意识和存在之间的动态关系，强调了认识过程中的自我实现。这一思想对后来的哲学发展产生了深远影响，特别是在存在主义和现象学领域。它帮助我们理解，自我意识不仅仅是对外部世界的反映，更是主体在与世界互动中不断发展的结果。

「延伸：比如一棵树，传统哲学可能会将树看作独立于人类意识的客观存在，黑格尔的观点则强调，树的意义和存在形式是通过人类的认识和感知过程体现出来的。没有人的感知，树的存在就无法被确证。同样地，人类通过认识树，反思自然界，从而提升自身的自我意识。」

性灵（Xingling）

性灵是中国文学批评中的一个重要概念，强调在文学创作中展现作者的真情实感和个性风采。这一概念可以追溯到明末清初的文学家袁宏道，他在其作品中多次提到"性灵"一词，提倡文学应表达真实的情感和自然的生命力，而不是拘泥于形式和技巧。

性灵派文学的起因是对明代晚期文学形式主义和八股文风的反感。袁宏道和他的兄弟们，号称"公安派"，主张文学创作应当回归自然，反映个人的真实情感和独特体验。他们认为，好的文学作品应该如同自然界的花草树木般生动，有生命力，而不是枯燥乏味的教条和模仿。

袁宏道在他的散文《西湖游记》中，用生动的笔触描写了自己在西湖游玩的所见所感，表达了对自然景色的热爱和愉悦心情。这样的作品充满个人的真情实感，读者能够感受到作者内心的喜悦和自然的美好。

性灵强调文学创作中的个性化表达和情感的自然流露，对后来的中国文学产生了深远影响。它提醒我们，文学不应沦为技巧和形式的堆砌，而应真实反映作者的内心世界。通过性灵派的视角，我们可以更深入地理解文学创作的本质，欣赏那些充满生命力和情感的作品。

言说性存在（Existence as Speech）

言说性存在是由法国哲学家福柯提出的一个概念，主要探讨语言和话语在构建和定义个人身份和社会现实中的作用。福柯在其著作《词与物》和《规训与惩罚》中详细阐述了这一思想。

福柯认为，言说不仅是交流和传递信息的工具，更是权力和知识的载体。通过话语，人们定义和塑造了社会中的各种身份和现象。言说性存在源于福柯对西方思想传统的批判，他认为传统哲学和科学忽视了语言在构建社会现实中的作用，而是过于强调实证主义和客观真理。

通过言说性存在的概念，福柯揭示了话语在塑造我们的世界观、身份认同和社会结构中的关键作用。这提醒我们理解和批判现有话语体系的重要性，因为它们不仅反映了社会现实，而且在不断重塑和再生产这些现实。通过对言说性存在的研究，我们可以更好地理解权力如何通过语言运作，进而促进社会的公平与正义。

「延伸：举个例子，性别身份的形成就是一个通过言说性存在来理解的过程。社会通过语言和话语体系（如媒体、教育、法律等）不断重复和强化关于性别的规范和期待，从而影响个人对自己性别身份的认同。例如，从小女孩被教导要温柔、文静，男孩则被期望勇敢、坚强，这些都是通过言说性存在构建的性别角色。」

制作性存在（Productive Existence）

制作性存在是一个哲学概念，主要探讨人在创造和生产过程中的存在状态及其意义。这个概念与马克思主义和存在主义思想有一定联系，但没有明确的发明人或单一来源。其主要思想可以追溯到德国哲学家卡尔·马克思和存在主义哲学家如让－保罗·萨特等人的理论。

马克思认为，人的本质在于其生产性活动，通过劳动，人们不仅创造了物质财富，而且实现了自我价值和社会关系。萨特则强调人的自由和创造性，通过自我选择和实践，个体在世界中确立自身的存在和意义。

艺术家在创作一幅画时，通过绘画这一生产性活动，不仅表达了自己的情感和思想，而且在与世界互动中实现了自我存在。这种制作性的过程不仅是物质的创造，更是自我实现和社会互动的体现。

制作性存在的概念强调了创造和生产活动在人的存在和意义构建中的重要性。它提醒我们，通过劳动和创造，人们不仅满足了物质需求，而且实现了自我价值和社会贡献。这一思想对于理解现代社会中的劳动价值和个人意义具有重要启示，鼓励人们在工作和生活中追求创造性和生产性的平衡，从而实现更充实和有意义的存在。

外部视域（External Horizon）

外部视域是现象学中的一个概念，主要由德国哲学家埃德蒙·胡塞尔（Edmund Husserl）提出。胡塞尔是现象学的创始人，他通过这一概念探讨了我们如何在意识中感知和理解外部世界。

外部视域源于胡塞尔对人类意识和感知的深入研究。他认为，任何对象的感知都并非只是对其直接特征的感知，而是包含广阔的背景或视域。这个视域不仅包括我们当前的感知内容，而且包括那些我们没有直接看到但依然影响我们理解的部分。胡塞尔指出，我们对世界的理解是通过这种视域来实现的，这意味着我们总是在一个更广阔的背景下进行感知和思考。

当你在看一棵树时，你不仅看到树干和树叶，而且会联想到树的根在地下生长、树的四周环境，甚至是季节的变化和天气的影响。所有这些背景信息构成了你对这棵树的外部视域，让你能够更全面和深入地理解这棵树。

外部视域的概念强调了感知和理解中的背景和整体性。它提醒我们，任何单一的感知对象都不是孤立存在的，而是嵌在一个更广阔的背景中，通过这个背景，我们的意识能够更全面地把握对象的意义。这一思想在现象学和认知科学中具有重要影响，帮助我们理解感知和理解的复杂性。通过认识外部视域，我们可以更深刻地认识到环境和背景对我们的知觉和思维的影响。

内在视域（Internal Horizon）

内在视域是现象学中的一个重要概念，主要由德国哲学家埃德蒙·胡塞尔提出。他通过这一概念探讨了我们如何在意识中感知和理解事物的内在层面。

内在视域源于胡塞尔对人类意识和感知的深入研究。他认为，我们对任何对象的理解不仅基于其外部特征，而且涉及其内在意义和本质。内在视域指的是我们在感知对象时，通过意识内部的关联和背景信息，对对象进行更深层次的理解。这个视域包括我们对对象的期望、记忆和联想，使我们能够在有限的信息中捕捉到更多的意义。

内在视域的概念强调了感知和理解中的内在关联和深层次的意义。它提醒我们，任何感知对象都不是表面信息的简单叠加，而是包含丰富的内在意义，通过这些内在视域，我们的意识能够更全面地把握对象的本质。这一思想在现象学和认知科学中具有重要影响，帮助我们理解意识和理解的复杂性。通过认识内在视域，我们可以更深刻地认识到内在关联和背景信息在我们的感知和思维中的重要作用。

「延伸：人们听一首熟悉的音乐时，不仅是在听当前的旋律和节奏，而且会联想到之前听这首音乐的情景、与这首音乐相关的情感体验，以及这首音乐在生活中的意义。所有这些内在的关联和背景信息构成了人们对这首音乐的内在视域，使其能够更深刻地体验和理解这首音乐。」

生存情感（Existential Feelings）

生存情感是由哲学家马修·拉特克利夫（Matthew Ratcliffe）提出的一个概念，用来描述我们对自身存在和世界关系的基本感受。这些情感不仅是对特定事物的反应，而且是影响我们如何体验和理解整个世界的基本情感状态。

生存情感的起因在于对传统情感理论的补充和扩展。拉特克利夫认为，传统情感理论主要关注对具体对象的情感反应，而忽视了那些更广泛、更基础的情感状态，这些状态构成了我们所有体验的背景。例如，焦虑、抑郁、幸福感等，都是生存情感的一部分，因为它们深刻影响了我们如何感知整个世界以及如何与之互动。

通过研究生存情感，拉特克利夫帮助我们理解情感不仅仅是对外部事件的反应，更是构成我们整个存在体验的基础。生存情感在心理学和哲学中具有重要意义，它们影响我们的世界观、自我认知以及与他人的关系。认识到这些情感的存在和影响，可以帮助我们更好地理解和改善个人的心理健康和生活质量。

「延伸：举个例子，当一个人感到深深的抑郁时，整个世界可能看起来灰暗无比，所有事物都失去了吸引力和意义。这种抑郁不仅是对某个具体事件的反应，而且是一种全面影响其体验和生活的生存情感。同样地，幸福感也可以改变我们对世界的整体看法，使我们更容易感受到生活的美好和希望。」

审美沉思（Aesthetic Contemplation）

审美沉思是由德国哲学家阿图尔·叔本华（Arthur Schopenhauer）提出的一个概念，描述了在审美体验中，我们通过沉思达到对美的纯粹欣赏和超越日常困扰的状态。叔本华在其著作《作为意志和表象的世界》中详细阐述了这一思想。

叔本华认为，日常生活充满欲望和痛苦，这些都是人类意志的表现。审美沉思是超越这些欲望和痛苦的途径之一。在审美沉思的过程中，我们暂时摆脱了自我和意志的束缚，全身心地投入到对艺术作品或自然景观的欣赏中。这种状态让我们能够纯粹地感受到美，获得心灵的平静和超越性的体验。

当人们站在一幅美丽的风景画前，完全沉浸在画作的色彩、构图和意境中时，可能会暂时忘记生活中的烦恼和压力。这种专注和欣赏的状态就是审美沉思。通过这种体验，人们不仅能享受到美的愉悦，而且能感受到一种深层次的精神升华。

审美沉思的概念强调了美对人类精神的治愈和提升作用。它提醒我们，在忙碌的日常生活中，通过欣赏艺术和自然，我们可以找到片刻的宁静和心灵的寄托。这一思想在美学和心理学中具有重要意义，帮助我们理解审美体验的深层价值。通过审美沉思，我们能够在纷繁复杂的世界中找到片刻的平静和美的纯粹。

审美孤寂（Aesthetic Solitude）

审美孤寂是一个描述个体在独自欣赏艺术或自然美景时所体验到的独特感受的概念。虽然没有明确的发明人，但这一概念与许多美学家和哲学家的思想相关，特别是在浪漫主义和存在主义的传统中。

浪漫主义者，如华兹华斯（William Wordsworth）和柯勒律治（Samuel Taylor Coleridge），强调个体在自然中的孤独沉思，以此达到与自我和自然的深层次连接。存在主义哲学家，如让－保罗·萨特，也探讨了个体在面对存在和本质问题时的孤独感。

在审美孤寂中，个体通过独自欣赏艺术作品或自然景观，获得一种深刻的、内在的感受。这种体验不仅仅是对美的感知，更是对自身存在和内心世界的反思。举个例子，当你独自站在壮丽的山峰上，远离尘世喧嚣，凝视着眼前的景色，你会感受到一种与自然和自我的深层连接。这种感受就是审美孤寂。

审美孤寂强调个体在独自审美体验中的内在丰富性和精神升华。通过这种孤独的审美沉思，人们可以找到心灵的宁静和深刻的存在感。审美孤寂提醒我们独处和沉思在现代社会的忙碌和社交压力中的重要性，帮助我们更深入地理解自我和世界。通过这种体验，我们能够在孤独中找到美的慰藉和内心的平静。

进步主义史学（Progressive Historiography）

进步主义史学是一种历史研究方法和理论，强调历史的发展是一个不断进步和改良的过程。这个学派的代表人物是美国历史学家查尔斯·比尔德（Charles A. Beard）和弗雷德里克·杰克逊·特纳（Frederick Jackson Turner）。他们在 20 世纪初提出了这一观点，以反对当时占主导地位的传统历史观。

进步主义史学的起因在于对 19 世纪末和 20 世纪初美国社会快速变化的回应。当时，美国经历了工业化、城市化和移民潮等重大变革，这些变化带来了许多社会问题，如贫富差距扩大、劳资冲突加剧等。进步主义史学家认为，理解历史不仅要关注政治事件和伟人，更要关注经济、社会和文化因素的作用，特别是普通民众和社会运动的力量。

进步主义史学强调历史的动态性和多维性，主张通过研究经济、社会和文化等多方面的因素，揭示历史进程中的进步和变化。它帮助我们理解历史不仅是过去的记录，更是一个充满变革和发展的过程。这一方法在现代历史学中具有重要影响，推动了对社会结构和民众生活的深入研究，使历史研究更加全面和多样。

「延伸：弗雷德里克·杰克逊·特纳在其著名的《美国边疆论》中提出，美国的民主和独特的社会特征是通过不断向西扩张和开发边疆地区而形成的。他强调，普通民众在拓荒和建设过程中发挥了关键作用，这一观点颠覆了以往认为历史主要由伟人和精英推动的传统看法。」

异质文明（Heterogeneous Civilizations）

异质文明是一个用来描述不同文化和社会系统共存并相互影响的概念。这个概念没有单一的发明人，它的思想可以追溯到 20 世纪的文化人类学家，如克利福德·格尔茨（Clifford Geertz）和历史学家如阿诺德·汤因比（Arnold Toynbee）。他们通过研究不同社会和文化的相互作用，揭示了文明的多样性和复杂性。

异质文明概念的提出源于对全球化进程中的文化交流和冲突的关注。随着全球化的发展，世界各地的文化和社会系统越来越多地相互接触和影响。异质文明的研究强调，不同文化和文明的相遇不仅带来了融合和创新，也可能引发误解和冲突。因此，理解异质文明对于应对全球化带来的挑战至关重要。

当欧洲殖民者在 15 世纪开始探索新大陆时，他们遇到了美洲原住民的丰富文化。虽然这些文化之间存在巨大差异，但彼此的接触和交流导致了文化的交融和新的社会形态的出现。另一个例子是现代城市中的多元文化社区，不同文化背景的人们共同生活，彼此影响和学习，形成了丰富多彩的城市文化。

异质文明的概念提醒我们，世界是由各种不同的文化和社会系统构成的，这些系统在相互作用中不断演变和发展。理解和尊重异质文明有助于促进文化多样性和全球和平。通过研究异质文明，我们可以更好地应对全球化带来的文化挑战，推动不同文明之间的交流与合作，从而实现更加包容与和谐的世界。

权利空间（Rights Space）

权利空间是指个人或群体在特定区域内享有的权利和自由的集合。这一概念主要用于研究法律、政治和社会领域，探讨如何在不同空间中实现和保障权利。权利空间的思想可以追溯到启蒙思想家如约翰·洛克和卢梭，现代讨论多由法律学者和社会学家推动，如亨利·列斐伏尔等人。

权利空间概念的提出源于对权利如何在不同地理和社会空间中被分配和行使的关注。列斐伏尔在其著作《空间的生产》中提出，空间不仅是物理存在，更是社会关系和权力结构的体现。通过控制空间，权力机构可以影响和限制个人和群体的权利。

权利空间的概念强调了权利与空间的紧密关系，提醒我们权利不是在真空中行使的，而是受到具体空间环境的影响。理解权利空间有助于我们更好地设计和管理公共空间，保障公平和正义。通过研究权利空间，我们可以识别并解决在不同空间中存在的权利不平等问题，推动社会进步和人权保障。

「延伸：一个城市公园可以被视为权利空间。在这里，居民享有休闲、社交和锻炼的权利。然而，如果政府限制某些群体进入公园，或者对公园进行商业开发，剥夺了公众的使用权，这就改变了该空间的权利配置。同样地，学校、职场和家庭等不同空间中，人们享有的权利和自由也各不相同。」

事件乐谱（Event Score）

事件乐谱是由美国前卫艺术家乔治·布雷希特（George Brecht）在20世纪50年代发起的一种艺术形式。布雷希特是激浪派运动的主要成员之一，这个运动致力于打破艺术与生活之间的界限，强调观众的参与和即兴创作。

事件乐谱的起因在于对传统艺术形式的反叛和探索。布雷希特和其他激浪派艺术家认为，艺术不应局限于绘画、雕塑等传统媒介，而应包含日常生活中的一切事物。

事件乐谱是对这一理念的实践，它以简单的文字说明取代传统的音乐乐谱，描述一系列动作或事件，邀请参与者通过自己的理解和演绎来实现。

事件乐谱强调艺术的过程和参与，而非最终的作品。它鼓励人们以创造性的方式看待和体验日常生活，发现其中的美和意义。通过事件乐谱，布雷希特和激浪派艺术家们试图打破艺术与观众之间的界限，让每个人都能成为艺术的创造者和参与者。这一形式不仅挑战了传统艺术观念，而且丰富了现代艺术的表现形式，影响了后来的行为艺术和装置艺术。

「延伸：布雷希特的经典事件乐谱《三水壶事件》仅包含以下指示：1. 将水倒入一个容器中。2. 将容器中的水倒入另一个容器中。3. 重复。这些简单的指示鼓励参与者通过自己的方式执行，从而创造出独特的艺术体验。」

作者之死（The Death of the Author）

"作者之死"是由法国文学理论家罗兰·巴特在1967年提出的一个重要概念。这一理论主张，在解读文学作品时，读者不应关注作者的意图和背景，而应把重点放在文本本身及其多重意义上。巴特在其文章《作者之死》中详细阐述了这一观点。

巴特提出"作者之死"的起因在于对传统文学批评方法的反思。传统文学批评常常试图通过了解作者的生平、意图和背景来解释作品的意义。巴特认为,这种方法限制了文本的丰富性和多义性,忽视了读者在理解过程中的主动作用。他提出,文本应该被视为一个独立的存在,其意义由读者在阅读过程中建构,而不是由作者预先决定。

如果我们在解读莎士比亚的《哈姆雷特》时,不去考虑莎士比亚的生平和写作动机,而是专注于文本本身,我们可能会发现更多样化的解读。例如,一位读者可能关注哈姆雷特的心理冲突,另一位读者可能关注政治阴谋,每个解读都可以是有效的,因为文本本身允许多重解释。

"作者之死"的理论强调读者在文学解读中的重要性,推动了文本分析从作者中心转向读者中心。这一理论对后现代文学批评产生了深远影响,促进了解构主义和读者反应理论的发展。通过"作者之死",我们可以更自由地探索文本的多层次意义,享受文学作品的丰富性和复杂性。

反直觉（Counterintuitive）

反直觉是指那些与我们的直觉或常识相反的现象或观点。这一概念广泛应用于科学、数学、心理学和哲学等领域，揭示了我们日常思维和直觉无法轻易理解的许多真理。反直觉的研究和讨论并没有单一的发起人，而是随着科学和哲学的发展逐渐形成的。

反直觉的起因在于人类认知的局限性。我们的直觉通常基于日常经验和有限的信息，往往适用于简单和直接的情境。然而，在面对复杂系统、抽象概念或非线性关系时，直觉常常会误导我们。例如，量子力学中的一些现象，如粒子同时具有波动性和粒子性，违背了我们对经典物理的直觉理解。

反直觉的概念提醒我们，在面对复杂或非直观的现象时，应该依赖科学方法和逻辑推理，而不是仅仅依赖直觉。通过理解和接受反直觉的观点，我们可以更好地认识世界的本质，避免因直觉误导而犯错误。这不仅帮助我们在科学研究中取得进展，而且提升了我们的思维方式和解决问题的能力。

「延伸：在数学中，蒙提霍尔问题就是一个经典的反直觉例子。在这个问题中，参赛者面对三扇门，其中一扇门后有奖品，另外两扇门后没有。当参赛者选择了一扇门后，主持人打开了另一扇没有奖品的门，并提供参赛者一个换门的机会。直觉可能会认为换门与否无所谓，实际上，换门会将获胜概率从 1/3 提升到 2/3，这一结果显然违背了大多数人的直觉。」

无限衍义（Infinite Semiosis）

无限衍义是由美国哲学家查尔斯·桑德斯·皮尔士（Charles Sanders Peirce）提出的概念，用来描述符号在解释过程中不断生成新意义的动态过程。皮尔士是符号学的创始人之一，他在 19 世纪末期提出了这一理论，以解释符号如何在无限的解读链条中运作。

皮尔士提出无限衍义的起因在于他对符号和意义的深入研究。他认为，每个符号都是一个解释的起点，而每次解释又生成新的符号，这个过程是无限循环的。换句话说，符号的意义不是固定的，而是在不断的解释和再解释中发展和变化的。

当你看到一个红色的灯光，这个灯光作为一个符号，可能代表"停止"。当你开始解释为什么红灯意味着"停止"，你可能会想到交通规则、红色的警示作用等，这些解释又生成了新的符号和意义。这个解释过程不会终止，每种新的解释都可以被进一步解读，从而形成一个无限的意义生成过程。

无限衍义的概念强调了符号和意义的动态性和开放性。它提醒我们，理解符号和文本时，应当考虑到意义的多层次和多维度，而不是试图找到一个最终的、固定的解释。通过这一理论，我们可以更深入地理解语言、文化和交流的复杂性，以及如何在不同的语境中产生和传递意义。这一思想对符号学、语言学和文化研究等领域产生了深远影响。

永恒回归（Eternal Recurrence）

永恒回归是由德国哲学家弗里德里希·尼采提出的一个哲学概念。尼采在 19 世纪末提出这一思想，旨在挑战人们对时间和存在的理解。永恒回归的核心是这样一个假设：宇宙中的所有事件都会以无尽的循环方式不断重复，即你的人生将无数次地按同样的方式重新上演。

尼采提出永恒回归的起因在于他对人类生命意义的深刻思考。他希望通过这个概念迫使人们重新审视自己的生活和选择。如果每个人都必须面对自己生活的每一个瞬间将无限重复的可能性，那么如何才能赋予生命真正的价值？这一思想挑战人们去过一种他们愿意永远重复的生活。

永恒回归不仅是一个哲学思想实验，而且是一种生活态度的倡导。它提醒我们反思自己的生活方式和价值观，通过这种深刻的思考，追求更加真实和有意义的生活。这一概念对存在主义和现代哲学产生了深远影响，促使人们在面对生命的有限性和重复性时，找到自己的存在意义和生活方向。

「延伸：假设你今天做了一些决定，比如选择了一份工作、结识了一位朋友或参与了一项活动。根据永恒回归的思想，这些选择和经历将在你的生命中无数次地重复出现。如果你知道这些时刻将永远回归，你会如何看待今天的选择和行为？这种思考方式鼓励人们活在当下，珍惜每一个瞬间，做出真正符合自己内心价值的决定。」

鸽派与鹰派策略（Dove and Hawk Strategy）

鸽派与鹰派策略是经济学和政治学中的两个重要概念，用来描述人们在处理国际关系、经济政策和军事策略时的不同立场。鸽派主张以和平、妥协和对话来解决问题，避免使用武力和强硬措施。鹰派则倾向于使用强硬手段，包括军事行动和经济制裁，来达成目标。

这些概念最早可以追溯到 20 世纪 60 年代的美国，特别是在越南战争期间。这个时期，美国国内对是否继续在越南进行军事干预存在严重分歧。鸽派由当时的许多和平主义者和反战人士代表，他们认为战争耗费巨大且损害国际形象，主张通过谈判来结束冲突。鹰派则主要由一些军方高层和保守派政治家代表，他们认为只有通过强硬的军事手段才能有效遏制共产主义的扩散，维护美国的国际地位。

这些策略不仅应用于军事和外交领域，而且被用于经济政策制定。比如，在货币政策上，鸽派通常主张宽松的货币政策，通过降低利率和增加货币供应来刺激经济增长和就业；鹰派则倾向于采取紧缩政策，通过提高利率和控制货币供应来防止通货膨胀，保持经济稳定。

一个典型的案例是 20 世纪 80 年代的美国联邦储备委员会。当时，保罗·沃尔克（Paul Volcker）担任主席，他被认为是典型的鹰派人物。沃尔克采取了一系列严厉的货币政策措施，大幅提高利率，以遏制当时严重的通货膨胀。这些措施虽然短期内引发了经济衰退，但长期来看成功地控制了通胀，稳定了经济。

爱泼斯坦模型（Epstein Model）

爱泼斯坦模型是一种用于模拟和研究复杂社会现象的计算机模型。发明者是美国社会学家和计算社会科学领域的先驱乔舒亚·爱泼斯坦（Joshua M. Epstein）。该模型诞生于 20 世纪 90 年代，最初的动机是为了研究和理解社会行为和群体动态。

爱泼斯坦模型通过计算机仿真来模拟个体行为及其相互作用，从而观察这些行为如何导致宏观社会现象。举个简单的例子，想象一下我们想研究人群中的传染病传播。每个个体在模型中都是一个"代理"，有自己的行为规则，比如谁会与谁接触、在接触后是否会感染等。通过模拟成千上万个这样的代理的互动，研究者可以观察到疾病在整个社会中的传播路径和速度。

这个模型不仅限于疾病传播，而且可以用来研究各种社会现象，如犯罪行为、经济市场波动、人口迁移等。例如，在犯罪行为研究中，爱泼斯坦模型可以模拟不同的社会因素如何影响犯罪率，从而帮助制定更有效的政策来预防犯罪。

爱泼斯坦的创新之处在于，他将复杂的社会现象简化为一系列简单的规则和互动，并通过计算机模拟展示这些简单互动如何导致复杂的整体行为。这种方法不仅使研究者能够更好地理解社会动态，而且能预测可能的未来趋势和结果。

爱泼斯坦模型的一个经典应用是"糖食模型"，其中模拟了一个虚拟世界，代理人（即个体）在这个世界中寻找和消费糖，这个过程展示了资源分配、财富积累和经济不平等的产生和演变过程。通过这种方式，爱泼斯坦展示了如何从简单的个体行为中涌现出复杂的社会现象。

信息劝诱（Nudge）

信息劝诱是由理查德·塞勒和卡斯·桑斯坦于2008年提出的概念。信息劝诱的核心是通过轻微的、非强制性的方式引导人们做出更有利的决策，而不是通过强制手段改变行为。这个概念背后的理论基础是行为经济学，强调人们在决策过程中常常会受到各种心理偏见和认知限制的影响。

信息劝诱这个概念的发端可以追溯到20世纪末，当时学者们开始关注人们如何在非理性的条件下做出决策。塞勒和桑斯坦注意到，传统的经济学模型假定人们是完全理性的，但实际生活中，人们往往会因为各种原因做出不理性的选择。为了帮助人们做出更好的决策，他们提出了信息劝诱的策略，这种策略通过设计环境和信息的呈现方式，微妙地影响人们的选择。

一个经典的例子是"默许"选择。研究表明，当人们在选项上没有明确的偏好时，他们往往会选择默认选项。于是，在器官捐赠注册、退休储蓄计划等方面，设定一个对社会和个人更有利的默认选项，可以显著提高参与率。例如，在一些国家，如果默认设置是所有人都自动注册为器官捐赠者，除非他们明确选择退出，那么器官捐赠的注册率会大幅上升。

「延伸：信息劝诱的应用范围广泛，包括公共健康、金融决策、环境保护等领域。例如，在餐馆菜单上将健康食品放在显眼的位置，可以鼓励顾客选择更健康的饮食；在超市中，将垃圾食品放在较低的货架，而将水果和蔬菜放在显眼的位置，可以帮助顾客做出更健康的购物选择。」

逆向选择（Adverse Selection）

逆向选择起初由经济学家乔治·阿克洛夫（George Akerlof）在 1970 年提出，他在著名的论文《柠檬市场：质量不确定性与市场机制》中首次描述了这一现象。逆向选择主要指在市场交易中，由于信息不对称，质量较差的商品或高风险的个人更可能参与交易，从而导致市场整体质量下降或风险增加。

逆向选择可以用一个有趣的例子来说明：二手车市场。卖家比买家更了解自己车子的真实状况，因此在买卖双方的信息不对称的情况下，买家会担心自己买到的是一辆"柠檬车"（质量差的车）。由于买家愿意支付的价格会低于车的实际价值，优质车主会不愿意以低价出售，最终导致市场上剩下的多是"柠檬车"。这种情况下，质量差的车更容易被卖出，导致整个市场质量下降。

另一个典型的逆向选择案例是健康保险市场。在购买健康保险时，保险公司无法准确知道每个投保人的健康状况，而投保人很清楚。如果保险公司统一定价，那么健康状况较差的人会更愿意购买保险，因为他们更可能需要大量的医疗服务，健康状况较好的人则可能觉得保费过高而放弃投保。结果，保险公司的客户群体中患病概率较高的人占多数，导致保险公司赔付增加，最终可能迫使保险公司提高保费或退出市场，从而影响整个保险市场的稳定性。

乔治·阿克洛夫的研究揭示了逆向选择的存在及其对市场效率的负面影响，这一发现为信息经济学的研究奠定了基础，并帮助解释了许多实际经济问题。他因此在 2001 年与迈克尔·斯彭斯（Michael Spence）和约瑟夫·斯蒂格利茨（Joseph Stiglitz）共同获得了诺贝尔经济学奖。逆向选择的概念不仅在经济学理论中占有重要地位，而且在实际政策制定和市场监管中发挥着关键作用，帮助政府和企业设计更有效的机制，以减少信息不对称带来的负面影响。

汤姆逊问题（Thomson Problem）

汤姆逊问题是指研究如何在一个球形表面上排列带电粒子，使得它们之间的库仑排斥力达到最小。这个问题是由英国物理学家汤姆逊提出的，他因发现电子而闻名。汤姆逊在 1904 年提出这个问题，是为了更好地理解电子在原子中的排列方式。

汤姆逊问题源于对自然界中许多现象的观察。例如，化学分子、病毒外壳和星团中的天体，它们常常以某种特定的方式排列，而这些排列方式往往能使系统的能量达到最小。汤姆逊希望通过研究带电粒子在球形表面上的排列，找到这种排列的规律和模式，从而揭示更多自然界的奥秘。

为了更好地理解这个问题，可以想象我们在地球表面放置一些带电粒子。这些粒子由于电荷相同，会互相排斥。我们的目标是找到一种排列方式，使得所有粒子之间的排斥力总和最小。这个问题看似简单，随着粒子数量的增加，问题会变得非常复杂。目前，科学家已经找到了一些特定数量粒子时的最佳排列方式，例如四个粒子形成正四面体，十二个粒子形成正二十面体等。

「延伸：解决汤姆逊问题不仅仅是为了满足科学家的好奇心。这个问题在实际应用中有着广泛的意义。例如，在纳米技术中，研究粒子的最优排列可以帮助我们设计出更稳定的纳米结构。此外，在天文学和物理学中，理解天体的排列方式有助于我们更好地解释宇宙中的各种现象。」

异质性（Heterogeneity）

异质性指的是在一个特定的系统或集合中，存在着不同类型或不同性质的元素。这种概念广泛应用于多个领域，如生物学、社会学、经济学和材料科学等。在生物学中，异质性可以指基因的多样性；在社会学中，可以指人群的文化、经济、社会背景的多样性；在经济学中，可以指市场中不同商品和服务的多样性；在材料科学中，可以指材料内部结构或组成的不同。

异质性的概念是随着科学和社会研究的发展逐渐形

成的一个重要概念。早在 19 世纪，自然科学家就开始注意到自然界中的多样性。例如，查尔斯·达尔文在他的进化论中就指出了物种间的异质性对生物进化的重要性。在社会科学中，埃米尔·涂尔干和马克斯·韦伯等社会学家也在研究社会结构和功能时，强调了社会异质性的重要性。

异质性的研究之所以重要，是因为它帮助我们理解复杂系统的运行机制。例如，在医学研究中，了解患者群体的基因异质性可以帮助开发更有效的个性化治疗方案；在经济学中，认识到市场的异质性可以帮助政策制定者设计更合理的经济政策；在生态学中，理解生态系统的异质性有助于保护生物多样性和生态平衡。

现代城市的异质性体现在其人口、文化和建筑风格的多样性上。这种异质性不仅增加了城市的活力和吸引力，而且为创新和经济发展提供了丰富的资源和机会。

信息传递费用（Transmission Cost）

信息传递费用是指在通信过程中将信息从发送方传递到接收方所产生的各种费用和资源消耗。这一概念可以追溯到信息论的创始人克劳德·香农（Claude Shannon），他在 20 世纪 40 年代的研究中首次提出了有关信息传递效率的理论。

信息传递费用包括多种形式的成本，例如：物理设备的费用（如光纤、电缆、卫星等），信号传输的能量消耗，网络维护费用，以及数据在传输过程中可能遭遇的延迟和损失修复成本，等等。这些成本会影响到通信系统的设计和运营，也会影响到我们日常生活中使用的各种通信服务的价格。

让我们来举个有趣的例子：想象一下你在网上观看高清电影。为了让这部电影顺利地从服务器传到你的电脑，需要经过很多复杂的步骤。首先，电影的数据要从存储的服务器通过数据中心传出，然后经过多个网络节点、路由器、交换机等设备，最终到达你的网络服务提供商，再通过光纤或无线信号传到你家里的路由器，最后到达你的电脑屏幕。在这个过程中，每一步都会产生一定的费用和能量消耗，这些就是信息传递费用的一部分。

克劳德·香农 1948 年的论文《通信的数学理论》奠定了信息论的基础。他提出的信息熵概念，衡量了信息的传递和存储过程中不确定性的大小，为后来的通信和计算技术的发展提供了理论依据。香农的研究不仅揭示了信息传递过程中存在的各种限制和成本，而且为我们理解和优化现代通信系统提供了关键洞见。

信息滤波（Information Filtering）

信息滤波是一种从大量信息中筛选出对用户有用的信息的技术。其目标是帮助用户在海量数据中找到相关、重要的信息，同时去除不相关或冗余的部分。这个概念最早由信息科学家杰拉尔德·索尔顿（Gerard Salton）在 20 世纪 60 年代提出。索尔顿被誉为现代信息检索和过滤技术的先驱，他的工作为今天的搜索引擎和推荐系统奠定了基础。

信息滤波的初衷是应对信息过载的问题。随着互联网的普及和数字化信息的爆炸式增长，人们接触到的信息量也急剧增加。面对如此庞大的信息量，人们很难有效地找到自己需要的内容。信息滤波系统通过分析用户的偏好和行为，利用算法自动从海量数据中挑选出最符合用户需求的信息。这些算法可以基于内容的相关性、用户的历史行为或者其他用户的评价等多个因素来进行筛选。

信息滤波技术广泛应用于各种领域。最典型的例子包括电子邮件的垃圾邮件过滤、新闻推送、电子商务网站的商品推荐以及社交媒体平台的信息流排序。比如，当你在电商网站上购物时，系统会根据你过去的浏览和购买记录，推荐你可能感兴趣的商品；在社交媒体上，你看到的内容通常也是基于你的兴趣和互动历史进行筛选的。

「延伸：信息滤波不仅提高了信息获取的效率，而且极大地改善了用户体验。然而，这项技术也面临一些挑战和争议。例如，过度的信息滤波可能导致"信息茧房"现象，即用户只能接触到自己感兴趣的信息，而忽视了多样性和其他重要的信息。这种情况可能会限制用户的视野，影响其对外部世界的全面了解。」

市场竞争的生态系统视角（The Ecosystem Perspective of Market Competition）

"市场竞争的生态系统视角"是从生态系统中获得灵感，应用于经济学和市场竞争研究的方法。这个视角的核心观点是，将市场视为一个生态系统，其中各种企业和组织如同生态系统中的生物体，彼此之间相互竞争、共生和进化。

这一观点最早由詹姆斯·F.穆尔（James F. Moore）在 20 世纪 90 年代提出。他在 1993 年的文章《捕食者与猎物：竞争的新生态学》中首次系统地描述了这一概念。穆尔观察到，在现代市场中，企业并非独立的个体，而是与其他企业、供应商、客户甚至竞争对手紧密相连，形成了一个复杂的互动网络。这种网络类似于自然界的生态系统,各个企业就像生态系统中的物种,通过合作、竞争和共生关系维持整个系统的平衡和发展。

市场竞争的生态系统视角强调,企业要想在竞争中获得优势,不仅需要关注自己的资源和能力,而且必须理解和利用整个生态系统中的资源和动态。例如,苹果公司通过建立一个庞大的应用开发者社区和硬件供应链,形成了强大的商业生态系统,极大地提升了市场竞争力。

穆尔的这一观点在当时引起了广泛关注和讨论,因为它提供了一种全新的看待商业竞争的方法。传统的竞争理论更多关注企业内部的资源和能力,穆尔则强调了企业之间的相互依存和合作关系。这种视角鼓励企业超越传统的竞争思维,积极参与并构建能够支持其长期发展的生态系统。

通过市场竞争的生态系统视角,我们可以更好地理解现代市场中的复杂动态,企业如何通过合作、创新和适应环境变化来获得竞争优势。这一视角不仅适用于科技行业,而且广泛应用于制造业、服务业等各个领域,为企业战略制定提供了新的思路和方法。

网络外部性（Network Externality）

网络外部性是一个经济学概念，它指的是一个产品或服务的价值随着使用该产品或服务的人数增加而增加的现象。这个概念最早由经济学家詹姆斯·罗尔夫斯（James Rohlfs）在 1974 年提出。他在研究电信行业时发现，电话网络的价值取决于有多少人使用电话。这一现象很快被应用到其他领域，如计算机网络、社交媒体和电子商务。

网络外部性可以解释为什么一些产品和服务会迅速普及，另一些则相对缓慢。举个例子，想象一下你是第一个拥有电话的人。如果没有其他人拥有电话，这个电话对你来说几乎没有价值。随着越来越多的人开始使用电话，你就能与更多的人通话，这个电话的价值就显著增加。同样的道理也适用于互联网和社交媒体平台，如Facebook 和微信。刚开始时，只有少数人在使用这些平台。随着用户数量的增加，这些平台变得越来越有价值，因为用户可以与更多的人连接和互动。

这种现象也可以导致一些有趣的市场行为，比如"赢家通吃"的局面。由于网络外部性的存在，用户往往会集中在某个特定的平台或服务上，使得这个平台的价值进一步增加，竞争对手的处境则会更加艰难。例如，微软的 Windows 操作系统和苹果的格式生态系统就展示了这种效应，因为他们的用户数量巨大，吸引了更多的软件开发者和用户，进一步巩固了他们的市场地位。

「延伸：然而，网络外部性也可能导致一些负面影响，比如垄断和用户锁定问题。当一个平台变得非常强大时，它可能会限制竞争，降低创新动力。此外，如果用户对某个平台的依赖性过高，切换到其他平台的成本就会增加，这就叫作"用户锁定"。」

技术饱和度（Technological Saturation）

技术饱和度是指技术在市场上的应用和普及程度达到极限，无法继续显著增长的状态。这个概念是由技术预测和创新研究领域的专家提出的，他们观察到，随着时间的推移，几乎所有技术的应用都会经历一个典型的生命周期。

技术饱和度的概念最早可以追溯到 20 世纪中期，当时社会学家和经济学家开始注意到技术进步对社会和经济的深远影响。具体来说，这个概念的普及与著名经济学家约瑟夫·熊彼特（Joseph Schumpeter）的创新理论有关。熊彼特提出，创新是经济增长的关键驱动力，但任何一种技术创新都无法无限制地增长，最终会达到一个饱和点。

技术的生命周期通常包括四个阶段：引入期、成长（快速增长）期、成熟（增长减缓）期和衰退期。举个例子，家用电话从发明到普及经历了引入期（早期的实验和少量用户）、成长期（大量用户开始安装电话）、成熟期（大多数家庭都有了电话，但增速放缓）和衰退期（移动电话和互联网的出现使传统家用电话逐渐被取代）。

技术饱和度通常在成熟期末和衰退期初出现。这时候市场已经饱和，潜在用户基本已经转化为实际用户，进一步增加市场份额变得困难，技术创新的边际效益递减。手机市场是一个很好的例子。早期的功能手机在市场上快速普及，随着智能手机的出现，功能手机的市场很快达到了饱和。现在，智能手机正在经历类似的过程，市场逐渐饱和，新用户的增加速度放缓。

研究技术饱和度对企业和政策制定者非常重要。对于企业来说，了解技术饱和度可以帮助他们进行市场预测和战略调整，例如在市场饱和前寻找新的增长点或创新方向。对于政策制定者来说，理解技术饱和度有助于制定科技发展政策，鼓励持续创新，防止经济因技术停滞而陷入低迷。

烧钱战略（Burning Money Strategy）

烧钱战略是商业竞争中的一种市场扩展手段，指企业在早期发展阶段，为了迅速占领市场和吸引大量用户，不惜花费大量资金进行补贴、广告和市场推广。这种战略的核心思想是通过大量投入资金，迅速建立起市场份额和品牌知名度，等用户习惯了产品或服务后，再逐步减少补贴，逐渐开始赢利。

烧钱战略的发明和大规模应用主要与互联网行业的兴起有关。20世纪90年代末，互联网泡沫时期，一些互联网公司为了快速抢占市场份额，纷纷采用这种策略。例如，亚马逊在早期为了吸引用户，投入了大量资金进行市场推广和用户补贴。这个策略在2000年后逐渐被广泛应用于各类互联网公司，尤其是电子商务、社交网络和共享经济领域。

发起烧钱战略的企业家通常具有强烈的市场野心和风险承受能力。亚马逊的创始人杰夫·贝索斯（Jeff Bezos）就是一个典型的例子。他在公司创立初期，投入了大量资金进行市场推广和扩展，不惜亏损多年，以换取今天亚马逊的市场地位。另一位著名的企业家是中国的程维，他在创立滴滴打车时，也是通过大规模的市场补贴迅速占领市场。

烧钱战略之所以能够奏效，是因为它利用了互联网时代"先入为主"的优势。一旦企业通过烧钱获得大量用户，这些用户往往就会形成使用习惯，导致竞争对手很难再进入市场。尽管这种策略需要大量资金投入，而且风险极高，但一旦成功，回报也是巨大的。对于投资者来说，支持这种策略的关键在于对市场前景的乐观预期和对企业家能力的信任。

「延伸：在中国，最为人熟知的烧钱战略案例是打车软件的竞争。2014 年，滴滴和快的两大打车软件为了争夺市场份额，进行了一场激烈的烧钱大战。双方通过补贴乘客和司机，吸引大量用户下载和使用各自的应用程序。这场烧钱大战最终导致两家公司在 2015 年合并为滴滴出行，从此它成为中国最大的打车服务平台。」

限制理性（Bounded Rationality）

限制理性是由诺贝尔经济学奖得主赫伯特·西蒙（Herbert A.Simon）提出的一个概念，用于描述人类在决策过程中由于认知能力、时间限制和信息不完全等因素的限制，无法实现完全理性的行为。西蒙在 20 世纪 50 年代提出这一理论，试图解释现实中的人类行为与传统经济学中假设的"完全理性人"之间的差距。

西蒙认为，传统经济学中的决策模型假设人们拥有无限的计算能力和完美的信息，能够在所有可能的选项中选择最优解。然而，现实情况远非如此。人类在面对复杂的决策问题时，通常只能处理有限的信息，并且受到时间和认知能力的制约。因此，人们往往只能做出"满意"的决策，而不是"最优"决策。这种情况下的理性被称为"限制理性"。

西蒙的限制理性理论强调了几个关键点。首先，人类的认知能力是有限的，我们不能同时处理过多的信息，也无法完美地预测未来；其次，时间限制使得我们无法花费无限的时间来进行决策；最后，信息不完备是常态，我们常常需要在信息不完备的情况下做出选择。因此，在实际生活中，人们更倾向于选择第一个"足够好"的选项，而不是继续寻找可能更好的选项。

「延伸：限制理性理论的提出不仅在经济学领域产生了深远影响，而且在心理学、管理学、政治学等多个学科中得到了广泛应用。例如，在行为经济学中，限制理性被用来解释消费者行为的偏差和市场异常现象。在管理学中，企业管理者如何在有限的信息和时间内做出有效决策也受到限制理性理论的启发。」

自由银行（Free Banking）

自由银行是一个金融概念，指的是一个没有政府中央银行干预的银行体系。在这种体系下，银行可以自由地发行自己的货币，只要他们能够保持足够的储备来应对客户的提款需求。自由银行的概念源于19世纪，主要在苏格兰、瑞典和美国的一些州得到实践。

自由银行的起因可以追溯到对集中化银行体系的反思。在18世纪和19世纪早期，许多国家的中央银行垄断了货币发行权，导致了一些弊端，如经济波动和银行危机。为了寻找更稳定和灵活的金融体系，一些经济学家和政治家提出了自由银行的理念。

在自由银行体系中，银行通过竞争来提高自身的信誉和稳定性。如果一家银行发行的货币过多或管理不善，公众可以选择转向更为可靠的银行，从而自然淘汰劣质银行。这种竞争机制被认为能够促使银行保持高水平的运作，减少系统性风险。

自由银行的实践最著名的例子之一是19世纪的苏格兰。苏格兰在1716年到1844年期间实施了自由银行体系，其银行业相对稳定，经济发展也较为顺利。另一个例子是美国，1837年至1863年间，一些州实施了类似的体系，但结果并不理想，出现了不少银行倒闭和经济波动现象。

自由银行的理论基础主要由经济学家亚当·斯密和詹姆斯·威尔逊（James Wilson）等人提出。他们认为，政府不应干预银行业，市场竞争会自然调节银行的行为，确保金融体系的稳定。然而，也有批评者认为，自由银行体系缺乏统一的监管和保障机制，容易导致金融不稳定和欺诈行为。

创新漏斗（Innovation Funnel）

创新漏斗是一种帮助企业和组织管理创新过程的工具。这个概念最早由美国学者罗伯特·库珀（Robert G. Cooper）提出，目的是提高新产品开发的成功率。创新漏斗的核心思想是通过一系列筛选和评估步骤，将众多创意和想法逐渐过滤，最终只保留那些最有潜力、最可行的方案，从而减少资源的浪费和风险。

创新漏斗的基本流程可以分为几个阶段。首先是创意生成，这个阶段包括头脑风暴、市场调研、技术探索等活动，目的是尽可能多地收集各种创新想法。接下来是初步筛选，在这个阶段，通过一定的标准对创意进行初步评估，淘汰不符合要求或不可行的想法。接着是概念发展，对通过初步筛选的创意进行深入分析和细化，形成具体的项目计划。然后是商业评估，在这一阶段，需要对项目进行商业可行性分析，包括市场潜力、成本收益分析等。最后是实施，对经过前面各个阶段筛选和评估后的项目进行实际开发和市场推广。

创新漏斗的形象比喻就是将大量的创意倒入漏斗的宽口，然后通过一层层筛选，最终从漏斗的窄口输出几个优质的创新项目。这个过程帮助企业更好地集中资源，聚焦于最有潜力的项目，提高了新产品的成功率。

这个概念之所以重要，是因为在现实中，企业往往面临大量的创意和想法，而这些创意中只有少部分是真正有价值和可行的。通过创新漏斗，可以系统地筛选出这些优质创意，从而提高资源利用效率，避免因盲目投资失败项目而造成的损失。

罗伯特·库珀在其研究中强调了一个成功的创新漏斗需要具备的几个关键要素，包括清晰的目标、严格的评估标准、跨部门的合作以及持续的改进和优化。通过这些措施，企业可以更好地管理创新过程，保持竞争力和市场活力。

波动性传递（Volatility Spillover）

波动性传递指的是一种资产的价格波动会影响到其他资产的价格波动。简单来说，当一个市场或资产的价格波动加剧时，这种波动可能会传递到另一个市场或资产上，导致后者的波动性也增加。这种现象在全球金融市场中十分常见，尤其是在金融危机或重大经济事件发生时。

波动性传递的研究始于 20 世纪 80 年代末和 90 年代初，主要由经济学家罗伯特·恩格尔（Robert F. Engle）和他的合作者发起。恩格尔因其在时间序列分析和 ARCH 模型（自回归条件异方差模型）方面的贡献，于 2003 年获得诺贝尔经济学奖。他的研究揭示了金融市场波动性的复杂性，并为理解波动性传递提供了理论基础。

波动性传递现象的一个经典例子是 1997 年的亚洲金融危机。当时，泰国的金融危机迅速蔓延至其他东南亚国家，进而影响到全球金融市场。类似地，2008 年的全球金融危机起源于美国的次贷危机，并很快波及全球，导致多个市场的波动性大幅上升。

波动性传递的成因多种多样，包括市场间的经济联系、投资者的心理反应以及金融机构之间的相互关联。比如，当投资者在一个市场上遭受损失时，他们可能会在其他市场上抛售资产以补充资金，这就会导致这些市场的价格波动加剧。此外，现代金融市场的高度全球化和互联性也加剧了波动性传递现象。

了解波动性传递对于投资者和政策制定者都非常重要。投资者可以通过分散投资来降低风险，而政策制定者可以通过加强监管和市场干预来缓解波动性传递的负面影响。总的来说，波动性传递不仅是一个金融市场现象，更是理解全球经济动态和市场行为的关键要素。

养老金危机（Pension Crisis）

养老金危机是一个涉及许多国家和地区的重要问题。它的根本原因在于人口老龄化和经济压力。德国的奥托·冯·俾斯麦（Otto von Bismarck）被认为是现代养老金制度的奠基人。1889 年，俾斯麦在德国推行了世界上第一个国家养老金计划，目的是为老年人提供经济保障。然而，那个时候的平均寿命较短，养老金系统的设计是基于人们通常在退休后不久就会去世。

随着医疗条件的改善和生活水平的提高，人们的寿命逐渐延长，这使得养老金支付的时间越来越长。与此同时，出生率下降，导致工作人口减少。这种情况下，支付养老金的年轻劳动者越来越少，而领取养老金的老年人越来越多，这就导致了养老金系统的资金压力逐步增加。

另外，许多国家的养老金系统依赖于现收现付模式，即用现有劳动者缴纳的养老金来支付当前退休人员的养老金。这种模式在劳动人口充足的情况下是可行的，但在老龄化社会中，这种模式变得不可持续。例如，日本和欧洲一些国家，老年人口比例高，年轻人负担重，养老金系统的资金缺口日益明显。

此外，现代科技的发展也给养老金管理带来了新希望。人工智能和大数据可以帮助优化养老金投资策略，提高资金的使用效率。然而，这些措施只是缓解压力，并不能从根本上解决问题。全球养老金危机依然是一个复杂且长期的挑战，必须结合政策、经济和技术手段，寻找综合解决方案。未来，如何平衡好工作人口和退休人口的关系，将是各国面临的重要课题。

「延伸：为了应对养老金危机，许多国家开始进行改革。例如，推迟退休年龄，鼓励私人储蓄，发展多层次的养老保障体系等。以美国为例，在 20 世纪 80 年代，里根总统和格林斯潘委员会实施了社保改革，提高了退休年龄，并增加了社保税收，这在一定程度上缓解了美国的养老金压力。」

孤立经济（Isolated Economy）

孤立经济这个概念听起来有点像一部科幻小说的情节，实际上，它是经济学中的一个经典理论，由德国经济学家约翰·海因里希·冯·杜能（Johann Heinrich von Thünen）在 1826 年提出。杜能试图解释农业生产和土地利用如何在一个封闭、理想化的经济体中进行。

杜能的孤立经济模型假设一个没有外界干扰的国家，这个国家由一个单一的城市中心和四周的广袤农田构成。所有的农产品都必须运到城市里去卖，交通工具只有马车，运输成本随距离增加而增加。基于这些假设，杜能提出了一个有趣的理论：不同类型的农产品会在城市周围形成同心圆状的分布区带，距离城市越近，种植和生产的农产品价值越高，因为运输成本较低。

在这个模型中，最靠近城市中心的区域种植易腐烂和高价值的作物，例如蔬菜和乳制品；稍远一些的地方则种植谷物，这些作物需要更多土地，但不易腐烂，运输成本可以承受；再往外，则是畜牧业，主要因为牧场需要大量土地且运输牲畜的成本较高；最外圈的是林业，生产木材等大宗货物，因为这些物资的运输成本相对较高且需要的土地更为广阔。

杜能的孤立经济模型之所以引人入胜，是因为它以一种极其简化的方式揭示了经济活动中地理位置的重要性。虽然现实中的经济系统复杂得多，交通工具的多样化和全球贸易网络已经大大改变了杜能所描述的情况，但他的理论仍然为理解现代经济中的土地利用和空间经济提供了宝贵的基础。

孤立经济不仅是一个学术上的概念，而且它帮助人们思考和解决实际中的经济问题。例如，城市规划和农业政策的制定可以借鉴杜能的理论来优化土地资源配置，减少运输成本，提高经济效益。今天，虽然我们生活在一个高度全球化的社会，但孤立经济的基本原理依然对我们的经济生活有着深远的影响。通过这个模型，我们能更好地理解经济活动和地理位置之间的复杂关系，也能更科学地规划和利用我们的资源。

社会创业（Social Entrepreneurship）

社会创业是一种创新的商业模式，它不仅追求经济利润，而且致力于解决社会问题。这个概念起源于20世纪70年代，由美国学者比尔·德雷顿（Bill Drayton）提出。德雷顿创立了阿育王基金会，这是一个支持社会企业家的非营利性组织，旨在通过资助和支持那些有潜力改变世界的个人，推动社会变革。

社会创业的核心理念是利用商业手段解决社会、环境和文化等方面的问题。与传统企业不同，社会企业家更关注社会影响，而不仅仅是财务回报。他们往往会创造出创新的解决方案，以应对贫困、教育不平等、环境污染等全球性挑战。例如，穆罕默德·尤努斯（Muhammad Yunus）在孟加拉国创立的格莱珉银行，通过提供小额贷款帮助贫困人口自立，从而大大改善了当地的经济和社会状况。这一模式后来被称为微型金融，在全球范围内得到了广泛推广。

社会创业的兴起，部分是因为传统的政府和非营利性组织在解决社会问题时往往效率低下、资金不足。相比之下，社会企业能够更灵活地应对挑战，并通过自身的可持续发展，实现更长远的影响。社会企业家不仅要具备商业头脑，而且要有强烈的社会责任感和创新精神。他们常常会寻找与社区、政府和其他组织的合作机会，以最大化他们的社会影响力。

随着全球对社会创业的关注度不断提升，越来越多的年轻人选择投身这一领域。他们希望通过自己的努力，不仅实现个人价值，而且能为社会带来积极的改变。如今，社会创业已经成为全球经济发展中的一个重要力量，激励着无数人用创新的方式应对世界上的各种难题。

二元对立（Binary Opposition）

二元对立是结构主义语言学家费迪南·德·索绪尔提出的一个重要概念，用来解释语言和文化中的意义如何产生。索绪尔认为，语言的基本单位不是词语本身，而是词语之间的差异。换句话说，一个词语的意义是通过它与其他词语的对比和区别来确定的。例如，"善"和"恶"，"黑"和"白"，这些词语的意义只有在对比的情况下才能明确。

二元对立不仅应用于语言学，而且被广泛应用于文学、文化研究、社会学和哲学等领域。在文学批评中，法国结构主义学者克洛德·列维－斯特劳斯通过研究神话和故事，展示了人类思维如何通过对立的二元关系来组织和理解世界。他指出，每一个文化系统都由一系列二元对立构成，这些对立帮助人们理解和解释复杂的社会现象。

这一概念之所以重要，是因为它揭示了人类认知的一种基本模式：我们倾向于通过对立来理解世界。比如，我们常常用"男"和"女"、"生"和"死"、"快乐"和"悲伤"等对立来划分和组织我们的经验。然而，这种对立关系并不是绝对的。后结构主义者如雅克·德里达进一步批判和解构了这种二元对立，认为它往往隐藏了权力和意识形态的操控。他提出，我们应该认识到这种对立中的不稳定性和模糊性，打破固定的二元思维模式。

二元对立的概念源自索绪尔的语言学研究，但其影响远超语言学，成为理解人类文化和社会的重要工具。它提醒我们，在面对复杂的现象时，不要仅仅停留在表面的二元对立，而应深入探讨其背后的复杂性和多样性。通过了解和质疑二元对立，我们可以更好地理解和分析我们所处的世界，从而更加全面地看待问题。这不仅增加了我们对世界的认知深度，而且帮助我们在面对冲突和矛盾时，找到更加平衡和包容的解决方式。

单子（Monad）

"单子"这个概念由德国哲学家和数学家莱布尼茨在 17 世纪末提出。单子这个词源自希腊语，意思是"单一"或"单位"。莱布尼茨通过这个概念，解释他对宇宙和存在本质的理解。

莱布尼茨认为，世界由无数的"单子"组成，每个单子都是一种基本的、不可分割的实体。单子没有空间和物理属性，它们是纯粹的精神实体，类似于现代物理学中的基本粒子，但更像是心灵的基础单位。每个单子都具有独特的内在性质和视角，它们相互之间没有直接的互动，而是通过"前定和谐"来协调，这意味着上帝在创造世界时，预先设定了所有单子的行为，使它们看起来似乎在相互作用。

莱布尼茨发明单子概念的初衷是回应当时的机械唯物主义，即认为世界上的一切现象都可以通过物质和运动来解释。他认为这种观点无法解释意识、知觉和精神现象，因此提出了单子论。单子不仅是物理世界的基础，而且是精神和心灵世界的基础。

莱布尼茨的单子理论对哲学史和科学发展都有深远影响。它挑战了传统的物质主义观点，推动了关于意识和存在的思考。虽然现代科学并没有采纳单子的具体概念，但莱布尼茨提出的关于复杂系统和相互依存关系的思想，在许多领域仍然具有启发性。

公意（General Will）

公意是由法国启蒙思想家让－雅克·卢梭提出的一个重要政治概念。公意的概念出现在卢梭 1762 年出版的著作《社会契约论》中。卢梭在书中讨论了社会和政治组织的正当性，试图探讨一个社会如何能够通过契约达成共识，使其成员在享有自由和权利的同时，又能维持社会秩序。

公意的核心思想是集体的意志，代表了一个社会中所有公民的共同利益和普遍愿望。卢梭认为，真正的自由并不是个人的无拘无束，而是生活在一个由公意指导的社会中。在这样的社会中，每个人都参与决策，每个人的利益都被纳入考虑，最终形成一种超越个人私利的集体意志。这种集体意志就是公意，它反映了社会整体的最高利益，而不仅仅是多数人的意见或某些个别利益的累积。

公意的提出是为了应对当时社会中个人利益与集体利益之间的矛盾。在 18 世纪的法国，社会分化严重，贵族和富人享有特权，普通民众则生活困苦。卢梭认为，这种不公正的社会结构违背了人类自然的平等状态，导致了社会的不稳定和不公平。因此，他提出了公意的概念，试图通过一种新的社会契约来重新组织社会，使每个人都能在共同利益的框架下生活和发展。

卢梭的公意理论对现代政治思想产生了深远影响。它强调了民主参与和集体决策的重要性，主张政府的正当性来源于人民的共同意志，而不是少数人的权力或财富。尽管这一概念在实践中有诸多挑战，但它依然是理解现代民主制度的重要理论基础。

生成的世界（Generated World）

生成的世界是一个由计算机程序和人工智能技术生成的虚拟环境。这个概念的初衷是通过算法和数据来创建逼真的虚拟场景，使人们能够在其中探索、互动和体验。生成的世界不仅包括虚拟游戏中的地图和场景，而且涵盖 VR、AR 以及各种模拟器中使用的虚拟环境。

生成的世界的起源可以追溯到 20 世纪中期，当时计算机科学家和程序员开始探索如何利用算法生成图像和场景。随着计算机技术的进步，特别是图形处理能力的提升，这一领域得到了迅速的发展。约翰·卡马克二世（John Carmack Ⅱ）是生成世界的先驱之一，他是著名的游戏公司 id Software 的联合创始人，也是《毁灭战士》和《雷神之锤》等经典游戏的主要开发者之一。他在 20 世纪 90 年代早期通过使用先进的图形算法和程序生成技术，创造了令人惊叹的虚拟游戏世界。

生成世界的发起有多个驱动因素。首先，娱乐产业对虚拟环境的需求不断增加，游戏开发者希望能够创建更大、更复杂和更逼真的游戏世界；其次，虚拟现实和增强现实技术的发展使得生成世界的应用范围更加广泛，从教育培训到医疗模拟，各行各业都在探索利用虚拟环境进行创新；最后，人工智能技术的进步，特别是深度学习和生成对抗网络的应用，使得生成世界的逼真度和多样性达到了前所未有的高度。

一个典型的例子是《我的世界》，这款游戏通过程序生成无限的方块世界，玩家可以自由探索和创造。这个世界由简单的算法生成，却具有无限的可能性和变化。另一个例子是《无人深空》，这款游戏使用复杂的生成算法创造了一个包含数以亿计星球的宇宙，每个星球都有独特的地形、气候和生物。

「延伸：生成的世界不仅限于娱乐，而且在教育、建筑设计、城市规划等领域发挥着重要作用。例如，建筑师可以在虚拟环境中模拟并测试建筑设计，城市规划者可以在虚拟城市中进行交通和基础设施的规划，学生们可以在虚拟实验室中进行科学实验和探究。」

帕斯卡尔的赌注（Pascal's Wager）

帕斯卡尔的赌注是由 17 世纪法国哲学家、数学家布莱兹·帕斯卡尔（Blaise Pascal）提出的一个经典思想实验。帕斯卡尔在研究宗教信仰时，提出了一个关于信仰上帝的逻辑性论证。

帕斯卡尔的赌注主要围绕一个核心问题展开：我们是否应该相信上帝的存在？他认为，这个问题并不能通过传统的理性或科学手段来证明或反驳，因此我们需要从一种赌注的角度来考虑。帕斯卡尔的论证建立在一种成本和收益分析的基础上，类似于赌博中的风险评估。

帕斯卡尔的赌注分为两种可能性：上帝存在和上帝不存在。他认为，如果上帝存在并且你相信他，那么你将获得无尽的幸福，即天堂。如果上帝存在但你不相信他，你将面临永恒的痛苦，即地狱。另一方面，如果上帝不存在，无论你相信与否，结果都是无关紧要的，因为你不会因此得到任何惩罚或奖励。

根据帕斯卡尔的观点，这样的分析表明，理性的选择应该是相信上帝，因为这带来的潜在收益（天堂的永恒幸福）远远超过了不信的风险（永恒的痛苦）。即使上帝不存在，信仰也不会带来任何负面后果，反而可能带来一些心理上的安慰和道德上的指导。

帕斯卡尔的赌注并不是为了提供关于上帝存在的直接证据，而是希望通过这种策略性的思考，引导人们在面对无法确证的事物时做出更为理性的选择。这种思考方式引起了广泛的讨论和辩论，有人认为它是一种聪明的思维实验，另一些人则批评它过于功利和简化了信仰的复杂性。

全球沸腾时代（The Era of Global Boiling）

全球沸腾时代这个新名词代替全球变暖，成为全球气候变化的新警告。气候变化不仅是长时间的热浪，而且包括更多的洪水、长时间燃烧的野火和将很多人置于风险当中的极端天气事件。联合国秘书长古特雷斯在纽约发表讲话："全球变暖的时代已经结束，全球沸腾的时代已经到来。气候变化就在这里，它很可怕，而这仅仅是个开始。唯一令人惊讶的是变化的速度更快。"有的专家表示，"全球沸腾时代"是一种夸张的说法，但古特雷斯这么说是为了强调全球气候问题的严重性。从科学的角度来看，全球变暖仍在继续，随着排放的二氧化碳越来越多，全球变暖进入加速期。据美国有线电视新闻网报道称，2023 年 7 月是地球有史以来最热的一个月，也是大约 12 万年来最热的一个月。在欧洲特别是南欧国家连续多日出现高达 40℃以上的气温，给人们的生活带来严重影响。一些欧洲媒体用"地狱夏天"来形容这种炎热天气引发的灾难。减少温室气体排放的需要比以往任何时候都更加紧迫。

塑料大陆（Plastic Continent）

塑料大陆是一个地理和环境概念，指的是在地球上的一个巨大的垃圾和废弃物岛屿。虽然它并不是地球上的正式大陆，但它象征着人类活动对地球环境的负面影响，特别是对海洋生态系统的影响。

塑料大陆位于太平洋中北部，是一个废弃物和塑料垃圾聚集区，它又被称为"太平洋垃圾带"或"太平洋垃圾岛"。大量的漂浮垃圾、废弃的塑料制品和其他污染物质，由于海流和风的作用，聚集在一起，形成一个巨大的带状区域。

塑料大陆的存在提醒我们，海洋污染和塑料污染是严重的全球环境问题。这种污染对海洋生态系统和海洋生物造成了威胁，同时给人类健康和经济造成了负面影响。国际社会已经开始采取措施来减少塑料污染，包括限制塑料制品的使用、推动可持续的废弃物管理和清理行动等。

「延伸：据科学家粗略估计，塑料大陆由 400 万吨塑料垃圾组成，占地面积达 140 万平方公里；这相当于两个美国得克萨斯州，约四个日本大小。科学家形象地描述这是世界上的"第八大陆"。」

气候难民（Climate Refugees）

气候难民是指由于气候异常变化，被迫离开本国国土而进行跨国迁移的难民群体，它不仅指人类，而且指很多因为生存环境恶劣，生存状态濒危的自然物种，比如说北极熊。除了战争和危机，气候将是下一个制造难民的主要因素。联合国难民署称，自 2008 年以来，每年有约有 2150 万人因洪水、风暴、山火和极端气温等自然灾害而流离失所。气候变化导致自然灾害和疾病频发，使人们逃离自己的家园甚至国家。它几乎影响到人类活动的方方面面，从环境、健康、安全、迁徙到能源、施政和经济发展。国际智库经济与和平研究所预测，到 2050 年，全球将有 12 亿人因气候变化和自然灾害而被迫迁移。估计，南太平洋岛国图瓦卢可能成为世界上最先被气候变化消灭的国家之一。按照目前海平面的上升速度，其首都富纳富提将在 30 年内被彻底淹没。面对这种情况，该国的 1.2 万名居民中已有 1/5 决定移民，主要是移民到新西兰。

有光
—— 要有光！——

主　编｜安　琪
策划编辑｜白毛毛

营销总监｜张　延
营销编辑｜狄洋意　许芸茹　韩彤彤

版权联络｜rights@chihpub.com.cn
品牌合作｜zy@chihpub.com.cn

CHIH YUAN CULTURE

出品方　至元文化（北京）
CHIH YUAN CULTURE

Room 216, 2nd Floor, Building 1, Yard 31,
Guangqu Road, Chaoyang, Beijing, China